新時代の
医療ソーシャルワークの
理論と実際

― ヒロシマに学ぶ ―

村上須賀子 著

大学教育出版

推薦のことば

　村上須賀子さんが著書『新時代の医療ソーシャルワークの理論と実際』を刊行されることになった。広島市の総合病院で、ながく医療ソーシャルワーカーとして勤務したあと、大学へ移られた。四半世紀以上にわたって積み重ねられた経験を、そろそろ若いソーシャルワーカーや、これからソーシャルワーカーになる人たちへ引き渡す役回りを引き受けなければならない時期の転職だったから、ご本人にとっても、これまでの仕事をまとめる好機だったと思う。

　研究・教育職へ転じて、最初のゼミナールで学生から、どんなテキストを使用するのかと問われて、特定のテキストを一冊も指定しなかったという。ゼミナールはテキストを読む時間という既成概念を破りたかったというより、自然にそう答えてしまったのだそうだ。そこには現場を知りつくした村上さんの考え方がよくでていて、職場でも研究室でも、協力して働く、チームを編成して働くには、まず知り合いになる、知り合って共通の目的を確認しながら、何をすればいいかを考えるという村上流の仲間づくりの手法が発揮されている。それを聞いて「やってる、やってる。もっともらしい教師にはならないでほしい。村上流でつきすすめ！」と声援をおくりたい気持ちだった。

　著書にまとめられたソーシャルワークの理論形成に大きな役割を果たしたのは、広島で1981年6月に設立され、現在も活動を続けているソーシャルワーカーの専門ボランティア団体「原爆被害者相談員の会」の仲間たちである。ここで会の設立の経緯を述べる余裕はないが、この会には、さらに5年間にわたる研究会活動の前史があり、それを含めると30年近い活動歴がある。村上さんをはじめソーシャルワーカーの仲間たちは、専門ボランティアとして月1回の相談会を開催して活動しながら、ソーシャルワーカーとしての力量を向上させてきた。東京から専門の研究者を招いたり、相談例を持ち寄って研究会をひらいたり、どんなアドバイスが相談者にとって適切か、必要ならば会の周辺にいる研究者や弁護士の助言を受けながら検討し、その成果を次々と機関誌『ヒバク

シャーともに生きる―』（1982年12月11日創刊）に発表したのである。村上さんの著作に収録された論文の初出のいくつかは、この機関誌である。

　著書に書かれている生活史調査の手法を会得したのも、この研究会活動を通じてであり、それが大きな財産となっている。彼女が大学を卒業して医療現場に飛び込んだ頃は、医療ソーシャルワーカーは、病院のなかでさえ、その役割が十分に認識されてはいなかった。医師や看護師とどう連携していくか、彼らにソーシャルワーカーの任務を理解してもらうにはどうするか、常にその課題を抱えて働く日常だったと思う。それから30数年、この著作はその後の変化を伝えているが、それは同時に彼女自身の生活史でもあり、読者にはそんな読み方もしてもらいたいと思う。そして村上流の巧みな手法で、読者である若いソーシャルワーカーを巻き込んでほしいと期待している。

広島大学名誉教授　　舟橋喜惠

はじめに

　医療ソーシャルワーカーの現場から教育現場に身を移して7年が過ぎた。この間、実践の学をいかに伝えるべきかの苦悶の連続である。実感を伴って語れるのは、やはり、自らの実践に基づいて書き記した部分であった。
　近年、医療環境は劇的に変化した。それに伴って、MSWの役割も変化した。その役割を果たすためには業務環境の整備や、役割遂行上のスキルの変化、拡大を要することとなった。本書は、それらに、ある流れをつけて編集したものである。
　第1章は、戦後の社会変動に伴い医療福祉の課題も変化しそれに対応する医療福祉政策の変遷を追うなかでMSW実践の変化をたどった。第2章は、市立病院における筆者の実践である。第3章は、こうした実践を効果的に継続させるためには、MSWが病院組織の中に明確に位置づく必要があり、それを容易にする条件として国家資格の意味について述べた。第4章は、今やMSW業務の中心に位置する退院援助を取り上げた。第5章は、MSWのスキル構造を述べ、第6章は、利用者理解の意を患者学とした。第7章は、被爆者証言活動を支援する実践を「自己実現とソーシャルワーク」というタイトルで括った。第8章は原爆小頭症患者とその親たちとのかかわりから、平和問題におけるソーシャルワークの意味について考えた。最後の章は、一般市民向けにMSWの役割を紹介したラジオコラムを再録し、MSWのスピリット・コラムとした。
　筆者の現場でのMSW実践は、29年間で大きく変化した。しかしソーシャルワーカーとして変わらず脈打つものがある。それは問題を問題として捉える感性だと考える。問題発見力、問題把握力とでもいっておこうか。
　問題把握力とは、目の前の患者さんや家族の窮状のみならず、例えば、きのこ会など（第8章参照）当事者の会で語られる欠席者の伝聞やネットワーク会議で話題にあがる、姿はみえないが援助を求めている人々からのSOSのサインをも感知するセンサーである。
　また、問題とは、個々の事例が抱えている問題のみならず、それらに共通す

る制度やしくみ、システムが孕んでいるゆがみや欠陥である。

　筆者は社会福祉士受験資格取得のために専門学校のスクーリングを受けたことがある。急造された会場で机すら用意されていないことに驚いたが、障害者用のトイレの設置がないため、導尿に切り替えた同級生の存在に、「問題ではないか」と周りの受講生に同意を求めた。しかし、返ってきた答えは、「仕方ないよ、福祉ってこんなもんでしょ」だった。落胆はしたが、受講生の署名を集めて改善要望書を校長に提出したエピソードがある。

　「福祉ってこんなもんでしょ」というような「福祉」であってはならない、と考える。医療の世界では医療技術の進歩が先行し、福祉は常に「後追い」である。「こんなものであってはならない」と意を束ねて一歩踏み出してみることの意味、その力強さと素晴らしさを、就職間もない頃、腎友会創設運動で教えられたものである。それは、後に続く人々に自分たちと同じ苦しみを味わわせたくないという、実に人間的な意志に満ちた行為であった。

　さらに問題とは社会悪、社会的理不尽さにまで及ぶ。それをヒロシマのMSWとして被爆者に学んだ。彼らは次の一点で共通している。「戦争は許さない」「原爆を許すまじ」の魂である。ごく普通の庶民で、「被爆者健康手帳」をもっている患者さんだと思いがちな彼らが、こと戦争のキナ臭い報道が伝わると、支持政党の別なく、「批判の声」をきっちり発していた。それはまた、ソーシャルワーカーに対して社会的責務を問いかける声でもあった。大学に身を移しても、ソーシャルワーカーとしてこの社会的責務を自分に可能な方法でコツコツ果たしていきたいと考えている。

　副題として「ヒロシマに学ぶ」とした。各地のソーシャルワーカーたちも目の前の利用者から、それぞれ学びそれぞれ異なる社会的責務に不断の努力を重ねていることだろう。その利用者からの声を聴き取るツールとしてライフストーリー・アプローチを提示した。

　患者さんやともに働く人々から支えられ、次第に「医療ソーシャルワーカーに成ってきた」筆者の拙い歩みを著してみた。本書が、若いソーシャルワーカーたちが、実践の足場を積み上げていく手助けになれば望外の喜びである。「医療ソーシャルワーカーに成る」、その過程を応援したいと切に願っている。

新時代の医療ソーシャルワークの理論と実際
－ヒロシマに学ぶ－

目　次

推薦のことば …………………………………………………………………… i

はじめに ……………………………………………………………………… iii

第1章　医療福祉政策の変化と医療ソーシャルワーク業務の変遷 ……… *1*

　第1節　第1期　医療福祉基盤整備期（戦後経済復興期） ………… *2*
　　(1) 第1期の医療福祉課題　*2*
　　(2) 第1期のMSW実践　*3*
　第2節　第2期　医療アクセス拡大期（高度経済成長期） ………… *4*
　　(1) 第2期の医療福祉課題　*4*
　　(2) 第2期のMSW実践　*4*
　第3節　第3期　少子高齢社会に向けての医療福祉見直し期
　　　　　　　　　　　　　　　　　　（経済成長鈍化期） ……… *6*
　　(1) 第3期の医療福祉課題　*6*
　　(2) 第3期のMSW実践　*7*
　第4節　第4期　医療福祉構造改革準備期（低経済成長期） ……… *8*
　　(1) 第4期の医療福祉課題　*8*
　　(2) 第4期のMSW実践　*9*

第2章　医療ソーシャルワークの機能 ……………………………… *12*

　第1節　医療ソーシャルワークの実際 ……………………………… *12*
　　(1) 市立病院におけるソーシャルワークの実際　*12*
　　(2) 病院におけるソーシャルワーカーの任務　*17*
　　(3) 病院におけるソーシャルワーカーの展望　*23*
　　(4) 総合相談窓口としての医療ソーシャルワーク　*24*

第2節　医療ソーシャルワークにおける社会資源の意味 ……………29
　　(1) 社会資源を上手に活用するための知識　29
　　(2) 社会資源の充実・広報への取り組み　37
第3節　医療ソーシャルワークにおける患者会支援 ………………41
　　(1)「腎友会」と医療ソーシャルワーク　41
　　(2)「リウマチ友の会」と医療ソーシャルワーク　46

第3章　医療ソーシャルワーカーの職務環境整備 ……………49

第1節　医療ソーシャルワーカーの業務実践の変化と退院援助 ………49
　　(1) 退院援助実施率の激増　49
　　(2) 退院援助業務増大の背景　50
　　(3) 退院援助におけるMSWの大義　53
　　(4) 退院援助のあり方　54
第2節　組織的位置付けの重要性 ……………………………………56
　　(1) 医療ソーシャルワーカーの組織的位置付けの意味　56
　　(2) 組織の変化を求めて　59
第3節　医療ソーシャルワーカー業務指針の意味と活用法 …………62
　　(1) 医療ソーシャルワーカー業務指針の意味　62
　　(2)「業務指針」の活用法　63
第4節　医療ソーシャルワーカーの国家資格化を考える ……………65
　　(1) 国家資格化問題との出会い　65
　　(2) 医療福祉職制度化運動との出会い　66
　　(3)「医療福祉士」(仮称案) お蔵入りの謎　67
　　(4) 社会福祉士の資格をみんなで取りましょう　72
　　(5) 社会福祉士の「保健医療分野の研修」で医療ソーシャルワーカーに？？　75
　　(6) 思考回路は足元から（おわりに）　77
第5節　医療ソーシャルワーカーの職務環境整備 ……………………78

(1) 自治体病院における医療ソーシャルワーカーの専門性の確立について　78
　　(2) MSWの国家資格化　医療機関の力添え必要　84

第4章　医療ソーシャルワークにおける退院援助 …………………………87

第1節　老人医療のよりよい「場」の確保とMSWの機能 ………………87
　　(1) 老人医療制度の特質　87
　　(2) 在宅医療コーディネート場面のMSW　88
　　(3) 老人医療分野におけるMSWの役割　90
　　(4) 老人医療の場の問題　93
第2節　急性期病院における退院援助 ……………………………………94
　　(1) 平均在院日数の短縮と退院援助　94
　　(2) 急性期総合病院における退院援助の課題　97
　　(3) 退院援助実践システムの必要　103

第5章　医療ソーシャルワークにおけるスキル ………………………112

第1節　医療ソーシャルワークのスキル構造 ……………………………112
　　(1) スキルの統合　112
　　(2) スキルの強化・進化　118
第2節　医療ソーシャルワークにおけるライフストーリーアプローチ …120
　　　　＜縦軸＞原爆被害者のライフストーリー把握の意味　121
第3節　社会資源活用の実際 ………………………………………………132
　　(1) 多問題家族の生活保護申請　132
　　(2) 障害年金の遡及申請　138
第4節　医療ソーシャルワークとケアマネジメント ……………………143
　　　　トータルな視野で調整を　143

第6章　患者学 …………………………………………………………… 146

第1節　医療ソーシャルワークを必要とする人びと ………………… 146
- (1) 現代社会の医療福祉の諸問題　146
- (2) 医療福祉の生活問題上のニーズ　148
- (3) 病の過程と医療福祉の生活問題上のニーズ　149

第2節　慢性疾患患者の生活と療養の理解 …………………………… 153
- (1) 慢性疾患患者の生活と療養の理解　153
- (2) 解決課題把握のための視点　155
- (3) 慢性疾患患者への福祉施策　157

第3節　患者理解・こころの傷 ………………………………………… 158
- (1) 8月6日・被爆　160
- (2) 被爆後の生活史　167
- (3) 35年目の被爆者の想い　171

第4節　患者理解・今に至る軌跡 ……………………………………… 175
第5節　患者理解・経済保障の意味 …………………………………… 182

第7章　患者の自己実現の支援とソーシャルワーク ………………… 187

第1節　安らかには眠れない …………………………………………… 187
第2節　生きて、生きゆく ……………………………………………… 192

第8章　平和と医療ソーシャルワーク ………………………………… 201

第1節　医療ソーシャルワーカーを中心とした「原爆被害者相談員の会」発足の意味 ……………………………………………………… 201
- (1) 「原爆被害者相談員の会」はなぜ生まれたか　201
- (2) 「原爆被害者相談員の会」活動経過　202

(3)「原爆被害者相談員の会」の活動がもたらしたもの　*203*
　　　(4) 今後の課題　*204*
　第2節　「きのこ会」を支える会と医療ソーシャルワーク ………*205*
　　　(1) 原爆小頭症患者とソーシャルワーカーの関わり　*205*
　　　(2) ソーシャルワークの必要性　*218*

第9章　医療ソーシャルワークのスピリット・コラム ……………*226*

初出一覧 ……………………………………………………………*249*

おわりに ……………………………………………………………*252*

付　録 ………………………………………………………………*253*

　付録1　医療福祉政策の変化とMSW業務の変遷関連年表 ……*254*

　付録2　医療ソーシャルワーカー業務指針(2002年版) …………*260*

新時代の医療ソーシャルワークの理論と実際
－ヒロシマに学ぶ－

第1章

医療福祉政策の変化と医療ソーシャルワーク業務の変遷

　中島さつきは、「医療ソーシャルワークとは保健・医療の分野で行われるソーシャルワークである。医療ソーシャルワーカー：Medical Social Worker（以下MSWと略す）がその専門技術を用いて、医療チームに参加しあるいは地域の人びとに協力して、医療と福祉の達成に努力することである。主として、疾病の予防・治療あるいは社会復帰を妨げている患者や家族の社会的・心理的・経済的な問題を解決もしくは調整できるように、個人と集団を援助する仕事である」（中島、1977）と定義している。医療ソーシャルワーク業務も他の社会福祉実践と同様に、生活に関わる困難な課題に対し、その解決のために専門職としての援助技術の最大限活用をはかる過程であるといえよう。医療の場における社会福祉実践であることから、MSWが対象とする患者やその家族のありようにより、その実践内容は変遷するが、それはまた、実践の場の環境変化を要因とする変遷でもある。すなわち、疾病構造の変化や、都市化、核家族化などの社会変動、それに医療課題や医療政策の変遷により、MSWへの役割期待も変化し、増大し、その業務も拡大してきたのである。

　戦後の医療福祉政策の変化とMSWの業務の変遷を本稿においては4期に分けて概観する。

　第1期　医療福祉基盤整備期（戦後経済復興期）

　　　　1945（昭和20）年～1960（昭和35）年の15年間

　　　　敗戦から高度経済成長期以前まで

　第2期　医療アクセス拡大期（高度経済成長期）

　　　　1961（昭和36）年～1980（昭和55）年の19年間

　　　　　　国民皆保険制度の確立年である1961（昭和36）年から
　第3期　少子高齢社会に向けての医療福祉見直し期（経済成長鈍化期）
　　　　　1981（昭和56）年〜1988年（昭和63）の7年間
　　　　　診療報酬改訂が「物価スライド方式」から「自然増を控除した改訂方式」へ移行した年である1981（昭和56）年から
　第4期　社会福祉構造改革準備期（低経済成長期）
　　　　　1989（平成元）年〜2000（平成12）年の11年間
　　　　　ゴールドプランを策定した1989（平成元）年から

第1節　第1期　医療福祉基盤整備期（戦後経済復興期）

(1) 第1期の医療福祉課題

　この期の医療福祉課題は、1945（昭和20）年8月の敗戦当時、わが国の医療供給体制が、まさに壊滅的状況であったことからその復興と整備を急がねばならなかった点である。当時の病院数は645、病床数31,766床で、戦前の最高水準時である1941（昭和16）年と比較すると、病院数はほぼ87％の激減ぶりであった。国政としてまず目標とされたのは、医療施設の「量的拡大」であった。

　当初医療機関の整備と配置については、人口規模による医療圏を設定し、公的医療機関を機能分化させて配置するという構想に基づいていた。1948（昭和23）年の医療制度審議会答申、1950（昭和25）年の医療機関整備中央審議会による「医療機関整備計画」の策定、1951（昭和26）年医療審議会による「基幹病院整備計画要項」の答申などの計画が示されている。

　しかしこの後、これらの計画は実現を見ないままに、日本の医療サービス供給は、私的部門に委ねられていった。その流れは1950（昭和25）年の医療法の改正に端を発する。改正医療法の第4章に「医療法人制度」が設けられた。これは、公的医療機関の整備とともに、私的医療機関を保護・育成し、その運営上の便宜を図るために、個人病院または有床診療所に法人格取得の途を開いたものである。これを機に、私的病院は飛躍的に増加した。

(2) 第1期のMSW実践

　敗戦直後の貧困と食糧事情の悪化は、疾病の増加、特に結核の蔓延をもたらした。占領軍のGHQが厚生行政面で取り組んだのは、まず予防衛生であった。その一貫として医療社会事業が移入された。1947 (昭和22) 年に「保健所法」が改正され、その第2条6に「公共医療事業の向上及び増進に関する事項」とうたわれ、この条項が現在に至るまで医療社会事業の唯一の根拠法になっている。その普及政策として1948 (昭和23) 年より全国のモデル保健所に社会事業係（現在のMSW）が配置され始め、翌年から厚生省主催で医療社会事業従事者講習会が開始された。

　この時期社会事業係への役割期待は、入院斡旋、医療費問題の解決が主なものであった。当時の状況を初代の保健所MSWは以下のように回顧している。

　「公費負担制度についても、現在のような結核予防法もなく、生活保護法一本で、その所管は区役所に置かれ、低い基準と予算に制約されて運営される生活保護法は、患者にとって、その生活と医療を十分保障するものではなく、誠に不十分なものでした。しかも、緊急入院を必要とする患者は累積するのに、収容するベッドは容易に見つからず、社会保障の不備な状況では、精密なケースワークどころではなく、緊急措置入院が何より必要である重症患者ばかりでした」(出渕、1978)。

　結核は急性の感染症とは異なり、療養期間が長期化するために、生活全体の営みが困難になるという特徴をもつ。この時期の実践の特徴は結核患者をともかく治療に結びつける役割を担ったが、医療機関も整備されておらず、かつ生活困窮に対する生活保護の適用が不十分な中、それでも先駆者たちは手探りの実践を続けていたのである。そしてGHQの撤退により保健所の関連予算が消滅され始めると、先駆者たちはせっかく萌芽しかけた保健所におけるMSW実践の存続を危ぶむ事態となった。その焦燥感からいち早くMSWの全国組織が1953 (昭和28) 年に発足している。

第2節　第2期　医療アクセス拡大期（高度経済成長期）

(1) 第2期の医療福祉課題

この時期は高度経済成長を背景に、国民皆保険の達成がなされ、他方私的病院が量的にも質的にも発展した時期である。それは疾病構造の変化と新しい医療ニーズの拡大、さらには、人工透析器やCTスキャナーなどメディカル・エレクトロニクスを中心とする新医療技術の開発と普及を伴ったものである。

私的病院増加の主要因は以下の3点にまとめられる。まず第1は、1964（昭和39）年に法人税上いわゆる「特定の医療法人」が創設されたことである。これによって、特定医療法人には、（民法上の）公益法人の収益事業なみの軽減法人税率が適用されることとなった。第2は、公的病院が私的病院の自由な活動を阻害するのを回避するという名目で「公的性格を有する病院等の開設等の規則」を制度化したものである。第3は、診療報酬の改訂方式を1974（昭和49）年から「物価・賃金スライド方式」に切り換えたことが挙げられる。物価・賃金スライド方式とは、医療機関の医業費用の増加はすべて診療報酬の引上げによって補填するという考え方に基づく方式である。これらを要因として私的病院の新規参入は相次ぎ、医療機関の第1次設備投資ブームを迎えた。

他方医療費自己負担面からみた国民の医療アクセス拡大への重要因子は、1961（昭和36）年の国民皆保険制度の実施と、1973（昭和48）年に実施された「老人医療無料化」である。特に後者は対象となる人口が多いだけに、日本の医療福祉制度史の中でも重要な出来事であった。また難病対策の一環としての公費負担制度も、1972（昭和47）年から始まっている（伊藤、1999）。

いずれにせよ、この期間は2回の石油ショックを体験した一般企業とは対照的に、医療界は活況を呈し、国民医療費は著しく増加したのである。

(2) 第2期のMSW実践

この時期に結核患者に代わって医療の中の生活問題としてクローズアップされたのは、高度経済成長のひずみの側面である。公害や薬害による患者、さらに難病患者の出現である。1960年代には水俣病、イタイイタイ病、森永砒素ミ

ルク中毒、1970年代には大気汚染によるぜんそく、薬害によるサリドマイド中毒、スモン病などが顕在していた。これらの被害者や家族は自主的に組織をつくり、国や企業に対する提訴を行った。会が続々と組織され、原因究明、医療保障、生活保障などを求めて運動を展開した。また「全国難病団体連絡協議会」が結成された1972（昭和47）年には国は難病対策要綱を制定し、翌1973（昭和48）年には厚生省に難病対策課をおいた（伊藤、1999）。

　他方第1次、第2次の医療技術革新による検査機器の飛躍的進歩は、早期発見、早期治療を進ませ、人工透析療法をはじめとする医療機器の開発などにより延命治療も進んだ。その過程で、長期療養患者、とりわけ寝たきり老人と称される要介護高齢者が増加した。寝たきり老人の出現は収容施設整備の遅れと都市化、核家族化と相まって社会問題として顕在化した。寝たきり老人の初の全国調査が行われたのは1968（昭和43）年のことである。この時点ではすでに19万人の要介護高齢者の存在が報告されている。こうした患者たちの長期的なケアを入院・入所のみで行うことは現実的ではなく、地域における統合的な保健・医療・福祉サービスの発展が課題となった。この時期には、一部の先進的な地域や機関において在宅サービスの萌芽がみえている。1970年代前半には東京の白十字病院や京都の堀川病院などにおいて、病院サイドからの在宅サービスが開始された（伊藤、1999）。

　産業構造の変化による対象患者の拡大に対してMSW実践も展開していった。1960年代初頭には、私立精神病院に精神科ソーシャルワーカー：Psychiatoric Social Worker（以下PSWと略す）が配置され、グループワークによる院内生活の改善や職業訓練などによる社会復帰援助を発展させた。

　社会福祉法人病院などの総合病院のMSWは、主として低所得層の患者や多問題患者に対して、医療費・生活費の保障、療養生活条件の整備、心理的援助、社会的リハビリテーションなどを行った。一部の保健所のMSWは、精神衛生上の問題をもつ児童に対して、精神科医、臨床心理士と協力して家族関係の調整、両親への援助などを行った。

　1965（昭和40）年に精神衛生法が改正され、保健所に精神衛生相談員が配置された。保健所を援助・指導するために、精神衛生センターにおける精神科医、臨床心理士、PSWが参加した地域精神衛生チームによる活動が、各地で行われ

始めた。PSWは、在宅精神障害者への危機介入・入院援助、断酒会や地域患者・家族会の育成、職業訓練・社会適応援助のためのグループワーク、共同作業所づくり、自立を援助するためのコミュニティ・ワーク、自閉症児、登校拒否児、情緒障害児や神経疾患患者などの相談を行った。精神病院のPSWも増加し、社会復帰援助のほか、アルコール依存症の治療やアフター・ケアなどにも参加し始めた。

　脳卒中などの成人病、交通事故・労働災害などによる中途身体障害者が増え、リハビリテーション医療が発展したが、リハビリテーション・チームには早期からMSWが配置され、生活問題の解決を担当する施設が多くなった。リハビリテーション医療の分野で働くリハビリテーションソーシャルワーカー：Rehabilitation Social Worker（以下RSWと略す）研究会も発足し、チーム医療におけるMSW業務の確立と普及に先駆的役割を果たした。

　1970年代後半には、老人患者の多い一般病院・診療所などの先駆的MSWが、他職種・他機関とチーム・ワークを組んで老人患者や単身患者に対する在宅療養生活援助を行うようになった。私立大学病院では、難治性疾患患者に対する医療費・生活費の相談や、難病がひき起こす精神的苦悩や生活問題への対応、社会復帰への援助などの業務が拡大した。心身障害者福祉施設・相談機関や精神障害者リハビリテーション施設では、コミュニティ・ケアのチームの中で心理・社会的問題の解決のための援助が取り組まれ始めた。

　これらのMSW実践のニーズと発展の結果として1975（昭和50）年には、厚生省社会局長通知により、社会福祉法人病院における医療ソーシャルワーカーの必置制が確立した（阪上、1985）。

第3節　第3期　少子高齢社会に向けての医療福祉見直し期（経済成長鈍化期）

(1) 第3期の医療福祉課題

　わが国の経済成長の鈍化に伴い、膨大化した医療費の抑制を図ることが国の政策課題となった。ことに高齢化率の上昇は老人医療費抑制をその中心課題に

した。診療報酬の改訂は「物価・賃金スライド方式」から「自然増を控除した改訂方式」への移行が図られた。この方式は、「そもそも、医療機関の収入は、診療報酬改訂のみならず"自然増"（人口増・高齢化増・その他の要因）によっても増加し得るものであり、したがって診療報酬改訂は医療機関のコスト増から医療費の自然増を差し引いた部分のみを補填すれば足りる」という考え方に基づくものである。

　1981（昭和56）年改訂以降は、基本的には、この医療費抑制に主眼をおいた考え方に立って診療報酬の改訂が行われている。診療報酬による医療費抑制の顕著な例は老人医療における保険点数の包括化である。医療界でいわゆる「マルメ」と呼ばれるこの制度は従来の保険点数の「出来高払い方式」とはまるで異なる方式である。一定の病状には一定の保険点数しか認めず（まるめる）それ以上の診療をしても診療報酬からは支払わない仕組みである。

　要介護高齢者への対策に本格的な焦点があてられたのは、1985（昭和60）年12月老人保健法の改正案が成立、老人保健施設が創設されたことである。

　同年、医療法の改正が行われ、医療法人に対する監督強化と地域医療計画の策定の下に、病床規制が始まった。しかし規制が実施されるまでの経過措置期に、「かけこみ増床」といわれる現象が起こり、1985（昭和60）年時よりもさらに15％も病床を増やす結果を招いた。

(2) 第3期のMSW実践

　老人保健法に基づき、身分・資格法のないMSWに「退院時指導料（100点）」が認められたことは画期的なことであった。ようやく保健・医療分野の中にMSWの必要性が認知され始めたといえる。

　しかしMSWの実践場面は、病院内にとどまっている傾向が強く、院内面接が主で、患者の家庭や職場などへの訪問は、二次的になっているのが実態であった。

　一部の病院長をはじめ医療関係者の間で、MSWの必要性が認められ始めてはいたが、MSW業務への保険診療報酬点数上の保障が十分ではないため、民間の開業医がいうように、「MSWを雇う前に看護婦の人件費捻出が急務である」との認識が全般的であった。わが国の医療供給体制が民間の私的医療機関が中心である環境においては、人件費の財源確保やその業務が経営上に効果ありと明

確に示されない限り、その専門職の定着は困難であったのである。

第4節　第4期　医療福祉構造改革準備期（低経済成長期）

(1) 第4期の医療福祉課題

わが国は経済成長の失速と少子高齢社会を迎え、財政のひしめきと施策の大幅な改革に着手せざるを得なくなった。改革とは年金：医療：福祉の社会保障費の構造割合を従来の5：3：2から5：2：3に変えようとする動きである。

主眼は老人医療費を中心に拡大を続ける医療費の抑制であるが、その方法は、施設ケアから在宅ケアへの流れである。在宅ケアの受け皿として、1989（平成元）年ゴールドプラン、続いて1995（平成7）年新ゴールドプランで高齢者福祉施策の整備計画を打ち出し、1990（平成2）年在宅介護支援センターを、1992（平成4）年には訪問看護ステーションをスタートさせ、マンパワーの量的拡充を図った。

他方施設ケアに対しては、診療報酬の改訂を重ね、長期入院の抑制を強力に図るのと同時に、1992（平成2）年第2次医療法改正によって、医療機関の機能分化制度を導入し、急性期患者の国の医療経費と慢性期患者のそれとを差別化したのである。慢性期患者の受け入れ機能をもたせた医療機関として、治療よりは療養環境（ベット周りの面積の確保など）のアメニティーを重視した特例許可老人病院や療養型病床群においては、医師、看護師などの設置基準を低めて人件費の軽減を図らせる一方、診療報酬の点数も低く設定し「マルメ」方式をとらせたのである。

続く、第3次医療法改正では、「要介護者の増大に対応するために介護体制の整備を図ることが重要な課題となっていること」および「日常生活圏において、通常の医療需要に対応できるよう医療提供体制の整備を図ることや、患者の立場に立った医療に関する情報提供を促進することが一層求められていること」を主眼とした。この法改正と並行して、介護保険法対応施設としての療養型病床群の普及・拡大を目的として、病院の療養型病床群の整備に関し、既存病床からの転換について、各種の特例的な経過措置がとられている。こうした特例

措置や、介護保険法の成立とが相まって、医療機関の療養型病床群への急速な転換が起こった。療養型病床群は1992（平成4）年の第2次医療法改正において導入された制度であったが、その後必ずしも普及が進んだとはいいがたい状況にあったのである。かくて要介護高齢者の「社会的入院」の医療経費部分を介護保険による福祉経費部分へと移行させたのである。

　療養型病床群への転換は、医療機関にとっては確かに1つのチャンスの拡大であり、「生き残り」をかけた積極的な経営チャレンジという面があることは否定できない。大病院とかかりつけ医との連携によって地域の医療ニーズへの対応が進んでいくことが予想される中で、中小病院や有床診療所の経営戦略としてこうした路線がとられたのである。

　この第4期の11年間に第2次、第3次と2回も医療法の改正がなされた。施設医療から在宅医療への医療の構造改革が強力に推進され始めたのである。

(2) 第4期のMSW実践

　この時期に至って、MSW実践は大きく変化せざるを得なくなった。主として、急性期の患者が入院している一般病院では、早期退院が促進され、MSW部門には退院に関する相談が増加していった。機能が異なる特例許可老人病院や療養型病床群の病院への転院や、在宅療養生活への在宅サービスコーディネートの業務が増加したのである。平均在院日数が20日前後という早い回転を示す患者の流れに、MSWの業務にも時間の観念を伴った効率性が問われる時代となった。

　また、慢性期患者の受け皿である中間施設の老人保健施設には、生活指導員という名目でMSWが配置され、施設増設に伴ってMSWの人員は増加し、これまた在宅サービスコーディネートの役割を担っている。

　在宅ケアに向けてのマンパワーの確保は国の政策課題として浮上し、1987（昭和62）年「社会福祉士及び介護福祉士法」が制定され、同時に医療分野のソーシャルワーカーである、MSWの国家資格化が検討され、その前段に「医療ソーシャルワーカー業務指針」（以下「業務指針」と略す）が策定された。そして、MSWたちの長年の悲願であり、制定を求めて運動してきた国家資格の「医療福祉士法（仮称）」案が1990（平成2）年に厚生省から提示された。しかし、

当事者団体の日本医療社会事業協会（以下「日本協会」）は「社会福祉士」以外の新たな国家資格はいらないと反対運動を展開し、未だにMSWの国家資格化は成就していない。国家資格化がなされず、人件費の財源保障もないままであるが、MSWは上記医療福祉課題上の要請により人員は増加している。厚生省「医療施設調査・病院報告」によれば、2001（平成13）年10月現在の医療社会事業従事者数は9,177人となっている。

しかし、介護保険法導入を契機として、さらに加速する在宅ケアへの移行と医療改革がさらに進み、病院機能分化による早期退院や転院問題に関わるMSWの業務量は今後倍数的な増大が予想される。中小民間の医療機関もMSWの雇用が可能となるように、人件費の財源確保など社会的な条件整備が急務である。

戦後GHQにより移入されたMSWは、当初の役割期待は結核を代表とする感染症予防の見地から患者を医療に結びつける業務であった。また、精神科医療領域の役割もライシャワー事件を契機として導入された精神衛生相談員制度にみるように、これまた患者を医療に結びつける業務が主流であった。

しかし、医療福祉課題の変化により、MSWへの役割期待は変化し、今や、医療の入り口ではなく、医療の出口にあたる在宅ケア・在宅医療に関与する業務への役割期待が主流となっている。

精神科医療領域において、長期入院を余儀なくされている精神障害者の社会復帰の促進は、彼らの人権問題もからみ、当事者団体はもとより、医療改革が進む中で、精神病院経営者たちにとっても近年重要課題であり続けた。精神科医療領域のソーシャルワーカーであるPSWに関しては、1998（平成10）年、難産の末、国家資格である「精神保健福祉士法」の制定をみた。保健医療領域のソーシャルワーカー（MSW）のうち、精神科医療領域のソーシャルワーカーのみ国家資格化されたのである。

参考文献
1）　藤咲暹・関田康慶『医療システムの将来戦略―医療機能分化と結合』医学書院、1989年。
2）　日本医療社会事業協会編『医療社会事業事例集』医学書院、1967年。
3）　日本医療社会事業協会編『25年のあゆみ　日本医療社会事業協会史』日本医療社会事

業協会、1978年。
4) 伊藤淑子『社会福祉職発達史研究―米英日三カ国比較による検討』ドメス出版、1996年。
5) 一番ヶ瀬康子他編『戦後社会福祉の総括と21世紀への展望』ドメス出版、1999年。
6) 児島美都子『新医療ソーシャルワーカー論』ミネルヴァ書房、1991年。
7) 児島美都子・皆川修一・山手茂編『患者に福祉サービスを―医療福祉職制度化関係資料集―』法律文化社、1980年。
8) 日本医療社会事業協会監修・斎藤安弘・阪上裕子責任編集『保健・医療ソーシャルワーク』川島書店、1985年。
9) 尾形裕也『21世紀の医療改革と病院経営』日本医療企画、2000年。
10) 大野勇夫『新医療福祉論』ミネルヴァ書房、1998年。
11) 須川豊・山手茂編『MSWの役割と専門技術』へるす出版、1982年。
12) 山路克文『「医療・福祉の市場化と高齢者問題」「社会的入院」問題の歴史的展開』ミネルヴァ書房、2003年。

第2章

医療ソーシャルワークの機能

第1節　医療ソーシャルワークの実際

(1) 市立病院におけるソーシャルワークの実際

1) 筆者の職場

　一口に病院のMSW（Medical Social Worker）といっても、実際の業務内容はその病院の特性によって差異がある。公立病院か民間病院か、また、MSWの所属が医局か事務局か独立部門か等によってもワーカーの動きは異なってくる。ここでは、筆者が1993（平成5）年～1997（平成9）年の間経験した広島市立安佐市民病院のMSWの立場から述べてみる。

2) ある日の日報

　平成6年8月のある日の日報である（表2－1）。1日平均14.7件の相談に対応しており、人の出入り、電話の数も多い。他機関、他職種への連絡調整にも時間を割いていることがわかる。

3) リハビリ医療チームへの参加

　広島市立安佐市民病院の特色として、スタッフ、スペースともに充実した理学診療科の存在が挙げられる（医師2人、理学療法士（PT）7人、作業療法士（OT）3人、言語聴覚士（当時）（ST）1人、訓練室約640m^2）。そこで、リハビリテーション医療チームへの参加もMSWの主要な任務となっている。

　週1回、1ケース15分かけてリハビリテーションカンファレンスが行われた。これは、医師がリーダーとなり、1ケースにつき初期、中期、終期とおおむね3回もたれる。初期カンファレンスでは、おおまかなゴールの設定が

第2章　医療ソーシャルワークの機能　13

表2-1　医療社会事業日誌

平成6年8月31日

係	主査	課長補佐	課長

特記	本人	家族	その他	面接	訪問	電話・文書	援助内容	①医療費支払	②生活費困窮	③社会保障制度	④他院施設斡旋	⑤在宅療養環境	⑥傾聴心理支援	⑦家庭問題調整	⑧受診受療援助	⑨職業問題調整	⑩患者の会援助	⑪その他
	9	11	21	16	13	26	5		7	5	5	2			2			
1			Dr	5		20	5	退院準備、訪問看護依頼、希望者が多いが検討するとのこと
2	○	○		20			3	車イスに呼吸器をとりつける型について協議
3			保健師	90			5	在宅医療、保健師訪問依頼、呼吸器つけ退院、住宅改造必要
4			師長、Dr	5		5	5	退院予定日時報告
5			病棟NS			5	4	施設入所準備出来ているかを確認
6		○	同上、施設			5 5	4.6	同上、耳鼻科紹介医は？　施設に問い合わせ。妹、入所と決まると淋しいという。
7	○			10			4	経過説明、別府リハへ紹介する。受診が必要
8			更正相談所			10	3	車イス判定と住宅改造判定で家庭訪問依頼
9	○					10	3	給食費、有料になること不安だ。
10	○					10	10	リウマチ友の会1泊旅行内容について
11	○					30	10	低肺友の会活動内容を聞く。資料送付依頼する。
12		○	Dr	20		5	5	リウマチ寝たきり、通院方法援助あるか←業者紹介、訪問看護紹介
13		○		60			1.6	前回入院時、勝手に退院、今回OPのため入院予約、医療費支払わないだろう←世帯分離して生保申請を
14		○		30			4.5	長女夫婦来室、再度在宅にむけ家族で話し合うようすすめる。
15	○		入退院係	20			1	今日から3か月神経科へ入院予定。医療費は？→まだわからない。高額療養費の説明をした。
16		○	損害保険 社会保険	40		10	3	事故、社会保険で治療を受けるには？→届け出を。相手の損害分は？→さけることは難しい。
17		○	保健師	20			3	身障手帳を取得するには当院の受診が必要。メリットについてもう一度考えてもらう。保健師に在宅生活の相談にのってもらうことに。
18	○	○		10			1	前回の請求額27,000円であり、市社協の貸付対象にならない、と伝えた。

19	○		監督署 会社	40		15	1	労災について。もうしばらく監督署からの結果を待つことになった。
20	○		医事	20			1	「Drから糖尿病について労災申請の書類をもらった」との報告。そのことを医事に伝えた。
21		○	脳外病棟	5			3	身障手帳の診断書の用紙を渡した。
22			あけぼの寮			10	4	入所の状況について
23			南6師長	5			3	傷病手当診断書作成の依頼

なされ、入院期間・退院先などが検討される。ここで取り組むべき問題点を各スタッフ（医師、PT、OT、ST、看護師、MSW）が共有する。中期では、治療経過の確認や目標の再検討がなされ、終期で最終調整がなされる。

MSWは、家族関係・職業・収入面での情報提供を担当する。例えば、次のようにである。

「51歳のサラリーマン。脳出血、右片麻痺、失語あり。妻はパート就労のため、病院にはほとんど姿を見せない。職場復帰は困難だが、家庭復帰し留守番くらいは可能だろう。明日、妻に入院期間があと3カ月位であることを伝える。ついては、経済状況についても確認してほしい。家のローンがあるのか。子どもの学費の心配もあるだろう。3カ月後に家庭復帰の可能性があるのだろうか」。

「81歳男性。右片麻痺、家庭復帰は困難だ。本人の希望、家族の経済的負担や交通の便を考え、適切な転院先はないものだろうか」。

障害を負った患者さんが、どこでどのような生活を営むことができるのか。退院後の生活までも視野に入れたリハビリテーション医療の診断や方針の決定には、その患者さんの機能回復レベル、介護力、住環境、経済力、それに地域の在宅サービスの実態などの各要素をからませて検討していかねばならない。MSWの役割は、各チェック項目ごとに患者さんおよび家族の要望する生活が獲得しやすいように援助していく。その際各スタッフとの協議や地域の関連機関との連携は欠かせない。その関連性を、次の事例で示しておこう。

4) 四肢麻痺で事業を起こした宣夫さん

初冬の午後、筆者はOTと入院患者の真理さんと、宣夫さん（仮名）の家を訪問した。目的は2つ、住居改造後の住み心地のチェックと、同じ頸椎損傷

の障害に見舞われ、失意の底にある真理さんに宣夫さんの生活ぶりを確認してもらうことだった。

　1年前、筆者は整形外科医師より、「四肢麻痺化膿性脊椎炎、1年以上入院中の患者さんです。社会復帰の専門的アドバイスを御教示下さい」との院内処方箋を受け取り、病棟師長の紹介で宣夫さんの病室を訪れた。以来7か月余り、67回の関わりの末、宣夫さんは退院、社会復帰した。

　初回面接時の冒頭、宣夫さんは「主任部長からは退院日はあなたが決めなさいと言われているが……」と、医療過誤を言外に含んだくわしい病状経過を語った。そして、職業、家族関係、経済生活など、おおよそMSWが必要とする情報を詳しく話してくれた。私は黙って熱心に聴いた。そして「59歳の若さで今後もパジャマ姿の生活はもったいないですね」とコメントした。病前の仕事を語る際の自信とプライドに満ちた語調に、社会復帰への強い意欲を感じたからである。

　問題は住居だった。在職中の会社には帰れる感触はなく、退職すれば社宅を出なければならない。MSWは、身体障害者用県営住宅への転居を提案した。

　その後の面接で、傷病手当受給期間切れ後の障害年金、身体障害者手帳による車椅子、電動車椅子、特殊ベッド等の給付や入浴サービス等、生活を再構築する道筋をMSWが示すと、宣夫さんは会社設立を決意するに至ったのである。これらの社会資源の入手には、福祉事務所、身体障害者更生相談所、介護実習普及センター、車椅子業者などの機関との連絡調整を要した。そして、これらの社会復帰援助の方針やその進行に無理がないかを協議するために、院内では特に担当PT、OT、病棟師長とは連絡を密にした（表2－2）。

　身障住宅入居には関門が2つあった。まず、申し込み手続き上の所得証明書である。会社に依頼するも、首切りを目論んでいる会社側は「証明書を盾に今後の給与を要求されては困る」と難色を示した。MSWは社長や会社役員に来室を乞い、再三の説得を試みた。ようやく「あなたを信用しよう」と所得証明書に印がもらえた。次の関門は、入居予定の住居は脊椎損傷用であって頸椎損傷の宣夫さんが住むには大がかりな住宅改造が必要だった点である。県住宅課は予算がないと改修を渋った。OTと妻が入居予定住居をチェックし、細かい改造希望箇所と写真を準備し、MSWと妻が住宅課にそれを基に説

表2-2 宣夫さんの退院までの関わり経過(平成5年11月12日～6年7月5日)

月 日	他職種	宣夫・妻	MSWの関わり
11月12日	医師 →		紹介依頼
		□○ ←	初回面接(問題整理、提言)
	医師 ←		身障手帳診断書依頼
12月		□○ ←	経済生活の不安、社会保障制度説明
	師長		報告
1月		□○ →	会社設立したいとのこと
		□○ ←	県営住宅申し込み手続き準備
	会社役員 ←	○	所得証明内容につき依頼
	県住宅管理課	○	申請手続き
	OT ←	→ ○	介護実習センターにて介護用品の検討
		□○ ←	車いす、ベッド申請協議
	OT ←	→ ○	家屋調査
	医師、PT、OT ←		住宅改造部分につき協議
3月	住宅課 ←	○	改造内容説明
	住宅課、医師 PT、OT、MSW ← 既入居者	□○	現地調査
	業者、PT ←	□○	車いすオーダー内容チェック
	更生相談所 ←	□○	車いす判定・電動車いすも要請
	新職場事務所 ←	□○	職場での動き確認
		□○ ←	妻の疲れが目につく
		○ ←	退職、転職などに関する手続き
4月		□○ ←	退職と同時に退院を希望する
			県住改造を待つよう説得
	医師、師長 ←		人事異動に伴い新主治医、新病棟師長に経過説明
		□ ←	電動車いす、住宅改造など進まないことへのいら立ちあり
		○ ←	妻より疲労困憊との訴えあり
	更生相談所 ←		電動車いすが事業開始に必要であると、支給を早めてもらう
5月		○ ←	障害年金申請援助
6月	業者 ←	□○	電動車いす構造の改善を依頼
	住宅課		住宅改造完成
7月		□○ ←	暦の良い日に退院する
7月5日			退院
			以上67回の関わり

※□:宣夫、○:妻

明し、現地調査の運びとなった。

これには、地区の県会議員の後押しも効を奏したようである。

現地調査では、宣夫さんと妻、医師、PT、OT、MSWに加えて、すでに居住している広島市立安佐市民病院退院患者の秀夫さん（仮名）にも参加してもらい、住宅課職員との交渉となった。秀夫さんの体験から発する言葉は説得力があり、ほぼ全ての希望が叶えられることになった。

住居確保の見通しが立った後の宣夫さんの活動には、目を見張るものがあった。退職届を出し、事務所も確保し、息子を共同経営者として呼び寄せ、事業開始準備のため頻繁に外出し始めた。この間、妻は転居と役所の諸々の手続きに奔走しなければならず、介護疲れが目についた。筆者は、宣夫さんのはやる思いに何度もセーブをかけねばならなかった。「県営住宅の改修まで待てない、仮のアパートを借りて退院する」と主張する宣夫さんに、「奥さんと共倒れになっては困るでしょう。一歩ずつ進めましょう」と説得し、希望退院日を遅らせた。

退院後4カ月を経て、今回の家庭訪問となったのである。宣夫さんはベッドに取りつけたCDラジカセを巧みに操作し、趣味のクラシックをBGMにして、同伴した真理さんに、「僕も退院するのは不安だったけど、案外やってゆけるものですよ」とにこやかに語った。入浴や移動動作のポイントを要領よく解説して、取引相手とホテルで会食の約束があるからと、あたふたと妻の運転で外出していった。そこには、患者さんではなく事業家たる宣夫さんの姿があった。

(2) 病院におけるソーシャルワーカーの任務
1) 社会資源の情報センター

患者さんや家族は、病気や障害に関連する福祉制度を調べるゆとりはない。ところが、こうした福祉制度は申請主義が原則で、利用者が知って申請しなければ手元に届かない。さらに時効という仕組みもあって、権利は遡及しないばかりか、無権利状態に陥りかねない。

利用者のために必要な社会資源を結びつける役割のMSWには、その内容を熟知していることが求められる。特に一般病院の場合は、小児から高齢者ま

医療相談室だより

で対象とする年齢も幅広く、疾病も広範囲である。当然、関連する社会資源の分野も広範囲にわたる。健康保険、年金などの解説書や各自治体が発行している「社会福祉の手引」を活用しながら、細かい条件、手続き方法、それに担当者名など書き込んで、自分用の独特の手引書づくりをしていくことも心がけたいものである。

　諸制度は固定したものではない。年々変化している。常に新情報のチェックが必要である。情報収集には、各相談窓口のリーフレットや新聞の切り抜きも役に立つが、個人の力では限界がある。

　筆者は、リハビリとの関わりが深い病院に転勤したのを機会に、「RSW（Rehabilitation Social Work）研究会」の発足を呼びかけた。そこでは、「車椅子や特殊ベッドをスムーズに入手する奥の手」とか身障施設申し込み時の留意点など、リハ専門病院のワーカーが身につけたノウハウを教わることができた。また、転院相談の資料にすべく、広島県下の療養型病床群の各サービス内容を研究会でまとめた。このような、地域社会に、より密着した社会資源の情報がMSWの強力な援軍となる。

　医療相談室には、患者さんや家族が各手続き窓口に足を運ばなくてもすむように、身体障害者手帳、障害年金、傷病手当、各種原爆手当など、各申請手続きのための診断書用紙を常備していた。診断書の作成をめぐって、医師に橋渡しをする場面も多い。MSWは、制度の趣旨や診断書の意味、認定基準などを説明し、利用者がその申請の目的を果たせるように援助する。記載されるべき事項、記載されてはいけない事項をも、知識として求められる。

　MSWのもとには、院内スタッフから、福祉事務所、社会保険事務所、労働基準監督署などのまるで出先機関のように、数々の問い合わせが寄せられる。MSWの回答には、「それはウチの管轄外です」という言葉はない。まずは調べて返事をする。回答は正確に迅速にが望ましい。「社会資源の情報センター長」状態を求められるMSWには日々の情報の集積が課せられている。

　複雑で変化する社会資源の広報もMSWの任務である。「医療相談室だより」（P.18参照）を掲示し、業務内容も含めて広報していた。MSWがシナリオを書き、イラストやマンガが得意な職員がさし絵を描き、色ぬりは作業療法室の片隅で患者さんや家族にお願いしていた。わかりやすいと好評だった。

もとより、社会資源の活用は生活者としての患者さんと家族が少しでも生きやすい条件を獲得するための手段である。どの時期に、どの社会資源を、どう組み合わせるか、またその利用によりどういう生活を選択するのかという方針決定の中心には常に利用者自身の意志があることはいうまでもない。

2）医療よろず相談窓口

　一般病院では、各科が専門分化し、職員も多くの専門職種から構成され、組織も複雑である。患者さんや家族が問題を抱えたり悩みを持った時、まずどこの窓口をたずねたらよいか戸惑うことであろう。

　広島市立安佐市民病院の場合、医療相談室の標榜の中に「医療よろず相談」の受付も含まれていた。「ちょっと聞いてみたいのだけれど……」と、実に様々な疑問や要望が寄せられる。医療費請求金額への疑問から、何科を受診したらよいのか、薬の飲み方、食事のとり方、それに診察室では聞きもらした質問や、医師・看護師などのスタッフへの苦情にまで及ぶ。その都度、「お薬相談」「栄養相談」など、各部門への橋渡しをしたり、苦情に関しては、本人の意思を確認した上で、直接に調整したり上層部に報告したりする。

　「あそこに行けば、何でも対応してもらえる」という安心感は、利用者に対する大きなサービスであろう。こうした機能を充実させ、総合相談部としてシステム的に取り組む一般病院が増えつつある。

3）退院援助

　退院援助の事例が増えている。

　「入院したその日に退院の話をされた」「介護者のあてもないのに退院しろといわれた」「転院先では差額の自己負担が10万円もいるらしい、とても払えない」といった、患者さんおよび家族から途方に暮れての相談がある。他方、主治医の方からも、「退院をしぶる家族をどう説得したらよいのかわからない、これはもう福祉の領域ではないか」とのケース依頼がある。

　患者さんやその家族の不安や願いと、病院機能上の役割やその経済原理とのはざまで、MSWは苦慮する場面が多い。ことに、在宅医療の受け皿の不十分さが目につく現時点にあってはなおさらの感である。しかし、不十分だからこそ、それらを最大限に患者さんおよび家族のもとに届けることや、その枠を徐々に拡大させていくための専門家としての視点と力量が問われている

時代ともいえる。

　退院の流れには、大きく分けて3つの選択肢がある。わが家に帰るか、他の病院に転院するか、施設入所するか、の3つである。まず、どの道を選択するか、本人および家族で話し合ってもらう。その際には、インフォームド・チョイスともいえる「十分な情報に基づく選択」が原則だ。

　当初、老親の退院を渋っていた子どもたちもショートステイや入浴サービス、老人保健施設の利用等により息抜きや手助けがあることを知って、「一緒に暮らせるよう頑張ってみましょう」と、介護を担う方向に転換した事例は多い。

　第2の選択肢の転院の場合も、地域の病院の十分な情報が提供されなければならない。今後必要とされる医療サービスが受給できるか否かの情報である。例えばリハビリの継続ができるのか否か、IVH用チューブ装着で受け入れ可能か否か、MRSAおよび保菌者の受け入れ可か否か等の、受け入れ病院の条件に関する情報である。そして、それらと家族側の条件、例えば保険外経費の額、交通の便、家族が付き添える程度などが考慮されて選択されていく。候補の病院にMSWがおかれていれば、事前に家族側の条件や家族関係等を伝え、受け入れに向け調整してもらえるので順調に進められる。残念ながら、どの病院にもMSWが存在するという情況ではないので、MSW未設置の場合は、院長、総看護師長、事務長など、誰が窓口になってくれる人なのかを探しておく必要がある。医師は、同科同系列の医師間では交流があるが、専門が異なったり、出身医局が異なると疎遠な場合が多い。MSW間で得られる全国規模の病院ネットワークは意味のある存在といえる。

　一般病院の場合、第3の選択肢である施設へ送り出せる事例はまれである。現在の需要と施設数の関係では、指定介護老人福祉施設（特別養護老人ホーム）で待機期間が6カ月から1年、重度身体障害者療護施設では2～3年、または「見当がつかない」という担当者の回答に出くわすこともある。その際には、入所の手続きだけは早めにして、他院で待機ということになる。

　いずれにしても、退院という1つのストレスを契機として、夫婦間、姑嫁間、親子間などの家族史の鬱積が顕在化する。

　「短気で酒癖が悪くて泣かされましたよ。私も身体が弱いので、あの人を連れて帰ったら首をしめるかもしれない、そういう自分が怖いんです」と頚

椎損傷の夫を施設へと願う妻。

「あの義母さんは、私が共稼ぎでつらい時に何ひとつ手伝ってくれなかったんですよ」と、脳卒中後、片麻痺、失語症の姑を自宅に連れ帰ったものの語りかけない嫁。

「家も土地も全部相続していて、パートに出て親を看られんたあ何ごとですか」と長男の嫁を囲んで責める娘たち。

MSWは、それらの葛藤に関わりながらも、巻き込まれないように留意しつつ、新しい家族関係の産婆役も担うことになる。

4) 長期療養者へのぬくもり──患者会育成援助

一般病院のMSWの1日には、緊急に対応を迫られるケースと長期的プロセスに寄り添いながら進むケースとが混然と流れている。あわただしさの中で、精神・身体障害者、難病患者など、長期療養の患者さんたちへの心くばりも欠かしてはならない。

何らかの問題があり、MSWが関わり、その問題解決をみた後も、時に来室しては病状の変化、生活の変化を語っていく患者さんや家族がいる。問題再発時には、またMSWとして関わる長期療養の患者さんたちである。長い療養生活で頭をもたげる孤独や不安、悩みなどを聴きとるぬくもりの場の提供もMSWは心がけたいものである。そうした患者さんたちと1年に1度お花見をする。「また来年、生きていて会おうね」と、桜の木の下でお互いの無事を確認し合うおしゃべりが続く。

また、こうした自然発生的なグループとは別に、自助グループである患者会育成もMSWの任務である。筆者が就職したと同時に人工透析療法が始まった。「金の切れ目が命の切れ目」といわれた超高額医療費の切迫した問題があった。当時は社会的有用性で対象患者が選ばれ、主婦や老人は除外されていた。個々の透析患者さんの相談では対応できない政治レベルの問題であると考えた。透析が行われない日に患者さん全員が医療相談室に集まる機会をつくった。その時の若い男性患者たちの滂沱を、筆者は忘れない。全国的にも早期の透析患者の会である「広島県腎友会」の発足に関わった。社会福祉制度の専門家であるMSWは、現行制度のどこを改善すれば患者さんたちの願いが実現するかのアイディアを提供できる。身体障害者の中に腎臓機能障害を

位置付け、更生医療適用という道筋で透析医療費の救済策が実現した。医療の進歩は、常に社会的諸制度に先駆けている。患者会など、利用者の自助グループの課題は尽きることがないであろう。

　筆者はまた、広島の「リウマチ友の会」の発足にも関わった。メンバーをひきつけているのは、まず第1にお互いの悩みをわかり合えるという悩みや苦しみの共有、次に治療や生活上の様々な工夫などの情報交換、それに励まし合いによる存在感の獲得など、自助グループ、当事者グループはまさに病いと共に生きる知恵袋だと感じている。

　しかし、役員達は病者である。入院や死亡などで活動が消えかかったりする。ここでのMSWは、会の主体性を尊重しつつ継承、発展のために力を尽くす裏方といえる。

(3) 病院におけるソーシャルワーカーの展望

　一般病院のMSWの展望は、率直にいって厳しい。医療の中身が大きく変貌しつつある今日、MSWの役割に対する要請は高い。にもかかわらず、国家資格制度、必置制、財源保障など、MSWが医療の中に位置づくための条件整備が進んでいないからである。

　1992（平成4）年の第2次医療法の改正により、医療の場が居宅にまで広がり、病院も特定機能病院と療養型病床群が制度化された。医療保険による給付と並んで介護保険による給付も創設され、特別養護老人ホーム、老人保健施設をも含めた医療、介護福祉施設の体系化が進んでいる。これらは、1987（昭和62）年の国民医療総合対策本部の中間報告以来、一貫して推進されてきた「質の良いサービスを効率的に供給していくシステム」の器の部分である。救命救急の高度医療から機能維持、社会復帰という、患者さんが必要とする医療と介護が1つの医療機関で完結される時代はもはや終わったのである。

　機能分化による利用者の住み分けが進むには、それぞれの器の中身の充実が大前提だろう。患者さんが医療から介護に身を移すには、低額ではあるが、より快適な介護が手に入るという保障が要る。そしてさらに、「効率」を目的とした機能分化は、機能連携により初めて効を奏する。病院から居宅へ、病院から機能が異なる病院または施設へと、患者さんの意思を尊重しながらソフトに渡

していくコーディネーターが必要不可欠だ。まさにMSWの出番といえる。
　しかし、コーディネーション機能を展開するためには、MSWが配置されている病院が増えなければ、MSWネットワークも組めない。中小の民間病院にもMSWが必ずいるという時代の到来には、人件費確保のための施策が待たれる。医療経営が厳しさを増している今、それは急を要している。
　一般病院のMSWの拡充としては、その病院の特性をつかみ、医療サービスを膨らまし、医療に付加価値を加えて患者さんに満足してもらうための企画が必要だ。
　利用者の信頼と満足が得られれば、利用者や患者の増加に結びつく。質の良いサービスには、必ず経済保障が後からついてくるという確信をもってよい。例えば、糖尿病教室をはじめとする各種教育的プログラムに企画・参画したり、患者会育成援助など、MSWがつなぎ手、紡ぎ手の機能を発揮してグループ形成を進め、病院利用者の仲間づくりや在宅医療の地域ネットワークづくり、ターミナルケアへの取り組みなど、目に見えるMSWの姿が求められている。
　バーンアウトシンドロームに陥らないように自己のストレス管理をしながら、一般病院のMSWが医療現場で不可欠の位置を占めるための社会的条件整備がなされる春を待ちたい。

(4) 総合相談窓口としての医療ソーシャルワーク
　本節は1996（平成8）年月刊誌「医療'96」の6月号に掲載されたインタビュー記事の転載である。筆者の当時の所属は広島市立安佐市民病院医療相談室であった。

1) 変化してきたMSWの仕事
――医療ソーシャルワーカー（以下、MSW）の仕事は、他職種に比べイメージしづらいものがあります。村上さんは病院にいらして、どんな時がMSWの「出番」だと思われますか。
　現在、全国に約6,000人のMSWがおり、そのほとんどが病院に勤務しています。他の職種と比較すると絶対数も少なく、病院での充足率もかなり低い。MSWの仕事の内容も病院によって違います。イメージしづらいのはそのためか

もしれません。

　しかし、MSWと直接かかわったことのあるスタッフにとっては、貴重な存在として認知されているとも思っています。

　私自身は、3年前に24年間勤めた社会保険広島市民病院から今の病院に移り、着任した翌日にリハビリ部門から「一緒にやってほしい」と声がかかりました。

　MSWの「出番」はいろいろあります。たとえば、脳卒中の患者さんが退院される場合、病院で行っていた急性期のリハビリから在宅で生活しながら行う維持期のリハビリに移行しますが、そのためには、住宅改造やベッドを入れるなどの環境整備が必要です。環境が整わないまま自宅に帰っていただくと、せっかく効果をあげていたリハビリが中断してしまうからです。そこでMSWがリハビリ部門のスタッフと一緒に患者さんにお会いして、お宅を見せていただいてアドバイスしたり福祉サービスを受けるための諸手続きをしたりします。

　この場面でのMSWの仕事はいわば病院と在宅の"橋渡し役"なのです。

2) 多職種の調整役
——他職種との連携は、どのように行われているのでしょうか。

　たとえば、医師から退院について相談があるとします。私はまず病棟へ出向いて患者さん本人に会います。本人、家族と話して病状や障害の程度を調べ、そのあと、家に帰られるのに何が問題なのかを明らかにするため、PTやOTを交えて話をします。それから必要に応じて福祉事務所や訪問看護ステーションに連絡します。

　退院時期が決まったら、必要なケースについて、退院後の在宅ケアにかかわってもらう訪問看護ステーションの方や地域の社会福祉協議会の方などに集まってもらい、主治医、病棟婦長を交えてカンファレンスを持ちます。そこには患者さんと家族にも同席していただきます。このカンファレンスで、退院に向けて煮詰めていったプランを再確認してから退院していただきます。

　このように、一人の患者さんの退院についても、いろいろな職種の人にかかわってもらうことで、問題点を複眼的に考えることができます。そこでの私の仕事はさまざまな職種の人に連絡をとり、調整するコーディネーター役です。それ自体の苦労もさることながら、カンファレンスの場で、多職種間で情報を共有化し、問題を明確にし、共通認識として問題解決の具体的方向へつなげる

ための「進行役」は結構大変ですね。

3) 橋渡し役はでしゃばってはいけない

――患者さんから病気についての相談はありませんか。医師には聞きづらいけれど村上さんになら聞いてみようかな、ということもあるのでは。

　全体として病気に関する質問は少ないですね。仮にあったとしても、病気に関してはドクターに聞いてください、とお返しします。それでも納得されず、何度も尋ねられる場合には、私からドクターに話して、どの部分まで患者さんにお話ししていいのかを聞いたりもします。

　しかし、原則として診療に関することは診療の専門職である医師が答えるのが当然だと思います。そのあたりの役割の線引きは明確にすべきです。仮に患者さんが医師を信用していないことがわかった場合でも、それがMSWが知りえた情報なのだから、やはり医師に返すべきだと思います。

　ただ、短時間の外来診療のなかでは、患者さんが医師に遠慮して聞きたいことを聞けないという場面はあります。実際、外来診療が終わってから「あのことは聞きにくかった」とか「看護婦さんに聞こうと思ったけど忙しそうだった」と言ってこられる患者さんもいます。そういう場合は、「遠慮しなくていいんですよ」とか「こういうふうに聞けばいいですよ」と、患者さんの背中をちょっと押してあげるように心がけています。

4)「医療相談室」は総合窓口　MSWは交通整理役

　私がいる「医療相談室」は玄関フロアにあり、各階に業務案内の広報も貼っていますので、多くの患者さんは気楽に入っていらっしゃいます。看板が「医療よろず相談室」となっているため、医療のことなら何を聞いてもいいんだと思ってみえる患者さんもいます。たとえば、初めて来院された方が「こういう症状だがどの科へ行ったらいいだろうか」と聞いてこられたり。

　私は、それ自体はいいことだと思っています。というのは、大きな病院では、ちょっと聞きたいことがあるけど誰に聞いたらいいのかわからない、という問題が起こりがちです。そういう時に「医療よろず相談室」が総合窓口となってMSWが交通整理をすればいいと思うのです。昨年からは受付のところに看護婦さんが立つようになりましたので、初診の相談なども看護婦さんにつなぎやすくなりました。

——個々の患者さんは、医療だけでは解決できないさまざまな問題をかかえていると思います。だからこそ病院に「よろず相談」的な役割のMSWが必要なのでしょうね。

　そうですね。私たちは、以前は自嘲的に自分のことを「よろず相談」「なんでも屋」と呼んでいました。でも、それが大切なことだと思うんです。

　MSWは、医療が補いきれないものを補うのが仕事だと思います。そこで結果的に「よろず相談」的になっているといえます。私自身、極端にいえば、患者さんに必要なことならばたとえ法律や制度がなくてもなんとか問題解決したいと取り組んでみます。たとえば、在宅の患者さんが毎日ヘルパーを頼みたいが公的なものでは週2〜3回しか利用できないといった場合、元患者さんで、すでに元気になっていて時間的に都合のいい人にボランティアとして協力してもらったり、患者さんの家族同士をひきあわせて互いの援助体制を作ったこともあります。

5）資格と教育制度　積年の課題をどうするか

——マニュアルどおりにいかない仕事だけに、個人の資質やネットワークに依存する面が大きくなると思います。するとMSWの質にばらつきが生じませんか。

　そうですね。特に、患者さんの「生活」にかかわる部分で力量の差が出やすいと思います。たとえば患者さんから相談があった時、「こういうサービスがあります」と紹介だけで終わってしまうか、「ちょっと問い合わせてみましょう」と利用可能なところまで橋渡しをしてあげるか。

　そのような差が生じるのは、個々のMSWの仕事に対する考え方が異なり、共通認識を持っていないからかもしれません。

　自分たちの仕事内容について共通認識を持ち、質の均質化を図るためには、MSWの「資格」と「教育」という積年の課題を解決しなくてはならないと思います。

　ご存じのように、MSWには国家資格がありません。また、「社会福祉士及び介護福祉士法」ができていますが、社会福祉士養成カリキュラムの中に病院実習は入っていません。

　医療現場での社会福祉的仕事の必要性は徐々にではありますが認められ、MSWも増えています。結果的にその人々のなかに社会福祉士資格を持っている

人も増えています。にもかかわらず制度が現実に追いついていないのです。ニーズにあった人材を供給するためにも、制度を考え直さなければならない時期にきているのではないでしょうか。

6）ケアマネジメント、ケアプランとMSWの仕事

——公的介護保険制度が創設される見通しです。MSWはケアマネジメント、ケアプランにどのようにかかわることができるとお考えですか。

　ケアマネジメントやケアプランの内容について漏れ伝わってくるところを見ると、これまで自分たちがやってきた業務内容だと思います。逆に言えば、自分たちがこれまで「よろず相談」「なんでも屋」と言われながらやってきたことが、実はケアマネジメント、ケアプランだと言ってもいいと思うのです。だから、公的介護保険制度のなかでもぜひ活躍していきたいですし、必要とされるマンパワーだと思います。

　しかし、私は、公的介護保険制度のなかでの地位だけをこれからのMSWの目標にしたくはありません。いうまでもなく、高齢者介護のステージで最も重要なのは個々の高齢者の介護の保障、いうならば生活の保障です。それをMSWとしてどう行っていくか、そのことをこそ重視したいと思います。

　現在の介護保険の議論には、疑問を覚える点がないわけではありません。たとえば、「ケアパッケージ」といわれますが、現実には「パッケージ」からはみだすニーズ、つまり個別性が必ずあるものです。私たちMSWは、これまで個別性を重視した対応を行うことが重要だといって活動してきました。今後の制度のなかでも、そうした柔軟性を持った対応が必要だと思います。

　また、給付を受ける人の自己決定がどのように保証されるのかという点も気になります。私たちは従来、患者さんの自己決定を最も重視してきました。「MSWが介入するとなかなか退院させない」などと陰口を言われることもありますが、これは患者さんの自己決定を大切にしているからなのです。公的介護保険制度のなかで、専門職がマネジメントして、ケアプランをたて、サービスをパッケージにして「はい、どうぞ」というやりかたにならないことを望んでいます。高齢者の自立と選択を保証することが公的介護保険制度創設の一つの理念なのですから、本人、家族の意思が最優先されることがぜひとも必要だと思います。

　これまでMSWは何をする人なのかわからないと言われてきました。これから

は、自分たちの仕事は何かをMSW自身が確立すること、そしてそれを他職種や一般の人にわかってもらうことが必要です。と同時に、構築されたシステムから「こぼれて」しまうことへの柔軟な対応をしていく役目も重要だと考えています。

第2節　医療ソーシャルワークにおける社会資源の意味

(1) 社会資源を上手に活用するための知識

1) 何のために、なぜ社会資源を活用するのか

　MSWが社会資源の知識を得たいと思う時は、どんな場面だろうか。例えば、入院費用の請求書を手にした患者さんから支払いに困ると相談されたり、退院を早めてほしいと希望されたり、反対に介護者がいないので、できるだけ長く入院していたいと頼まれたりした場面などではないだろうか。

　そうした生活者としての患者さん、つまり病室のパジャマ姿ではない患者さんたちの姿に触れたとき、医療だけでは解決できない生活上の様々なニーズを知らされる。その姿はまた、「今」というこの時代に共に生きている人、自分や自分の家族に似た人の姿であることに思い至ることだろう。こうした生活者としての同時代の人々が、その人らしい姿で自立した社会生活を営むための「つっかい棒」に利用するもの、それが社会資源である。

　したがって、生活場面に触れる視点がなければ、社会資源の利用の必要性にも気づかないことになる。社会資源の利用の第一歩は、患者さんの何気ない"つぶやき"を聴き取り、病院の外での患者さんの生活を想像することから始まるといえる。

　入院中の患者さんは、療養生活上の必要なサービスを、病院というシステマティックな組織から提供される。しかし、退院し在宅療養生活に入ると、これらのサービスを、一つひとつ自分で調達しなければならない（図2-1）。一人ひとりの患者さんが、今後それをどのように調達していくのだろうかと確認してみることが、社会資源活用の糸口になる。

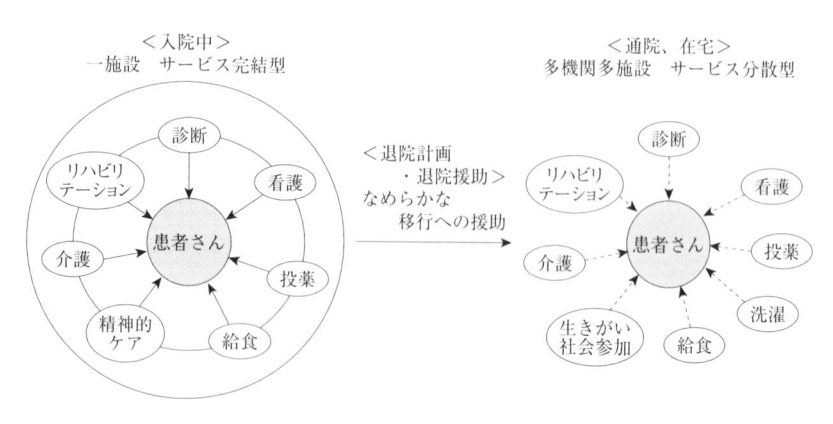

図2−1　サービス供給形態の変化

2）社会資源の整理箱
①社会資源とは
　日本国憲法第25条は、国民の生存権をうたい、「国は、すべての生活部面について、社会福祉、社会保障及び公衆衛生の向上及び増進に努めなければならない」と規定している。この健康で文化的な最低限度の生活維持に関する国民の権利と福祉増進のために、法律、制度、各施設などといった、国や地方自治体などの様々な施策がある。しかし、病気や障害、老齢となって生活が難しくなったときに手助けとなるのは、このような社会福祉、社会保障関連の諸制度ばかりではなく、人的サービスである医師、看護師、保健師、ホームヘルパーなどの専門職や、民間企業のサービス、近隣の友人、ボランティアに至るまで多種多様である。これらのすべてを「社会資源」という。
　大腸がんでストーマを造設した一人暮らしの雅子さん（仮名、63歳）の在宅生活を想定してみよう。雅子さんは術後体力が回復せず、ストーマケアがやっとで、入浴や通院に介助を要し、買い物や料理ができない。本来、外向的でサークル活動にも参加していた人付き合いのよい雅子さんだったが、ストーマ造設後は少々うつ気味である。隣町に嫁いだ娘さんが週末には訪れる。平日の月〜金曜日、誰かが訪問して雅子さんを見守るケアの体制を想定した（図2−2）。
　このように公の機関からのサービスから、薬局、銀行など本来業務に付随したボランティアサービス、民間の「買うサービス」（有償ボランティア）、

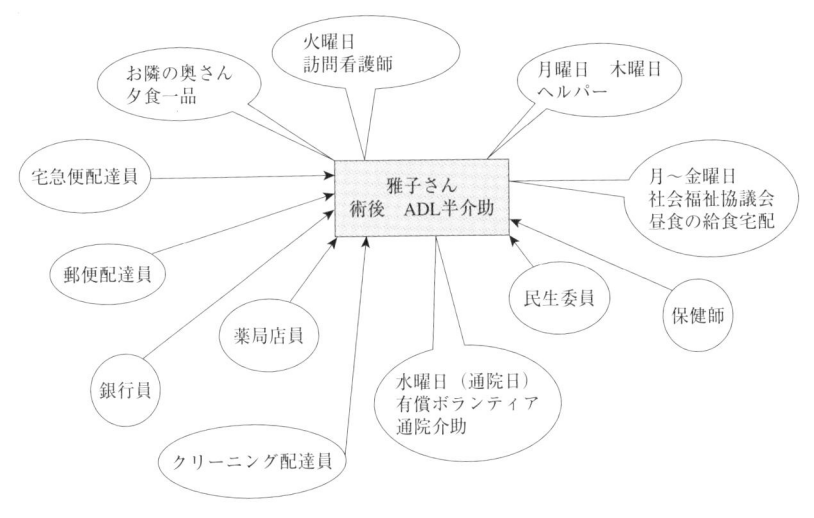

図2-2 雅子さんのケア体制

それにお隣の奥さんの夕飯の一品添えまで、これら雅子さんをとりまく制度、物、人びととの知識や技術など、時には人の善意もすべてが社会資源となり得る。こうした幅広い範疇の社会資源を活用するには、わかりやすい整理箱で分類しておく必要があるだろう。

●おせっかい・アドバイス①自己決定の原則

　社会資源を活用する際に、必ず守らなければならない原則は、利用者である患者さんや家族の自己決定を第一に尊重するという点である。よかれと思って紹介した社会資源でも、当事者の自尊心を傷つけたり、望むものとは異なるちぐはぐなものにお金をかける結果になってしまう危険があるからだ。ことに、雅子さんの例のように人的サービスを活用する場合には、注意怠るべからずである。「他人様を家に入れたくない」という抵抗感がベースにあるうえに、「あの人に頼んだら、こちらの人の顔をつぶした」と、今まで培ってきた人間関係を壊してしまう例すらあり得る。一つひとつ、丁寧に、「頼んでも、よろしいですか」と確認し、同意を得たうえで紹介をする。

②問題別の整理箱

　投げかけられたり、発見した生活上の問題に即して引き出せるように常に社会資源を分類し、整理しておくことが必要である。図2-3はMSWの業務を図

示したものだが、生活上の問題はおよそこの図のように分類できるだろう。

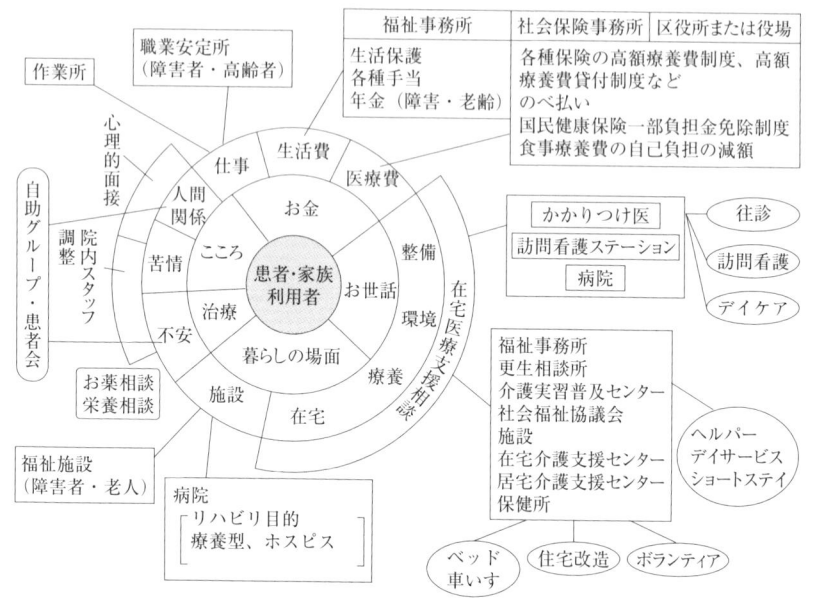

図2-3　医療ソーシャルワーカーの業務

③制度別の整理箱

　社会資源には、制約や条件がある。それを理解するために、その社会資源の性質を知っておくことが大切である。対象外で除外される場合には利用者を落胆させ、ひいては、専門家としての資質を問われる。

　表2-3は自分自身が掛け金を支払って自由に契約した民間保険から、国の税金でまかなわれている福祉制度までをまとめたものである。自分がお金を全面的に支払った民間保険ではその契約内容にのみ制約されるが、一部掛け金負担の公的保険（社会保険）や福祉制度では法律に基づいた制約が加わる。

●おせっかい・コメント②社会資源競合時代

　介護保険がスタートし、従来の「福祉サービス＝措置制度＝選択不能」の枠が取り外され、選択後の契約によりサービスが供給される。ホームヘルプサービス、訪問看護サービスも、多くのものの中から質の良しあしを、

表2-3 社会資源の特性別分類

	民間保険	社会保険	社会手当	公的扶助
加 入	個人契約	強制加入	全国民対象	全国民対象
掛け金	個人契約により異なる	定額・所得比例	なし（税金）	なし（税金）
給付内容	個人契約内容による	法で定められる	法で定められる	法で定められる
給付開始	個人契約内容により申請	事故の発生、申請による	申請・所得調査後	申請・資産調査後
優先順位	①	②	③	④
種 類	生命保険 　死亡（保障）保険 　生存（保障）保険 　生死一体保険 損害保険 　火災保険　地震保険 　自動車損害賠償責任 　保険 　傷害保険 医療保険	年金保険 　厚生年金保険 　国民年金保険 　各種共済年金保険など 医療保険 　健康保険 　国民健康保険 　各種共済組合保険など 労災保険 雇用保険 介護保険	無拠出老齢年金 児童扶養手当 特別児童扶養手当 特別障害者手当 障害児福祉手当	生活保護 　生活扶助 　教育扶助 　住宅扶助 　医療扶助 　出産扶助 　生業扶助 　葬祭扶助 　介護扶助
窓 口	各民間保険会社	各公的機関 　社会保険事務所 　市町村役場窓口 　労働基準監督署 　職業安定所　など	市町村役場窓口	福祉事務所

場合によっては適・不適を吟味して選び出さねばならない。利用者も1割のお金を支払って"買う"わけだから、いきおい注文も厳しさを増す。

社会資源の仲介、コーディネート役としてはその種類ばかりではなく、多くのサービス機関の品質の良しあしまでも把握しておくことが求められる。

④場面別の整理箱

施設ケア・在宅ケア別分類

施設ケア

障害の程度や病状により、在宅での介護力では対応が不可能な場合に利用する社会資源群である（表2-4、表2-5）。

現時点では供給量は不足しており、待機期間が相当あることに留意しなければならない。地域により差はあるが、特別養護老人ホーム（介護老人福祉施設）で6カ月～2年、老人保健施設で1カ月～5カ月、病療型病床群で1カ月くらいの待機期間だろうか。

表2-4　病院および老人保健施設

名　　称	主目的	診療報酬	およその期間
一般病棟	治　療	主として出来高払い制	1～3カ月
リハビリテーション病院	リハビリテーション		3～6カ月
老人病院（療養型病床群）	看護、介護	定額制	数年～終身？
老人保健施設	介護、在宅の準備	定額制	3～6カ月

表2-5　福祉施設

対象年齢		名　　称	主目的
65歳未満	重度障害者施設	重度障害者更生援護施設	リハビリ更生
		重度障害者療護施設	介　護
65歳以上	養護老人ホーム	養護老人ホーム	ADL自立
		特別養護老人ホーム	介　護

在宅ケア

　在宅での介護力で対応が可能な場合に利用する社会資源群である（図2-4）。

3) 社会資源活用の実際

①介護のこと

　筆者が1993（平成5）年～1994（平成6）年にかけて、MSWとして退院援助に関わった宣夫さん（仮名、59歳）の事例を紹介しよう。

　主治医より「四肢麻痺化膿性脊椎炎、1年以上入院中の患者さんです。社会復帰のための専門的アドバイスをご教示ください」との院内処方箋を受け取り、病棟師長の同伴で病室を訪問し、援助をスタートした。以来7カ月余り、67回の関わりの末、退院となった。利用した社会資源を図2-4に示した。

　第1の問題は、住居だった。会社の借り上げ住宅はアパートの一室で、エレベーターはない。四肢麻痺で電動車いすを使用する宣夫さんが退院できる家ではなかった。まずとりかかったのは、宣夫さんの生活環境の整備だ。

　ハンディキャップを担った患者さんの退院でまず手掛けるのは、その人がどこに横たわり、排泄と入浴をどこでするのかという、いわば器（うつわ）を整えることから始める。図2-4の①～⑬の番号は整えていった順番を表しており、（　）内は利用のための窓口である。

図2-4の①身体障害者用県営住宅

⑨訪問看護師　⑧往診医（地域開業医）
（訪問看護ステーション）
⑫保健師（保健所）　　　　　　　　　⑦介護実習（介護実習普及センター）
　　　　　　　　　　　　　　　　　　①身体障害者用県営住宅
⑬ショートステイ　　　　　　　　　　　（県、住宅管理課）
（福祉事務所→
身体障害者療護施設）
　　　　　　　　　　　　　　　　　②風呂場、通路を脊椎損傷用
　　　　　　　　　　　　　　　　　　から頸椎損傷用に改造
⑥特殊ベッド給付　　　　　　　　　　　（県、住宅管理課→業者）
（福祉事務所→業者）
⑪ホームヘルパー　　　　　　　　　⑩入浴サービス
（福祉事務所→特養ホーム）　　　　　（福祉事務所→特養ホーム）
　　　　　　　　　　　　　　　　　④シャワーチェアー
　　　　　　　　　　　　　　　　　　（福祉事務所→業者）

⑤職場用背もたれつき電動車いす　　③介護用背もたれつき電動車いす
　　　　　　　　（福祉事務所→身体障害者更生相談所→業者）

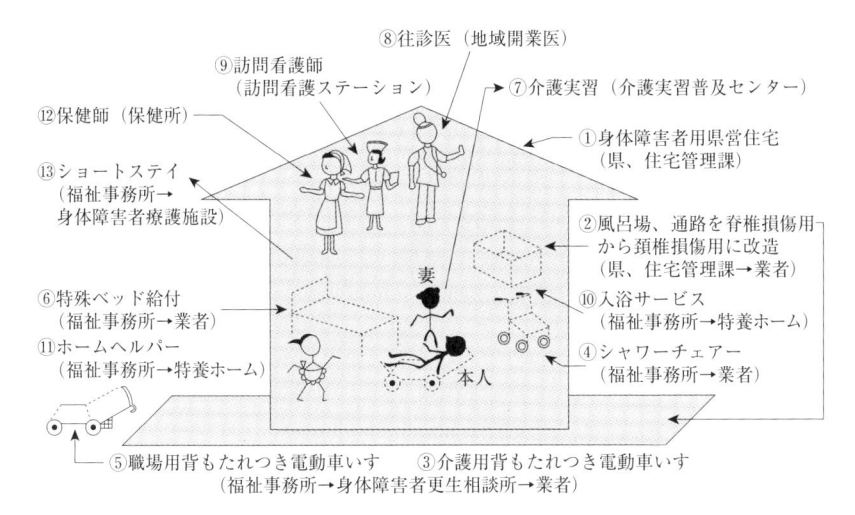

図2－4　宣夫さんの退院に準備した社会資源
　　注：（　）は利用窓口

＜利用上の問題点a＞身体障害者手帳所持者に限る→＜対応＞身体障害者手帳申請（両手指、両下肢機能全廃1級）の身体障害者手帳の交付を受けた。
＜利用上の問題点b＞家賃支払い能力があり、なおかつ高額所得者ではないこと、一定枠内の所得証明を要する→＜対応＞会社から「所得見込証明書」を受けた。
図2-4の②住宅改造
＜利用上の問題点＞県営住宅はすべて脊椎損傷者用の住宅設計であった。宣夫さんの頸椎損傷による障害レベルに合わせて改造する必要があるが、県住宅課は「予算がない」と改造を渋った。→＜対応＞OTと妻が住宅をチェックし、図や写真を用いて改造を要望した。現地調査には宣夫さん、妻、主治医、PT、OT、MSWに加え、近隣の障害者にも参加してもらい、県の担当者に交渉し希望が叶った。
　図2-4の③～⑬の社会資源、それぞれに活用上の制約や問題点があったが、紙幅の関係から、ここでは割愛する。
②お金のこと
　宣夫さんの在宅療養生活を支えた力は、妻の介護力も大きいが、生活基盤

となる経済力も必要不可欠要素である。宣夫さんはサラリーマンだったため、病気療養中、給料が支払われない期間、健康保険から傷病手当金が支給された。そして、支給期限の1年6カ月後は厚生年金保険から障害厚生年金1級（老齢厚生年金の125%相当額）を受給することになった（図2-5）。

障害年金は身体障害者手帳と混同され、手足や目、耳などの障害を持つ人のみを対象にしているものと思われがちだが、精神の障害や、呼吸器、心臓、肝臓、腎臓の障害、それにがんや難病などの疾患も対象になる。

「金の切れ目が縁の切れ目」とは逆に、お金が、疎遠となった家族関係をなんとか保たせたり、また自立を促進させたりした例を多く経験する。ターミナル期の介護は物的にも人的にも多くの経費を要するものだ。その調達に障害年金を活用する方法も一考に値する。

乳がんの骨転移で再入院してきた節子さん（仮名、52歳）は発病から2年半を数えていた。もともと不仲だった夫婦仲は冷え切り、夫は姿を見せない。発病後、1年半目の障害年金廃疾認定日までさかのぼって年金を申請したところ、1年分の障害年金100万円余りが手に入った。節子さんは離婚し、晴れやかな表情で妹さん夫婦のもとへ退院していった。

③社会資源活用上のチェック項目

公的社会資源には様々な対象規定がある。この対象規定により窓口が異なるし、サービスに結びつくか否かの重要なポイントとなる。例えば要介護者が児童の場合は利用施設は障害児施設になるし、18歳以上での入所であると障害者施設になる。いずれも身体障害者手帳所持が条件だ。

サラリーマン（健康保険、厚生年金の場合）

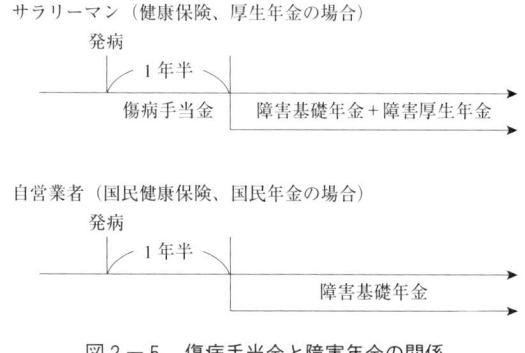

発病 ―― 1年半 ―― 傷病手当金 ―― 障害基礎年金＋障害厚生年金

自営業者（国民健康保険、国民年金の場合）

発病 ―― 1年半 ―― 障害基礎年金

図2-5　傷病手当金と障害年金の関係

これがおおむね65歳以上であると特別養護老人ホームになる。この場合身体障害者手帳は必要要件ではない。

このように、社会資源を紹介するために窓口に問い合わせるとき、対象規定に関わる以下の項目をチェックしておく必要がある。

①年齢（児童・成人・高齢者でサービスの区分あり）
②身体障害者手帳の有無、その等級（等級、障害の部位により、差あり）
③住民票または外国人登録所在地（各市町村により社会資源の種類・量に差あり）
④医療保険区分
⑤病名および発症時・初診日（身体障害者手帳・障害年金申請時期に関係する）

一口に社会資源といっても、身体的機能を補うものから利用者の生活支援まで幅広い。紙幅の制約でそのすべてを本稿に網羅できなかったことをご了解いただきたい。

(2) 社会資源の充実・広報への取り組み

1) 複雑な在宅ケア用社会資源

在宅ケアとは、生活面から見るとどういうことだろうか。

施設ケアの場合、施設内でケアサービスが完結している。施設には福祉施設のみならず、老人保健施設、病院も含まれるが、その中に身を置いていれば、食事、入浴、排泄、洗濯などのサービスの輪の中に居ることができる。ところが、施設から出て、在宅に移行したとたん、これらのサービスの輪は途切れ、地域に散在するそれぞれ別個のサービスをたぐり寄せなければならない事態に陥る。

しかし、これらのサービス、社会資源は複雑化し、しかもお互いに重複する部分もある。

まず自己負担の面で整理すれば図2-6に示すように、自助・公助・互助の区分の中で有償、給付、補助、助成とが組み合わされてくる。

公助の行政領域は、税金でまかなわれており、障害レベル、所得レベルでの制限はあるが、給付、補助、助成の名目で無料または所得に応じた一定の

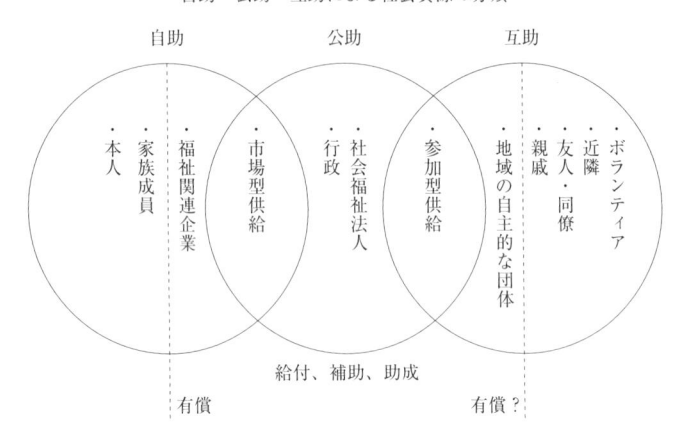

自助・公助・互助による社会資源の分類

- 自助
  - 本人
  - 家族成員
  - 福祉関連企業
- 市場型供給
- 公助
  - 社会福祉法人
  - 行政
- 参加型供給
- 地域の自主的な団体
- 互助
  - 近隣
  - 友人・同僚
  - 親戚
  - ボランティア

給付、補助、助成

有償　　　　　　　　　　　　有償？

図2－6　自己負担の違いによる社会資源の分類

自己負担がつく。

2）つむぎ手の必要、つむぎ方

　　在宅への社会資源が潤沢ではなく、わかりにくいこの時代にあっては、一つひとつのサービスを患者さんと家族にわかりやすく説明して選んでもらってつないでいく。糸にたとえれば、選択枝（糸）をつむいでいくつむぎ役が必要となってくる。その方法は利用者の生活上の個別のニード別に充足方法を検討していく過程が要る。

　　例えばお風呂に入りたいというニードに対し、家族構成、障害レベル、自己負担能力によりその方法は多種多様に検討される必要がある。また、慢性疾患の患者さんで障害を担っている人にとって通院の介助問題は在宅生活を継続するうえで重要な課題である。通院充足方法を検討すると、以下のようになる。

　①家族のみの介助で
　②家族が親戚、友人、ボランティア等の援助を得て
　③地域の団体・組織のヘルパーが中心で（住民参加型サービス）
　④介護保険または支援費制度を利用したヘルパーが中心で
　⑤病院からの送迎、巡回車を利用して
　⑥自分のお金（年金、通院公費負担）を使用し、タクシーを予約して

このように、生活を成り立たせるために入浴、通院、看護、食事、排泄、リハビリなどの個々のニードをその人、その人の個別の条件（障害レベル、家族の介護力、地域の社会資源）にマッチした生活をつむぎあげていかねばならない。

　その際、個々の患者さんのケアに関するアセスメントが重要となる。まず第1にその人の日常生活動作の程度によりケアの内容はずいぶん異なってくる。またその人がどの程度の精神力、経済力があるか？　また家族構成は？　家族の介護力は？　家族関係は？　それから親戚、友人、身近にサポーターはいるのか？　などなど総合的アセスメントが必要である。民間の資源や公的な資源はその町ではどのような条件で給付があるのか、一つひとつの項目の検討がなされていかねばならない。

　こうした情報や知識の集積は単一の職種で網羅することは困難である。つむぎ手としては医療の専門家と福祉の専門家が両者協力して携わっていかねばならないであろう。

3）つむぐ素材（社会資源）の充実を図る取り組み

素材（社会資源）をより効果的につむぐための取り組み

　広島市立安佐市民病院は広島市北部とその隣接する郡部、それに、島根県南部までをもその診療圏としている。近年、医療機関の機能分化に伴い患者さんの入院・転院は行政区を越えてより大きく移動するようになった。社会資源に関して、在宅ケアメニューは市町村により大きな違いが見られる。

　つむぎ手としては、行政区を越えた情報収集を必要とし、また、医療、福祉、保健の区分を超え、障害者、高齢者、病者の区分も超え、公的、私的を問わず、援助項目を熟知していることが求められる。これには個々のソーシャルワーカーの努力では限界がある。

　広島県北部の病院のソーシャルワーカーを中心に看護師、施設指導員、民生委員も含めて研究会をつくり、1年間かけて社会資源の調査を行った。行政が発行しているパンフレットでは得られない情報収集を、各自が負担して行ったのである。

　情報収集は「もし自分が利用するのだったらどこまで知りたいか」を指標に、各自分担して各施設を訪問したり電話をかけたり、同業種間の内部情報

も含め詳細に検索した。例えばデイケア、デイサービスの開設時間、プログラム、療養型病床群の差額徴収額、一般病院の診療科をはじめ、OT、PT、ST、MSW、訪問看護の有無などの一覧表など、そして、すべてのサービスの利用料がわかるようにした。各メンバーにとって日常業務に有用な資料集が手に入ったのだが、この情報を自分たちのみで独占してよいものだろうかとの疑問が起こった。それは研究会会員である民生委員の「知らないことがいっぱいあった」という発言からである。そこで一般の高齢者やその相談にあたる人々（開業医、区市町村窓口担当者、民生委員など）にも利用してもらえるためのパンフレットの発行にまでこぎつけた。

　説明文は行政文書に見られる堅苦しさを避け、日常語を使用することに心がけた。そして行政などサービスを行う側からの説明ではなく、サービスを利用する立場からわかりやすい表現に努めることにした。例えば、「ケアハウス」は「ワンルームマンション感覚の老人ホームです」とか、「デイサービス」は「施設で日帰りの介護サービス（入浴、食事のサービス）が受けられます」とかシンプルなフレーズでサービス内容を表現した。また、MSWの立場から制度の限界、矛盾、問題点に関するコメントもつけ加えた。

　利用する圏域は、交通網など考慮に入れた住民の生活圏が網羅されることが望ましい。それを証（あか）すように筆者たちが広島県北部としてまとめた圏域は、1995（平成7）年からのNTT電話帳の圏域と同じであった。

　こうした社会資源の調査や普及の活動が、全国各地で職種を超えた取り組みとして進み、各々その地域を網羅した、医療、福祉、保健の包括的マップとして作り上げられれば、社会資源へのニーズの発掘につながる。ひいては、ケアサービスと自分とを結びつけてゆくといった利用者の意識改革の促進につながるものと考える。

第3節　医療ソーシャルワークにおける患者会支援

患者会創設や、その運営の支援に関わった実践を報告する。

(1)「腎友会」と医療ソーシャルワーク

　1971（昭和46）年10月1日より腎臓機能障害が、心臓、呼吸器の機能障害に次いで、身体障害者扱いとなった。腎臓病の末期、死の一歩手前の治療法である人工腎臓透析治療は、その目ざましい効果とともに「金の切れ目が命の切れ目」と、その高額医療費も注目されてきた。しかし、身体障害者福祉法19条の更生医療の対象になることで、一筋の光をとり入れた感がする。だがこの光にしても、実に弱々しいもので、治療を続けながら、働きながら、運動を進めてきた人びとの満足を得られるものではない。県下の透析患者数は180名。だが、10月1日からの更生医療給付予算はおよそ10人分からのスタートだった。広島市民病院にだけでも、生活保護で透析治療を続けながら、10月1日を指折り数えている人が3人もいる。そのほかにも、健康保険の継続給付期間が切れそうな人、初診から5年はとっくに過ぎて解雇即保険給付切れだが、会社の好意で細々と職がつながっている人、現在の肉体労働に耐えられず自営業を計画している人など、表面は健康保険本人で自己負担がゼロでも、内実は深刻である。県は対象者の10名をどのような基準で決定するのだろうか。その基準を、それぞれ、ギリギリの状況（経済的、身体的、精神的）で治療を続けている人びとに、どのように説明し得るのだろうか。

1）人工腎臓の原理

　人工腎臓は、機能を失った腎臓に代わって、血液中の尿素窒素、クレアチニン、尿酸など、タンパク質が分解してエネルギーになった後の老廃物（有毒物質）を拡散現象を応用して取り除く装置である。これはまた、血液中のナトリウム、塩素、カリウムの濃度を正常値に近づける働きもする。

2）高額医療費、透析機械の偏在による問題

　透析の装置は、大きさも等身大近くあり設置費用も高額である。1972（昭和47）年のデータであるが、広島市民病院の場合も26人の患者を透析するた

めの機械器具の整備費は通算2,478万円、建物増築費用1,386万円で、経営規模の小さい一般民間病院では手が出ない費用である。広島県内には広島市内4病院、福山2病院、呉1病院のみといった現状である。また1回の透析に要する費用も、技術料、透析液などで3万〜3万5,000円、患者が国民健康保険の3割を自己負担しなければならない場合、1カ月の医療費自己負担額は12万〜18万円と極めて高額な金額である。

　以上のことから、この治療法には次で示す困難な問題がつきまとう。その第1点は、高額医療費自己負担による透析対象患者の選別である。この問題を表す数値として、広島市民病院透析患者26名の構成割合を挙げることができる。「男23名、女3名。健康保険本人21名、原爆医療によるもの2名、生活保護3名」と、男女比、保険管掌別の偏りがある。腎臓病発病には男と女の差はない。ましてや、保険管掌別に発病率が異なるわけがない。つまり、健康保険制度上医療費自己負担の小額な者が透析療法対象者として選ばれているのである。これは、運よく人工腎臓によって生き残れた人の割合なのである。

　健康保険家族の主婦が発病した場合の事例がある。

　結婚してまもなく、会社もやめたばかりの時に発病したT子さんの場合。命を助けたい一心の家族は、高額自己負担も覚悟で透析を開始した。しかし半月ごとに9万円近い請求書を手にした時、親兄弟から金をかき集めるだけではどうにもならないと気づかされた。透析開始後1カ月程して実母がMSWのもとへ相談に来室した。即刻マイカーの処分後、生活保護の申請を勧めた。申請前の医療費の未納分は広島市民病院の会計課に交渉し、延払いの手続きをとった。夫の収入が、夫婦2人の生活保護基準よりオーバーしていたため、月々3万円余りの医療費の自己負担がついた。その自己負担の滞納分が15万円にも上ったころ、支払い方法について実母がまた相談に来室した。「結婚して間もなく発病しまして、若い婿に生活保護基準の生活を押しつけるわけにはいきませんしねー。娘の命もいかばかりかと思うと、せめて生きている間にみじめな思いはさせたくない、漢方薬、針など、ちょっとでも腎臓に良い治療法があると聞くと使ってやりたくなる。その方のお金もばかになりません。病院に助けてもらっておきながら、つい待ってもらえると甘えて、こちらの支払いが遅れてしまいました」と、身を縮ませて母は語った。生活保護

基準、月8,845円（1972（昭和45）年当時）の食費では、良質のたんぱく質で高カロリー、厳しい塩分制限の食餌療法を続けることすら不可能であろう。「10月1日からいい話になると聞きましたので、できれば借金をその頃より返済させていただきたい」と語り、一途に身体障害者福祉法改正後の更生医療の受給を当てにしていた。これらの問題を図2－7で示した。

　第2点の問題である透析機械の偏在ついては図2－8で示した。広島市民病院の透析患者、26人中市内居住者12名、岩国市、三次市、高田郡、賀茂郡など、遠い人では片道3時間、1ヵ月の交通費が5,130円かかる人もいる。冬の寒さの中の長時間通院のため風邪をひき、すっかり調子を崩して半年余りも入院したきりの人もいる。

　このほかにも、併発する貧血症のため輸血用血液を常時用意しておかねばならない点や、食欲・のどの渇きを克服しなければならない厳しい食餌療法、さらに加えて、病院を選べない「死ぬまで通い続けねばならない」という精神的ストレスなど問題は多々ある。

　もちろん、夜間透析をしながら復職して、健康人と変わらぬ働きをしている人もいる。しかし安定して勤め続けられる人は4～5人ほどで、その並々ならぬ体力保持への注意と精神力、それに家族の細心の協力援助、職場の理解が支えとなってようやく可能な状態なのである。

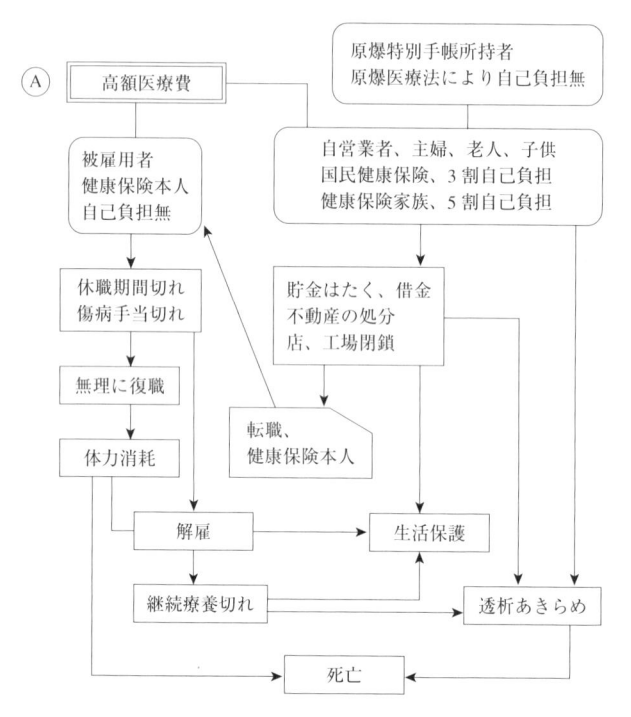

図2−7　高額医療費自己負担による透析対象患者の選別

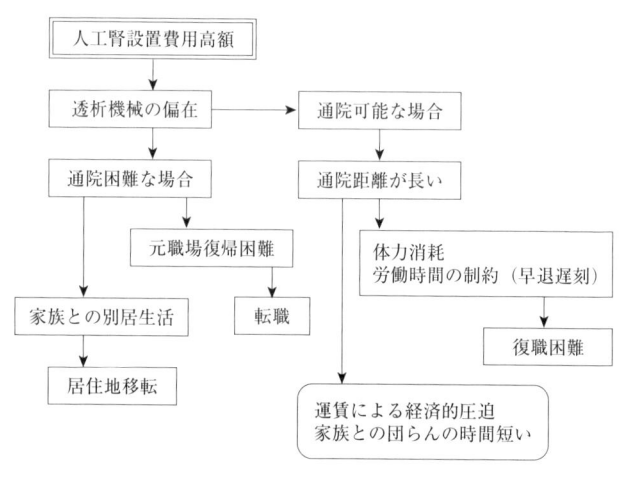

図2−8　高額透析機械設置医療機関の偏在

3）人工腎友会の歩みと医療ソーシャルワーカー

　広島市民病院で透析治療が始まったのは1969（昭和44）年9月からだが、ソーシャルワーカーの事例として問題を知ったのは、同年11月半ば、医師から国民健康保険3割自己負担のある患者さんを紹介されたときである。

　以来、傷病手当も切れ、透析による視力障害がありながら、元の会社が大阪にあるため、転職のことをいろいろ思いつめる人、休職期間切れが迫るため、階段の上り下りもままならぬ身体で1カ月間、首つなぎのため出勤したいと訴える人、透析による頭痛、復職への不安のため不眠が重なり、透析シャントを自ら抜いて血液の流れの中で死亡する痛ましい人など、悲惨な事例ばかりであった。

　とうてい医療相談室の一角でかかえ込める問題ではない。せめてお互いの苦しみと悩みが話し合える場があれば……。1970（昭和45）年2月末当時10名足らずの患者さんたちの思いも同じで、ささやかな発会の声を上げた。まもなく、この医療費問題の解決には、会組織の力をつくり出さねばなるまいと、同年4月土谷病院内を事務局として発足した「広島県人工腎友会」へと統合された。そして1年後の1971（昭和46）年6月、全国腎臓病患者連絡協議会の発足を見、中央の厚生省への働きかけも活発に展開した。結果、同年10月、身体障害者扱いになるまでこぎつけたのである。この過程での患者さんたちの苦闘はすさまじいものであった。

　全国からの問い合わせに応え情報の交換、会組織をつくるようオルグ活動、マスコミへの対応、新聞の編集発行、会計、ニュース配布、アンケート、署名活動、陳情等々と100名近い患者を組織し、活動していくことを、入院中の病態の安定していない人びとが担ったのである。仕事をもち、家庭もあり、しかも1週間2回～3回8時間も機械のそばに横たわらなければならない人々が担っていったのである。会の活動のことなどまるで素人、社会保障制度にも無知だった人々が、である。

　MSWは、他病院の患者も含む個別相談に応じること、現行制度で何を突破口として利用し得るかなどについて共に検討すること、事務連絡、会合の準備と報告ニュース配布、血液集め等々、ささやかな部分を担った。それすらも公立病院のワーカーの立場から、「あまり身を出さぬように」という病院上層部からの声を聞いた。

患者のアンケートの中で、医療相談室についての欄に「悩みがあって相談に行くにしても相手が国だと思うと、大き過ぎてあきらめるようになる」と回答した人がいる。MSWとは何者なのか、問われる思いがした。

(2)「リウマチ友の会」と医療ソーシャルワーク

　リウマチ友の会の役員会は、いつもお互いの「痛み」の報告から始まって、会員さんたちの消息、家庭内のことなど、話題が流れ流れて、なかなか議題に入れない。いらいらした筆者が、議事進行役になって、みんなをせかせるのも、これまた、いつものパターンである。

　しかし、この余談の部分が、きずなを深め、「痛みと身体の不自由さ」をおして、会運営に関わるエネルギー源になっていると見える。

　その中心に、支部長の岩佐巧さんがいる。病歴37年、身体障害者手帳2級の岩佐さんと、友の会との関わりの契機は、1970（昭和45）年末の奥さんの死だった。茫然自失となった岩佐さんは、何かを求めなければ……と、心の糧を求めて「リウマチ友の会」に入会した。1971（昭和46）年、1年間近く白浜国立病院に入院した岩佐さんは、公務員の職歴もあることから、白浜病院支部長、議長を経験することとなる。白浜での生活の中で、岩佐さんの疑問はふくらんだ。「専門医の治療、療養生活の指導を受けられるのは、ごく一部の患者に過ぎない。地域の中で生活している患者にも、専門医との出会いを図れないか」。

　退院して広島に帰った岩佐さんは、「日本リウマチ友の会」本部より名簿をとり寄せ、アンケート調査をし、広島県支部結成の呼びかけをした。1972（昭和47）年、設立総会に至った。

　そして、すぐさま、1974（昭和49）年4月より、全国に先がけ、単独県費で、悪性関節リウマチの入院患者に限り、特定疾患治療研究事業に適用させる成果を上げている。

　岩佐さんと、筆者との出会いは、長期入院患者のYさんを通してだった。

　1973（昭和48）年、産休明けで出勤した筆者を待ち受けて、Yさんは「病室へ友の会の会長さんがみえて『障害年金の請求ができるのではないか』と話されて帰られた」とのこと。

　幼くして発病し、身体障害者手帳3級、単身生活保護受給中のYさんの相談を受

けていたつもりの筆者は、彼女には職歴もあるのに、厚生・障害年金申請を思い至らなかったことに赤面した。そして「すごい人物がいるな」と、感じ入ったものである。

　それからは、総会の手伝いから始まって、一緒に別府のリウマチ専門病院を回ったり、岩佐さんが長期入院してしまったときなど、友の会の事務局を担当する役割まで担う、おつき合いとなった。

　当初岩佐さんの孤軍奮闘のおもむきが強い友の会の運営も、役員さんたちが定着してきて、以前のような「相談室が事務局」の事態に落ち込む心配はないと思われる。

　1981（昭和56）年には、往復ハガキによるアンケート調査をし、手帳、障害年金の問題を投げかけ、関連する相談も、会員から多く寄せられた。1981（昭和56）年の機関誌創刊に続き、1982（昭和57）年は、支部設立10周年記念行事に向けて、活発な動きが見えた。呉、福山、尾道での移動療養相談、10周年記念号発行である。

　そして、同年のレクリエーションは、思い切って1泊旅行を計画すると、参加希望者が34名もの多数になり、驚いた。「私ら、普通の人と旅行したらついてゆけんけーね」という言葉に代表されるように、いかに行楽の機会が少ないか、そして、友の会の日常活動が根づきつつあったかが知れる人数である。それにしても、温泉地に多数のベッドを整えたホテルがなく、ここでも障害者の「社会への完全参加」のスローガンが、まだまだ達成にはほど遠い感を深めた。

　友の会の世話活動をしていて、一番の喜びは、当初は無理矢理引っぱり込んで役員さんにお願いした方々が、明るさを増し、どことなく、シャンとした「強さ」を示してくださるようになってきたことである。

　Mさんは、今度、関節の2度目の手術のため入院した。前回の入院時は、初めての手術ということもあってか、看護師とのつき合い方、見舞い客のストレスなど、いろいろ神経を使い、相談を受けることも多かったが、今回は病室訪問する必要もなく、リハビリのスタッフも驚くほどの頑張りを発揮し、術後の回復も順調だった。

　リウマチは、身体障害、痛み、進行、と厄介な要素を含んだ病気だ。病気を仲良く手なずけながら長期戦を組むために、友の会が援軍になればと願い、役

員さんたちの奮闘を、ハラハラしながらも、裏方の世話役を続けている。

参考文献
1） 小田兼三・竹内孝仁編『医療福祉学の理論』中央法規、1997年。
2） 児島美都子『医療ソーシャルワークの現代性と国際性』頸草書房、1998年。
3） 荒川義子編著『医療ソーシャルワーカーの仕事』川島書店、2000年。
4） 佐藤俊一・竹内一夫編著『医療福祉学概論』川島書店、1999年。
5） 村上須賀子『退院援助相談に関する社会資源の分類』看護学雑誌、1997年。
6） 日本医療ソーシャルワーク研究会編『介護保険時代の医療福祉総合ガイドブック第3版』、2004年。

第3章

医療ソーシャルワーカーの職務環境整備

第1節　医療ソーシャルワーカーの業務実践の変化と退院援助

(1) 退院援助実施率の激増

　MSWもまた時代からの影響を受けてその業務を変化させてきた。その変化を検証すべく1999（平成11）年、「『医療ソーシャルワーカー業務指針』と、今後の業務展開に関する調査」（以下「MSW業務指針展開調査」）を実施した。1989年、精神科ソーシャルワーカー（以下、PSW）も含めて、MSW全体の業務指針が、わが国で初めて示されてより、10年を経過した時点で、その普及状況を調べる意味合いも含んだ。

　「医療ソーシャルワーカー業務指針（以下、旧「業務指針」）」の項目が相互にどのような構造を持っているのかを明確にするために、因子分析を実施した。「主成分分析・バリマックス回転」の手法によると、4因子構造であった。第1因子は「人間関係調整・ケースワーク」、第2因子は「グループワーク・コミュニティーワーク」、第3因子は「ケアマネジメント・退院援助」、第4因子は「社会関係調整」とネーミングした。結果は表3-1で示すようにケアマネジメントを用いて、いわゆる退院援助に関わる項目の実施率が高かった。実施率の高い順位は①退院・退所する患者への在宅ケア諸サービスの活用援助、②転院のための医療機関、退院・退所後の社会福祉施設などの選定である。これを、1974（昭和49）年の厚生科学研究による「医療社会事業の現状と課題（日野原重明班）」の「一般病院におけるＳＷ業務の実態」と比較してみた。当時の退院援助関連の業務内容である「退院患者のアフターケア（相談・訪問など）」につい

て、週1回以上実施しているとしたものはわずか18.8%に過ぎなかった。

　25年間のMSW業務内容の変化は著しいものがあるが、その変化の震源地は1987（昭和62）年、国民医療総合対策本部中間報告で打ち出された、医療費抑制政策にまでさかのぼる。以来、医療法の改正を重ね、診療報酬の改定、さらには介護報酬改定などの手段を通じて政策誘導が強力に押し進められた。病院の機能分化、医療・介護保険の棲み分けと連携、在宅医療・在宅介護への移行政策がそれである。それらの激震がMSWを直撃しているといえる。

　1989（平成元）年の旧「業務指針」ではその業務の範囲で「復職・復学援助」も含めて「退院（社会復帰）援助」とされていたものが、2002（平成14）年に改定された「医療ソーシャルワーカー業務指針（以下、新「業務指針」）」では「退院援助」と「社会復帰援助」は区分され、「退院援助」は一項目独立した業務範囲とされた。この改定もこうしたMSWの業務の変化に対応したものであろう。

(2) 退院援助業務増大の背景

　なぜに退院援助か。その前に在院日数短縮の意味を、今一度押さえておく必要があるだろう。それは3方向から考えられる。

　第1はマクロ経済の視点、国の総医療費の削減策の観点である。

　第2は、ミクロ経済、つまり個々の病院マネジメントの観点である。病院もまた一般企業と同様に経済的環境にさらされている。

　在院日数期間に診療報酬が傾斜配分されていること、病院の機能別に包括払い方式が導入され、その機能に見合った病態の患者群でなければ診療報酬上不利になることなど、収入の換算バロメーター上に条件づけがあれば患者の移動が即、収入の高低に直結し、病院経営に影響する。個々の病院マネジメントの観点からすれば、退院・転院が促進されるのは当然の帰結である。

　第3は、最も重要な利用者の視点である。入院生活には様々な規制がある。入院生活による拘束は誰しも短いことを願うであろう。ましてや、勤労者の場合、まず収入は減少し、場合によっては失職にも結びつきかねない。生活の質（QOL）の面からも、利用者の医療費の自己負担など経済負担の面からも入院の長期化は望ましくない。

　こうした在院日数の短縮の意味を踏まえたうえで、ではなぜ退院に、「援助」

表3－1 「MSW業務指針」実施状況

分類		項目	順位	M	SD
経済	01	医療費・生活費に困っている場合の関係諸制度の活用援助	3	1.59	0.69
療養中の心理・社会的問題	02	受診、入院、在宅医療に伴う不安などの問題解決援助	5	1.72	0.70
	03	家事、育児、教育、職業などの問題解決援助	17	2.61	0.92
	04	在宅療養環境整備のためのサービス援助	4	1.60	0.67
	05	家族関係の調整援助	10	2.13	0.78
	06	患者同士や職員との人間関係の調整援助	15	2.25	0.82
	07	学校、職場、近隣等地域での人間関係調整援助	18	2.77	0.87
	08	傷病の受容が困難な場合の問題解決援助	16	2.40	0.84
	09	患者の死による家族への精神的援助	19	2.88	0.87
	10	機関内の家族会等の指導、育成	24	3.12	1.00
受診・受療援助	11	医療の受け方についての援助	11	2.15	0.88
	12	医療上の指導を受け入れない場合の援助	14	2.21	0.79
	13	診断、治療内容に不安がある場合の援助	12	2.16	0.79
	14	人間関係調整や社会資源活用などによる援助	8	2.00	0.76
	15	治療に参考となる情報収集と医師等への情報提供	6	1.91	0.76
退院社会復帰相談	16	デイケアなどの指導、集団療法のための機関内断酒会等の指導	22	3.01	1.07
	17	転院のための医療機関、退院・退所後の社会福祉施設等の選定	2	1.54	0.69
	18	退院・退所する患者への在宅ケア諸サービスの活用援助	1	1.50	0.67
	19	住居の確保、改造等、住宅問題の解決援助	9	2.01	0.86
	20	復職、復学の援助	21	2.97	0.92
	21	転院、在宅医療に伴う患者、家族の援助	7	1.93	0.79
	22	転院、退院後の心理・社会的問題解決の援助	13	2.27	0.87
地域活動	23	地域の患者会、家族会、断酒会等の指導、育成	25	3.35	0.87
	24	保健・医療に関わる地域のボランティアの指導、育成	26	3.35	0.85
	25	地域ケア・システムづくりへの参画	20	2.93	0.98
	26	在宅ケアや社会復帰について地域の理解を求め、普及を進める	23	3.01	0.97

注1）「順位」は実施率の高い順位を示す。　　　　　　　　　　　　　　　　　　　　＊N＝294
注2）「M」の数値は、小さい方がよくできていることを示す。
（1999年、「医療ソーシャルワーカー業務指針」と今後の業務展開に関する調査より）

が必要なのであろうか。

　例えば、急性期からリハビリテーション、それに慢性期の医療を、その病態の変化にそって利用しようとする場合を想定してみよう。機能分化し、それぞれ複雑な入院要件を持つ医療機関を的確に選択し得る人々がどれだけいるだろうか。医師ですら、もともと入院要件に適合しない患者の紹介状を家族に持たせ、転院相談の受診をさせる例が多くみられる現状である。また、在宅医療へ

の移行には住宅環境の整備をはじめ、訪問介護、訪問看護の導入など、複雑なケアプランが必要である。加えて、退院という環境の変化は「放り出される」

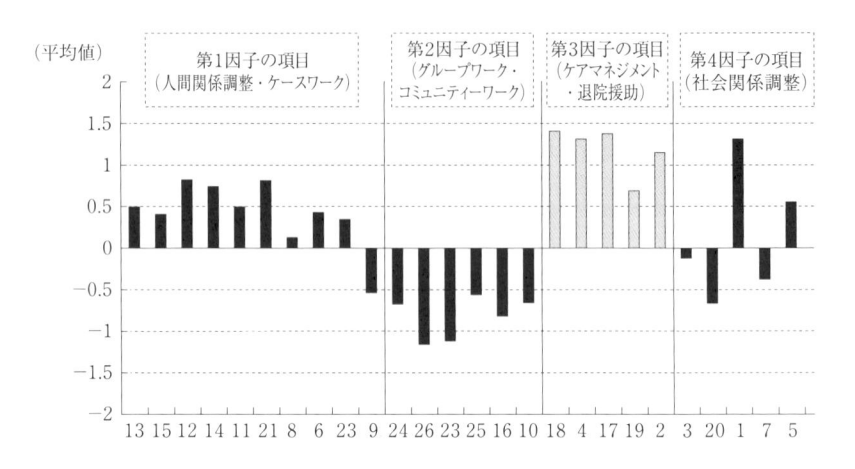

図3−1 業務内容実施状況

(1999年、「医療ソーシャルワーカー業務指針」と今後の業務展開に関する調査より)

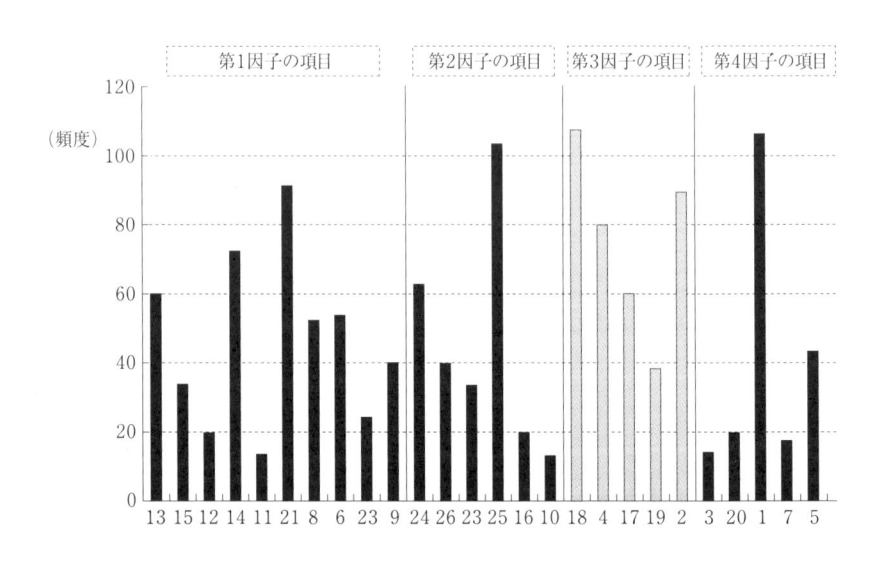

図3−2 業務内容で今後重点をおきたい項目

(1999年、「医療ソーシャルワーカー業務指針」と今後の業務展開に関する調査より)

という心理的危機をはじめ、経済的危機、家族関係の危機をも伴い、それらの調整役が必要となる。医療と福祉を統合してコーディネートできる専門職として、MSWにその任が回ってくるのも自然な流れであろう。

　しかし、退院援助はMSWにとってストレスフルな業務である。最大のストレスは、相談の依頼元が主治医であったり、病棟看護師長であったり、時には病院管理者であったりすることである。つまり、患者・家族からの依頼を受けて、ソーシャルワークを展開するのではなく、病院の意向を受けて業務を展開させる場面もあるということである。医療機関の種別を含めて、退院、転院の手立てである地域の社会資源は、選択とは程遠い量と質の現状においてである。しかも、その依頼は期間限定で、解決にスピードを要求されている。この場合、望ましい退院先への待機期間や在宅療養整備の準備期間、家族関係調整期間は無視されがちなのである。患者・家族が望まぬ退院において、はたして「退院援助」たり得るのかという基本命題からくるストレスなのである。

　このストレスに耐えかね、職場を去るソーシャルワーカーも見られる。「MSWの生き残り戦略の一助」のために、幅広いMSW業務の中より退院援助に関してその視点と実際について述べておきたい。

(3) 退院援助におけるMSWの大義

　MSWが、退院援助にMSWとしてのアイデンティティを持って取り組むためには何が必要であろうか。まず、大義を持つことだろう。社会福祉専門職としての大義である。「胸に一物、背に荷物」の気概があれば、背の荷物の重さに耐えられるというものである。胸に掲げるは人権擁護の志であろう。

　揺らぎ、悩んだときには、基本の基本に立ち返ってみることである。筆者は日本国憲法の基本的人権の項に返ることにしている。25条の生存権よりもむしろ第13条の幸福追求権に勇気の源を得る。

　日本国憲法　第13条　：すべての国民は、個人として尊重される。生命、自由および幸福追求に対する国民の権利については、公共の福祉に反しない限り、立法その他の国政の上で、最大の尊重を必要とする。

　医療被害者と弁護士を中心とした「患者の権利をつくる会」は、これらの基本的人権を基盤として、「患者の諸権利を定める法律案要項」(1991年7月30日発

表。1993年、2001年一部改訂）を提起している。その「患者の権利各則」では、「自由な意思にもとづき、診療、検査、投薬、手術などの医療行為に同意し、選択し、あるいはそれを拒否することができる」とする自己決定権とならび、「医療機関を選択する権利と転医・退院を強制されない権利」を掲げている。「患者は、医療機関を選択し、転医することができ、又、自己の意思に反する転医や入退院を強制されない。患者は、いつでも転医に必要な情報を受ける権利を有する」としているのである。この、患者の人権擁護の原点に常にたち返ってみることが大切であろう。

　しかし、この大義を持てば持つほど医療改革の現実との乖離に打ちひしがれるのだというMSWの叫び声が聞こえてきそうである。この大義に照らして、現行の医療改革の方向を検証し、その修正に向けた確信を持つことが一方で必要だ。この点について、わが国の医療改革の手本として導入しようとしているアメリカの医療保険制度の矛盾を表す、次のような調査結果が参考になる。

　「メディケアの支出分析では、メディケアによる入院患者の22％は退院後60日以内に再入院しており、再入院は入院患者支出の24％を占めていた」。つまり、やみくもで一率的な患者の移動促進の結果は、かえって病態の悪化による再入院や療養の長期化をもたらし、医療費の支出の増大をもたらすというマクロ経済上の反論である。また、個々の病院マネジメントの観点からも、これだけ機能分化が進めば、自らの病院の利益ばかり主張し病診連携への配慮を欠けば地域で生き残れなくなるのではないか。むやみに患者のたらい回しを続けられる時代は早晩、終焉するのではないかという予測である。

（4）退院援助のあり方

　退院・転院問題におけるジレンマをMSWがどのような状況で受け止めざるを得ないかを正面にすえ、調査研究をした報告書が2003（平成15）年に「転院問題を考える会」から出されている。MSWが転院業務を行った患者・家族から郵送方式によって回収したアンケートの報告書である。そこでは「望まない転院」に関わったMSWの立場を「医療機関側からの転院の指示と患者・家族からの相談内容が全くもって相容れない状況になっている現在……MSWたちは生木を引き裂かれるような痛みを覚えつつ仕事をしている」と述べている。このような

MSWの調査研究活動などにより「生木の引き裂かれ状況」との認識がひとりMSWのみならず医療者全体および国民の認識にまで広がりをみせることが、早急に求められているといえよう。

　そしてまた、退院援助はひとりMSWの孤軍奮闘のみで実践できるものではない。MSWだけがその結果の責めを背負い込むべきものでもない。病院内の関連他職種の協働によって初めて可能になるのであって、この協働システムが整っていない病院で、MSWを雇用し、また増員し、退院援助やベッドコントロールの役割を期待しても、効率の悪い人件費の使い方といえる。

　1987年からボストンでは病気や入院を経験した際に、より人間的なケアを受けられるようなケア・モデルを探ることを目的に、「患者中心の医療のためのピッカー・コモンウエルス・プログラム」が始まっている。そこでは、患者中心の医療を7つの側面から検討し、その1項目である「退院・転医とケアの継続性」で次のように提言している。

　「退院後のケアの立案は、複数の医療職が関与する複雑で時間がかかる作業である。移行計画は入院早期、あるいは入院の待機前から始めるべきである。退院を容易にするための階層的な関与は、経営トップが率先して、組織を挙げて取り組む必要がある。こうした取り組みでは、組織内部、および、病院と外部機関との間で十分な調整をする必要がある」。

　この提言をMSWの立場から読み改めると、以下のようになる。
①退院援助は組織を挙げて取り組むべきで、そのために、院内の組織づくり、システムづくりが必要である。
②上記組織には医療職と福祉職など多職種の協働を組み込む必要がある。
③上記組織を稼動させて入院前（入院待機）から関与する必要がある。
④上記組織と外部機関の連携システムづくりが必要である。

　最後に強調しておきたいのはMSWが入院・退院・在宅医療と継続した医療を受ける権利を保障するチーム医療の一員として、病院組織の協働システム内に位置づくには、その国家資格制度が不可欠であり、今やその実現が緊急課題となっていることである。

第2節　組織的位置付けの重要性

(1) 医療ソーシャルワーカーの組織的位置付けの意味
1) 退院援助と組織的位置付け

　今や主たる業務となった退院援助業務では、多数のセクションとの係わりを要することになる。ALS患者の退院援助の事例を想定してみよう。おそらく、1人の患者に関し神経科、呼吸器内科、リハビリテーション科など、複数の診療科の主治医と病棟看護師長、クリティカルパス担当看護師、リハビリスタッフ、それに各科外来部門のスタッフ、それに加え、衛生材料や、経管栄養などの薬剤投与の関係で薬局までも含めたコーディネートを要することになる。

　このような在宅医療へのコーディネートを、個々の患者それぞれに対応した関連職種のスタッフを、その都度チーム編成するのは時間を要し、効率的ではない。退院援助にはとりわけ診療部門とのチームアプローチを要することになるが、このチームアプローチが、システムとして病院組織の中に位置付いていない場合には、今や緊急を要し、しかも多量にMSWのもとに押し寄せる退院援助事例に対し、有効に対応することが困難な時代となっている。

　病院内の保健・医療スタッフとのチームアプローチのためは、そのアプローチが稼動するように、診療部に関与したかたちでMSWが病院組織の中に位置付く必要性があることについて述べた。他方、このような業務のためにMSWが地域に出向くためにも、組織的な位置付けは重要である。在宅療養をコーディネートするためには、その受け皿である地域ケアへのアプローチを要する。それは、前節の「MSW実践の変化」で述べたMSW達が今後の業務展開で重視しなければならないと認識している「地域ケア・システム作りへの参画」や「在宅ケアや社会復帰について地域の理解を求める」活動など、コミュニティーワーク関連の業務である。

　例えば地域ケアに関する会議にA病院のMSWとして出席したとする。この場合MSWは提出された事例に関して、MSWの援助方針ついてのみならず、A病院としての医療ケアの可能性と限界についても発言を求められる場合もある。その際、診療部門にコミットした組織上のポジションを起点として地域に出向

いていなければ、地域の関連機関の要望や意見を診療部門に返せない。またA病院の診療部門の意向や意志決定を地域に伝えることもできない。

2)「業務指針検討委員会」での議論

　地域医療に関わり、病院の外で活動する場合は特に、「病院の中で明確に組織上の位置付けが必要である」とは旧「業務指針検討委員会」での医師委員たちの一致した意見でもあった。旧「業務指針」では　MSWがその業務を適切に果たすための環境整備として、「①医療ソーシャルワーク部門の設置が望ましい、②部門設置ができない場合は、他の保健医療スタッフとの連携を取りやすい部門に位置付けること、③やむをえず事務部門に位置付ける場合は診療部門等の諸会議のメンバーにすること」とその組織上の位置付けにふれている。(傍点筆者)

　旧「業務指針検討委員会」の議事要旨によれば業務内容の議論よりも組織上の位置付けに関する議論に長時間を資している。特に最終会の第4回議事はこの件に終始しているくらいである。この議論の末に厚生省（当時）が準備した原案の「独立部門として位置付け」という文言が、「組織上の位置付け」に変わったのである。

　論旨は主として医師委員たちにより提起されたのであるが、発言の主なものは以下の2例に代表される。「病院には管理者がいて、主治医がいる。特に地域医療を考えると病院の外で活動することが多いので、管理者の指示によるようにしておかないと病院としての責任が取れない。」「MSWには法がないので、ここで補足的にはっきりさせておく必要がある。ワーカーは対外的に地域に出ていくことが非常に多く、また、近年、医療範囲が広くなっていることからも、病院管理者の指示のもとに業務を行うべきである。単独で業務を行うのは他の職種との協調も図られない。医療チームの一員であることから病院管理者のもとに業務を行うべきである。」

　つまり、医療の範囲が地域医療を含むまで広がりをみせる中でMSWが業務することを想定し、「独立性」をもたせるのでなく、むしろしっかりと病院管理者の指示のもとに業務させるべきだという意見である。これに対し医師である座長が「管理者の位置付けが明確であり、その管理機構の中で組織立てがあり、そこの枠内でMSWが業務を行っていることで解釈すれば問題はないのではない

か。」ととりなし、「組織上の位置付け」という表現でおさまったという経過がある。まずは病院の組織内にＭＳＷ部門が独立して設置され、その専門性が発揮できる条件整備が急がれるとの厚生省（当時）の意見は少々トーンダウンせざるを得なかったのである。

　前節の「MSW業務指針展開調査」（1999年）によれば、1989年（平成元年）のこの旧「業務指針」の環境整備に関する指針部分は進展したとは言えない。旧「業務指針」で「や̇む̇を̇え̇ず̇」と3番目の譲歩的位置付けとして記述している事務部門に所属する状態のままで残っている機関は41.7％もあった。また所属部署の名称も55項目にものぼっている。どの医療機関を訪ねてもMSWの所属部署やその名称が共通している状態には至ってはいない。

　新「業務指針検討委員会」の議論はこの組織上の位置付けに関して、現状追認にとどまっている。議事録によれば、これも医師委員からの発言であるが、「1人しかいないのに独立部門とは……一応事務系等がやっているところも多いのが現実。近年、事務の仕事も幅広くなっている。「やむをえず」事務部門にという表現はいかがなものか」という問いかけである。これに対して、当事者団体である日本医療社会事業協会の委員は「事務部門の方（MSW）が全員、やむをえずという気持ちでいらっしゃるとは思いません」と発言し、残念ながら「や̇む̇を̇え̇ず̇」の文言は新「業務指針」からは削除されてしまった。

3）組織上の位置付けの認識と仕事への取り組み態度

　退院援助、地域医療への橋渡し役の役割遂行上から、組織上の位置付けの意味について述べたが、重要な点は「組織上の位置付け」と「業務実施状況」および「仕事への取り組み態度」との間に関連があることである。「MSW業務指針展開調査」（1999年）によれば、組織上の位置付けが「不適切」と認識している層の業務実施状況は低率で、仕事への取り組み態度は「疲労感強不安因子」が強く示されていた。MSWは仕事への取り組み態度として、若年、ベテランの、どの層を通じても共通に「この仕事は、社会的に価値がある仕事だと感じる」ことが強く、業務実施上の社会的役割を重視する命題に忠実であろうとする意識が高い。しかし、この業務実践への意欲が高ければ高いほど、現実の業務実施状況との乖離に悩み、ストレスを高め「疲労感強不安因子」を強めることになる。

組織上の位置付けを「不適切と認識」している層の方が「適切と認識」している層に比べて有意に高い項目は、次の4項目であった。「『こんな仕事、もうやめたい』と思うことがある」「体も気持ちも疲れ果てたと思うことがある」「これから先、この仕事を続けてゆけるだろうかと不安になることがある」「こまごまと気配りすることが面倒に感じることがある」であった。つまり、「不適切と認識」している層は「疲労感強不安因子」5項目中の実に4項目までもを、「適切と認識」している者よりもより強く感じているとの回答傾向を示している。この結果により組織上の位置付けいかんが、疲労感や不安にも大きく関与することがわかる。

表3-2 組織上の位置付けの認識と仕事への取り組み態度

	適切 (N=177) M	SD	不適切 (N=99) M	SD	有意水準
体も気持ちも疲れ果てた	3.41	1.15	3.84	0.97	**
仕事のために心にゆとりがなくなった	3.62	1.13	3.79	1.00	n.s
「こんな仕事、もうやめたい」	2.86	1.25	3.38	1.21	***
こまごまと気配りが面倒	3.24	1.06	3.54	0.99	*
この仕事を続けていけるか不安	3.25	1.26	3.66	1.16	**
この仕事は性分に合っている	3.71	0.94	3.52	0.94	+
我ながら仕事を上手くやり終えたと感じる	3.41	0.80	3.22	0.81	+
新しい課題にチャレンジすることに喜びを感じる	3.79	0.80	3.77	0.78	n.s
社会的に価値ある仕事だ	4.15	0.74	4.22	0.78	n.s
我を忘れて仕事に熱中	3.42	1.06	3.22	1.04	n.s

*** p <.001 ** p <.01 * p <.05 + p <.10   n.s =no significant
注)「M」の数値は、大きい方がよく感じていることを示す。
(1999年「医療ソーシャルワーカーの業務指針」と今後の業務展開に関する調査より)

(2) 組織の変化を求めて

退院援助、地域医療への橋渡し役の役割遂行上から、また、MSWが疲労感や不安を高めることなく、組織上適切な位置付け得るためには、いかなる道筋があるだろうか。

組織変更には各セクションの合意をとりつけるなど多大なエネルギーを要し、はかどらないのが現実である。筆者の経験した市立病院の場合、「在宅医療支援

システム創設」の過程で組織的位置付けの変更があった。新しいシステムの導入はその器（うつわ）である院内の組織図の変更までも連動する。MSW開設以来30年にして初めて事務部門から離れ、診療部門の医局に所属変更が適ったのである。

　MSWの組織上の位置付けを提起する時の根拠に活用できる公的基準を資料として紹介しておく。その1つは日本医師会から出された「病院機能標準化マニュアル」（資料1）である。独立部門を設置する必要性に関する解説は旧「業務指針」にそっており、「やむをえず」業務部門に位置づける場合は、診療部門の諸会議のメンバーにするなど他の保健医療スタッフと連携がとれるような位置づけにすべきだとしている。さらに管理責任者の資質にまで言及し「医療社会福祉の専門教育をうけ、なおかつソーシャルワーカーとして経験豊富な者」をあてるべきだとしている。

　もうひとつは、今や、全国的に展開されている病院機能評価である（資料2）。そのマニュアルにもMSWの配置に関する項目があり、特記事項に「MSWは他の職種との密接な連携を基に仕事を行うのでそのためのシステムが必要である」と挙げられている。これらの公の基準を外圧として、MSWの組織的位置付けの向上に活用する効果は大きいと考える。

　しかし、望まれる最大の外圧は、何といってもMSWの国家資格化であろう。病院という国家資格者集団の中で、組織的に横並びの1つのセクションとして確立するには、国家資格は必須条件であると考えるからだ。

資料1．病院機能標準化マニュアル

1）病院は、全人的医療実現のために、その規模、診療科目にかかわらず、医療社会福祉部門を設置する。

2）医療社会福祉部門は、そのサービスを効率的、発展的に提供するために、独立した部門を設置する。

3）部門の管理は、医療社会福祉専門職としての教育を受け、ワーカーとしての経験豊富な者が行うことが不可欠である。

〔解説〕
ワーカーは、独自の専門的知識、技術をもって業務を行うのであり、診療部門、看護部門、事務部門等と協力して、全人的医療の達成を図るものである。その業務の専門性が尊重されるためには、人員の多少にかかわらず独立した部門とする。しかし、独立の部門が設けられない場合には、保健医療スタッフと連携をとりやすい部門に位置づけることが望ましい。また、やむを得ず業務部門に位置づける場合には、診療部門の諸会議のメンバーにするなど、日常的に他の保健医療スタッフと連携が取れるような位置づけを行うべきである。

評価項目
①病院の医療社会福祉部門が設置されていますか。
②医療社会福祉部門は独立した部門ですか。
③医療社会福祉部門には管理責任者として、医療社会福祉の専門教育を受け、なおかつワーカーとして経験豊富な者を配置していますか。
④ワーカーが診療関係会議などに加わるように、組織上配慮されていますか。

(日本医師会編　医学書院発行　1991年)

資料2．病院機能評価マニュアル

Ⅲ．患者の満足と安心
　Ⅲ-13　医療社会事業従事者（医療ソーシャルワーカー：MSW）を配置していますか
　a．専任者を配置している
　b．兼任者だが配置している
　c．配置していない

特記事項
1）MSWは他の職種との密接な連携を基に仕事を行うので、そのためのシステムが必要である。
2）病院の規模、性格によって専任者が必要ない場合には、本務を医療社会事業として、他の業務を兼務とすることが望ましい。

(日本医師会・厚生省健康政策局指導課　金原出版株式会社　平成元年4月)

第3節　医療ソーシャルワーカー業務指針の意味と活用法

(1) 医療ソーシャルワーカー業務指針の意味

　1つの専門職が社会的に認知されるにはその業務の範疇が第三者にもおよそ認識され、なおかつその業務で生計を営み得る賃金の保障があることや職場の組織体の中に位置付くことなどが必要であろう。MSWの場合、業務の範囲に関しては1989（平成元）年「業務指針」が厚生省より提出され、一応、国からの認知を受けている。

　その「業務指針」作成までの経緯には、長い年月を要している。

　1947（昭和22）年、保健所法が全面的に改正され、同法第2条に公共医療事業が、保健所業務の1つとして規定されたことによって、医療社会事業が保健所の業務として法的に位置付けられた。残念ながらわが国において、今日に至るも医療社会事業の法的根拠は唯一この保健所法の規定のみにとどまっている。1948（昭和23）年3月には、占領軍の指導に基づく保健所の整備を推進するために、モデル保健所講習会が開かれ、その際に用いられた資料を収録して「保健所運営指針」が、厚生省から出されている。この「保健所運営指針」の第14章「保健所における医療社会事業」は、保健所業務の中での医療社会事業に関する最初の業務基準であると言える。

　1958（昭和33）年に保健所でのMSW業務基準が作成されたあと、引き続いて病院のMSW業務基準の作成には、着手されるに至らなかった。日赤病院、国立病院・療養所、社会福祉法人、厚生年金病院や労災病院など、一部準公立病院では、業務基準作成の努力と成果があるものの、それらは国レベルのものではなく、したがって、大多数の民間病院など、一般の病院や中間施設のワーカーは、業務基準を持たないままで、施設長の意向に左右されたり、それぞれのワーカーの考え方と、関係者・関係機関や患者の要請に基づいてMSW業務を行っていたことになる。

　高齢社会を目前にして、社会福祉分野の専門職として「社会福祉士及び介護福祉士法」が1987（昭和62）年に制定された。その国会審議の過程の衆参両院社会労働委員会において厚生省は、「社会福祉士」とは別立てで「医療福祉士」

の資格をつくることを表明した。翌年1988（昭和63）年7月「医療ソーシャルワーカー業務指針検討委員会」（以下旧「業務指針検討委員会」）は発足している。この旧「業務指針」の趣旨にあるようにMSW業務は生活全般の問題に関わる業務の特性上、「いわばよろず相談的」で「その範囲が必ずしも明確でない」ことから「何をする人か」を資格法制定の前にまず規定する必要があった。そして何より保健医療分野の各スタッフとの連携を密にして業務を行うことから、これら国家資格者の各職種間での合意を取り付ける手続きを要したといえる。MSW業務が医療関連職能団体において合意された。その意味合いは大きい。旧「業務指針検討委員会」の構成は保健所、全日本病院協会、日本病院会、日本精神病院協会、日本看護協会、日本医師会、社会福祉・医療事業団、それに当事者団体の日本協会である。国家資格者別では13人の委員中、医師7人、看護師1人、保健師1人である。保健所保健師や看護師との業務の棲み分けは長年の懸案事項であったが一応の合意をみたのである。

国のMSWの業務基準は保健所のみに限られていた。民間分野でしかも国家資格もない業務の業務指針を定めるのは、よほどの行政課題がない限り手はつけられないであろう。「医療福祉士」国家資格を国会に上程する前段の作業であったからこそ、着手されたものと推測される。国家資格は日の目を見なかったが、MSW全体は厚生省のお墨付きの「業務指針」を手にすることはできたのである。

その後、13年を経過した2002（平成14）年に、この「業務指針」は改訂された。国立病院の医療ソーシャルワーカーに福祉職俸給表を適用するにあたって、社会福祉職として、より明確に表すことが契機になったと聞いている。

(2)「業務指針」の活用法

「業務指針」は、MSWの業務内容のみならず、その業務の方法や業務環境の整備のために組織上の位置付けや専用の部屋や電話の確保にまで言及している。MSWは1人〜2、3人の少数配置の病院が多い。圧倒的多数の他の保健医療スタッフに対して、「私は何者であるか」と自らの専門領域を自己紹介し、チームアプローチの足場を確保するための強力な「つっかえ棒」に「業務指針」はなり得る。これは、筆者の現場体験からの認識である。

所属機関が市立病院で、しかも医事課という事務局の所属であったため、数年

おきに上司が転勤で変わった。その都度行政マンの上司に業務内容を説明するのは、骨の折れる過程であった。「業務指針」が示されてからは、「ほう、厚生省が出しているのか」と、通りが良くなった。また、病院の改築のたびごとに医療ソーシャルワーカー室は潰され、これまたその都度、独立した相談室の確保に交渉を要した。その際も、業務の方法である「プライバシーの尊重」の項を利用した。

しかし、各地のMSWの新人研修会に関わって、この「業務指針」を業務改善へ活用している例は低いのではないかと思われた。実際、1999年に行った「MSW業務指針展開調査」でも、「業務指針」を根拠に、業務改善の働きかけをした経験のある者は全体の48.3％と半数に満たなかった。その業務指針の活用方法は「他職種にMSW業務を説明するために活用した」が70％と高率であり、続いて「実習、新人指導の参考資料とした」が41.3％と続いている。「組織的な位置付けを改善するために活用した」は16.7％と低率であった。ただし、経験年数10年以上の層は「実習、新人指導の参考資料とした」を50.7％が回答し、続いて「増員を求める際の資料とした」が31.5％と続き、「組織的な位置付けを改善するために活用した」についても21.9％と若干多めである（表3－3）。

これを、経験年数別でみると若年層とベテラン層とでは「業務指針」の認知度で大きな差を示した。知らなければ、その活用の手だても生まれまい。今後「業務指針」の普及を図り、MSWの業務実践がより専門性を持って定着するようその活用法も含めて、大学教育課程や現任者の教育・研修プログラムの中に取り込まれるべきであると考える。しかしながら大学教育課程では、国家資格である社会福祉士、精神保健福祉士のカリキュラムが優先する。養成機関も経営を無視できない。したがって国家資格外の講義までも幅広く整えるゆとりを失いがちで「医療福祉論」などが消え、若年層が「業務指針」を学ぶ機会が消えつつある。MSWの国家資格化が急がれる所以がここにもある。

表3－3　「業務指針」活用別項目（全体・経験年数）

	全体 (N=150)	10年未満 (N=77)	10年以上 (N=73)	有意 水準
他職種にＭＳＷ業務を説明するために活用した	70.0%	72.7%	67.1%	n.s
「プライバシー尊重」の項を根拠に専用面接室を確保するために活用した	28.7%	27.3%	30.1%	n.s
「プライバシー尊重」の項を根拠に専用電話を確保するために活用した	15.3%	13.0%	17.8%	n.s
増員を求める際の資料とした	24.7%	18.2%	31.5%	+
業務整理をする際の指標とした	28.0%	28.6%	27.4%	n.s
業務統計表を作成するために、「業務の範囲」の項を参考にした	24.7%	20.8%	28.8%	n.s
組織的な位置付けを改善するために活用した	16.7%	11.7%	21.9%	+
実習、新人指導の参考資料とした	41.3%	32.5%	50.7%	*
その他	9.3%	6.5%	12.3%	n.s

＊ p＜.05　＋p＜.10　　n.s = no significant
(1999年「医療ソーシャルワーカーの業務指針」と今後の業務展開に関する調査より)

第4節　医療ソーシャルワーカーの国家資格化を考える

(1) 国家資格化問題との出会い

　多くのMSWと同様に、筆者もMSWの身分保障や賃金体系や労働条件などを考慮して、入職したわけではない。学生時代に被爆者問題に触れ、実習も卒論も被爆者の支援をテーマにしたので、被爆者に関われる仕事に就きたいと願っていた。原爆放射能医学研究所の事務職の求人も魅力だったが、被爆者を直接援助できるMSWの道を選択したのである。

　入職すると時間のゆとりがないと思い、内定後に、関連施設に挨拶廻りをした。そのなかで、ある国立病院のMSWが、「身分法運動をやったけど、見通しがないので、残念だが今春から転勤して別の仕事に携わる」と、暗い表情で語った。未知への恐れはあるものの、MSW職への夢を膨らませていただけに、山奥の病院始発のバスの出発待ち時間にカーラジオから流れてきた「ブルーライト・よこはま」の一節、「ゆれて〜〜」の歌声が、心許なさとともに筆者の耳に残った。先輩MSWに報告すると、「男の人は将来がないと、見切りをつけるでしょうね」という反応であった。時は1969（昭和44）年の春だった。

　1971（昭和46）年の「社会福祉士法」制定試案をMSWたち（当時広島市周辺で6名ほど）と議論したが切実感はなく、「法律ができたらいいな」と思うくら

いだった。むしろ、一人職場でMSW部門を立ち上げる役割を担い、目の前の課題への取り組みに熱中していた。熱中せざるを得なかった。「金の切れ目が命の切れ目」とまで言われた人工透析療法の高額の医療費問題と腎友会創設支援活動、原爆被害者問題研究会活動などにのめり込み、何より、MSWとしての自己の力量を高めること、職場内、関連機関にMSWへの認知を得ることなどと格闘していた。

国家資格問題との最初の出会いは増員問題である。院内外の認知が広がるにつれ、業務量が増加の一途をたどった。「MSWを、もう一名増やして欲しい」と所属の医事課長に提出しても医事課業務に携わらないMSWの業務量には理解を得ることすら困難だった。そこで、もっぱら職員労働組合の団体交渉が頼みだった。「患者本位の医療の実現を」をスローガンに掲げる組合活動に、MSWとして患者さんの代弁機能を果たすべく関わっていたので、「看護部門の増員要求を差し置いてでも必要だ」との見解で、毎年MSWの増員要求は取り上げられた。が、結局、診療報酬上の配置基準もないことがネックとなり進展しなかったのである。

(2) 医療福祉職制度化運動との出会い

1976（昭和51）年日本医療社会事業協会（以下日本協会）は、東京総会において「6点課題：①必置制、②任用資格（大学等教育体制、養成課程を含む）、③業務基準、④待遇、⑤研修制度（現任者および卒後研修）、⑥経済的裏付け（国家予算による助成、診療報酬点数の新設、免税等）」を決議して、「医療ソーシャルワーカーの資格・配置の制度化を要望する請願」署名運動を展開させた。

筆者も、院長を始め、院内各スタッフ、患者さんたちから、一人また一人と署名を集めて回ったが、その過程は自らが何者であるかを言語化させるよい訓練の機会ともなった。当時、まだ数少ないMSW同志が励ましあって一丸となって取り組んだ。

1977（昭和52）年の日本協会の大会開催地を広島で請けた。実行委員たちは30歳前後の若年層だったが、原爆被害者問題研究会活動や国連NGO被爆問題国際シンポジウムの生活史調査活動など社会活動で結束力を育んでいた。その中心には放射線影響研究所の西村清登氏の存在があった。彼は日本協会理事と広島県医

療社会事業協会の事務局および事務局長を担い、文字どおり広島県のMSWの屋台骨だった。その西村氏が東京の病院に転出することになり、後任役が筆者となった。在職10年目、3人目の出産で初めて産休代理を得ることができた。そのまま一名が増員となった。この職場環境と、同年代のMSWたちもみな幼子を抱えて共働きであったため、実母同居の筆者が、より負担が少ないだろうという理由で引き受けたのである。後で知ったことだが、西村氏は日本協会の財政上、理事会出席への交通費の保障がないため、その費用にボーナスなどを積み立てていた。こうした先輩たちの、社会的使命に対して自己を律する姿勢に、職能団体の意味や、活動に関わることの重要性と情熱を教わったのである。

　理事会の議事は各地域の会員の状況を、報告し合うことから始め、運動の達成状況に則して修正を加え、展開するといった進め方であったため、理事会前には広島県会員の意見を集約し、理事会後には報告をするためにまた集まるという具合であった。児島美都子会長をリーダーとして、きわめて民主的で、まっとうな運動をこの時期体験することができた。

　協会は前記署名が衆参両院で採択された勢いを受け、各都道府県・地方議会に請願協力要請運動を展開した時期である。広島県でも地元選出の国会議員回りや、議会への要請も行ったが、ことに広島県立病院にMSWの配置がないことから、県と県議会に対し、県立病院への配置を求める要望書の提出も同時に行った。この運動は配置が実現するまで続いた。

(3)「医療福祉士」(仮称案) お蔵入りの謎
1) 日本協会への信頼のゆらぎ

　1986 (昭和61) 年、社会福祉職の国家資格化の動きを知った。当然MSWも含まれると考え、原爆問題で親しい大学の教師に受験資格について尋ねると、あっさり「いやー、あれは福祉事務所のケースワーカーなどを想定したものだからMSWとは別だよ」との答えに、すぐさま納得したものだ。来談者のために日常業務上、福祉事務所のケースワーカーを始め、行政といかにわたり合うかに苦慮していることから、「彼らの資格とは異なる」と考えたからである。

　1987 (昭和62) 年、日本協会の大阪総会は議長の選出から紛糾していた。後に広島県選出の理事から、総会終了時の「あっという間に」須川会長を引きず

り降ろした会長の交代劇の異様ぶりを、興奮気味に聞かされた。しかし、それらの意味は一般の一会員である筆者には知る由もなかった。総会議決は、理事会提案の「医療ソーシャルワーカーの制度化を推進する」となっていた部分に対して、「資格制度について引き続き検討していく」とする修正動議が可決された。日本協会をMSW実践のよりどころにしていた筆者は協会活動に全幅の信頼を寄せていたので、「国家資格は重要な案件だから、引き続き検討するのがよいのだろうなあ」と単純に思ったくらいであった。

　前年末、斎藤十朗厚生大臣が「医療・福祉関係職種の資格法定化を指示し1987（昭和62）年2月には「新たな医療関係職種の資格制度の在り方に関する検討会」（臨床工学技師、義肢装具士、MSW、補聴器士、言語聴覚療法士）が設置され、1987（昭和62）年の5月には「社会福祉士及び介護福祉士法」が国会を通った。その直後の日本協会総会がこの大阪総会である。松山真氏が「資格制度化運動の歴史」（注1）のなかで「国家資格にもっとも近づいた6ヵ月」と題して「修正動議の可決と、会長の交代により、事実上、『医療福祉士』に対し、待ったをかけたことになった」（注2）と記している。この「医療福祉士」をお蔵入りへ向かわせる巧妙なハンドルの切り替えを認識できた会員が何人いたことだろう。

　他方、厚生省では国家資格化を前提とした「医療ソーシャルワーカー業務指針」の検討が進められ、1989（平成元）年2月、その報告書が厚生省健康政策局から「普及のための協力依頼」の鏡を付けて、都道府県および全国の医療機関に通知されたのである。当時の事務局長である松山真氏も「国家資格のない職種でありながら、業務指針が通知されるということは異例のことであり、その意味においても画期的であったといえる」（注3）と記述するくらい、厚生省内部では、業務を明確化した次は国家資格案の国会上程という道筋で準備は進められていた。

　しかるに、日本協会は1990（平成2）年　大宮総会（田戸静会長、松山真事務局長）において「社会福祉士と別の国家資格を求めない」と決議したのである。そして、「医療ソーシャルワーカーの資格制度を主務課である健康政策局において検討していただきたい」との要望書を提出した。主務課ではない社会援護局管轄の社会福祉士に入れて欲しいと決議しておきながら、その要望を健康政策局に提出するという矛盾に満ちた動きである。

　ここに至って、筆者は「日本協会は変なことをするなあ」とようやく不信を

抱くに至った。東京と大阪で、会長、事務局長による一般会員向けの異例の説明会が開催され、広島県会員の疑問を集約して出席した。そして質問した。「社会援護局の管轄の社会福祉士に入れてくださいということですね。つまり、わが協会は健康政策局と協議離婚して、社会援護局と結婚しようとしているわけですが、その申し込みを社会援護局にしているのですか？」。市立病院に勤務し、役所の厳然たる縦割りを骨身にしみて体験している筆者には理解しがたい不思議な要求と思えたからである。回答は苦笑いしながら、「そうなれば、すっきりするんですが……」だった。すなわち、社会援護局に対しては何のアプローチもしていないことを暗に説明したにすぎなかった。

その直後に「医療福祉士案」が健康政策局の主務課から提示されたが、日本協会はこれに応じず、「社会福祉士受験資格の拡大要求」署名運動を始めた。

当時の理事会（田戸静会長、松山真事務局長）は主務課から「診療補助業務を行う職種であるので保健・医療科目の履修が必要」との説明を聞き、（何を根拠にしたのか）「社会福祉系大学での養成は不可能」と一方的に判断し国家資格に反対した。そして、時の日本協会執行部は「保健医療分野の協会認定」方針を1991（平成3）年の仙台総会において提示した。松山真氏は前出の「資格運動の歴史」で「理想的な資格の形を文章化して提示した」と記述している。しかし、先輩たちから受け継いだ「悲願」とも形容される国家資格制度案がやっと投げかけられているにもかかわらず、その交渉や条件闘争も放棄して、いわば身内の「認定」を選択する日本協会の方針に広島のMSWたちは驚き、危機感を持って修正動議を提出した。

2）修正動議の主旨　（広島の修正動議提出者たちのスタンス）（注4）
　①「医療福祉士案」の評価について

社会福祉士資格と「医療福祉士案」を対置させてとらえず、「医療福祉士案」はあくまで、MSW資格に保健医療分野の専門性を付与（保証）するための方法の1つとしてとらえている。

もちろん、厚生省案をそのまま容認する立場ではない。厚生省案の評価できる点としては次の諸点である。
　1．「国家資格」としていること

2.「養成過程は4年制大学」としていること
3.「履修すべき科目は、学問的基盤となる社会福祉科目及び保健・医療科目であること」としていること
4.「業務の内容を、『医療ソーシャルワーカー業務指針報告書』に則したものである」としていること
5.「経過措置として、現任者の救済措置を設ける」としていること

したがって、最大の論点は、「診療の補助としての受診・受療援助等は、保健婦助産婦看護婦法第31条に規定する業務独占を解除する（診療の補助行為は、通常、診療報酬点数の対象となっている）」というくだりであろう。この点については、既に日本協会は反対の決議を行っているが、医行為性をめぐる問題については厚生省と引き続き協議が必要だと考えている。

現在、医療、福祉ともにその概念が拡大しその境界領域についても変化をしている。在宅ケアの促進はそれに拍車をかけるものとなっており、どこまでを医行為ととらえるのかはこれからの重要な課題になっているのである。

また、「医療ソーシャルワーカー業務指針報告書」について日本協会は一定の評価をしているものの、「受診・受療援助は医療と特に密接な関係があるので、医師の指示を受けて行うことが必要である」との記述をどのようにとらえるのかが、問題として残されている。つまり、この「医師の指示」というのは、医師でない医療従事者が医行為を行う場合の必須条件とされているものであり、その意味で重要な記述箇所となっている。つまり実態評価においては、医師の免許の傘の下に、医師の医行為に吸収されて考えられるのである。

②MSW資格は協会認定（民間認定）でいいのか？

MSW資格には、保健医療分野の専門性が不可欠であるとしても、その部分の資格認定を日本協会が協会認定（民間認定）として実現しようとすることに対して、我々は強く反対する。保健医療分野の専門性を明らかにすることと、それを協定認定（民間資格）とすることは区別しなければならない。前者の作業は職能団体として当然の役割である。後者は国家資格化の展望がまったくないか、あってもそれが国家資格化に結びつくと判断できない場合に限り考えることである。よって、協会認定（民間資格）を安易に打ち出すことは避けなければならない。

③「国家資格については、今後とも粘り強く主務官庁との協議を継続」してい

くことである。特に、国家資格制度の法制化は行政府の権限に属することなので、厚生省案を全面否定するのでなく、我々が望むべき資格制度実現に向けて厚生省案を最大限活用する方が、より建設的であると考えている。その交渉の際、業務基準、必置制、任用資格、教育・研修のあり方、経済的裏付け、労働条件の整備、経過措置など譲れない部分は何なのかを明確にして運動を展開する必要がある。

3）「医療福祉士案」政府提案断念

国家資格化についてのこの仙台総会の決議は、理事会提案、および、東京と広島からの修正動議2本ともに承認されないという異常事態となった。

仙台総会以後、長浜副会長と、松山事務局長が修正動議を提出した地域に、理事会案が理解されなかったからと（理解したからこそ動議を提出したのだが）説明行脚でやってきた。松山氏の次の説明が印象に残った。「社会福祉士の医学一般を勉強してみてください。あれ以上の医学知識を勉強しようとすると大変な負担になりますよ。受験科目のところは、ブラックボックスですよ。危険なんです」。

1991（平成3）9月、東京で臨時総会が開催された。仙台総会以来、方針をともにする東京の会員有志を知り、連絡を取り合って、準備をしていた。ところが、直前になって東京の会員有志たちは「長浜副会長は厚生省と交渉すると言っているので話し合いがついたから」と修正動議を提出しないことになった。修正動議の提出は広島の会員有志のみとなり、修正動議提出者代表は筆者一人となったのである。

広島からの動議の主旨は、ただ1つ、厚生省との交渉のテーブルについて欲しいとして、「特に、私たちの主管局である厚生省健康政策局に対しては、本臨時総会終了後、ただちに『資格制度化に関する基本方針』への理解を求めて話し合いの場を設定して欲しい」と求めたのである。

一方、理事会提案は仙台総会において、広島が提案した資格の中味の交渉部分を「資格制度化に関する基本方針」として取り込んでいた。あくまで「医療福祉士案に反対する」とし、「社会福祉士については、法改正の実現には困難を伴うことを認識する。だがソーシャルワーカーの一員としてこの資格をより充実させる責任があるので、引き続き検討する」と何とも雄々しい決意表明を加

えていた。壇上からのその説明で、「厚生省と交渉し、運動する」と長浜副会長は明言しており、動議との違いが見えにくい論議となってしまった。結果は修正動議の否決で終わった。

その年の暮れ、厚生省は「医療福祉士案」の政府提案を断念し、MSWの国家資格案はお蔵入りしたのである。あとは、議員立法の道が残された。

1993（平成5）年、筆者は日本協会理事となった。総会議案提出権は前年度理事会にある。1993年総会議案は「医療ソーシャルワーカーの国家資格のあり方は社会福祉士とする」として「現行社会福祉士制度の拡充を求める運動を展開するために、関係団体との合意形成に努める」であった。賛成964、反対437であったが、可決した。

総会の締めくくりの長浜副会長の挨拶に、会場は酔いしれているかのように筆者には思えた。「我々の主張を国民の議論の場に持ち込み、運動を巻き起こしていきましょう……」と威勢はいいが、その運動を担うのは長浜氏ではない。挨拶を終えれば彼は副会長の役目も終わり、一会員に返るのは、当の本人も承知しているであろうに……。これほど会員を愚弄した場面があるだろうか。次期理事となった筆者は唖然として、終了後もしばらく総会会場の席から立ち上がることができなかった。

（4）社会福祉士の資格ををみんなで取りましょう

理事にはなったが、運動方針は総会決議に縛られ、方針転換は困難だった。「国民の議論の場に持ち込む」雄々しい運動などなかった。そして社会福祉士法改正運動も展開できないままに、1995（平成7）年の議案書にはついに「（会員の）社会福祉士取得に対する支援を検討する」となってしまった。社会福祉士の受験資格さえ持たない理事たちが、この議案に賛成の挙手をするのが、いかにも不思議な光景だった。会員に資格取得を強いるのであれば、理事たる者、その痛みを味わうべきだと考え、広島に帰って、社会福祉士受験資格のために、専門学校に入学手続きを取った。その体験がいかに不毛であるかをレポートするつもりだったのである。それから、考えあぐねて中国地区の日本協会会員に詫び状を送ることにした。長いがそのまま引用する。

おわび状

日本医療社会事業協会
全国理事　村上須賀子

　常日頃より日本医療社会事業協会の活動にご理解とご支援を有難うございます。また、今回の全国理事選挙に信任をお寄せいただき有難うございました。

　しかし今日は心苦しいご報告とおわびの文をしたためねばなりません。当協会の悲願であったMSW国家資格問題がいよいよ窮地に至ったからです。私は常に「会費を払ってくれている仲間の現任者はどうなるのか？」を念頭に発言し、行動してきました。しかし残念ながら、来年度の「資格化に関する運動方針(案)」は現任者の経過措置要求を放棄し「みんなで社会福祉士を取りましょう」と呼びかける方針になってしまいました。どこの職能団体に自助努力を強いる運動体があるでしょうか。

> 　厚生省審議会と三局五課が話し合い、MSWを社会福祉士に一本化することは出来ないと正式に通告され、いまや精神保健課がPSW国家資格化の検討会をM協会抜きの関係団体でスタートさせる事態に至っているのです。私は主務官庁(健康政策局計画課)の呼びかけに応じ、社会福祉士とは別建ての国家資格創設のための話し合いのテーブルにつくよう主張しました。

　しかし、あくまでも社会福祉一本化を堅持する常任理事会提案を覆すことは出来なかったのです。

　広島に帰り、この結果を報告した時の同僚の絶句と、そしてため息と共に「やっぱり転職しなきゃあなりませんね」の一言は、私の溝落ちあたりでうずき続けています。彼女は広島県医療社会事業協会の中心的存在で、MSWとしてのセンスに私はいつも脱帽しています。ところが短大卒なので専門学校への入校資格すら無いのです。「あなたのような人が国家資格が取れない資格運動はおかしいんだ」と、もの静かで自分のことは控えめな彼女に言い続けてきた私の「公約」は砕け飛んだわけです。

　彼女と同じような条件の方が日本協会会員の中に16％くらいおられます。その方々に心よりおわびいたします。そして日本医療社会事業協会を愛し、よりどころとしてきた会員の方々に心よりおわびいたします。この方針でゆけば資格問題の運動主体は「社会福祉士会」の医療部会に移行することが推測されるからです。社会福祉士が医療にどう位置づいてゆくのか（その道があるとすれば）その当事者団体は国家資格取得者が年々増え続け、社団の認可を目前に控えた「社会福祉士会」が担うことになります。

　私は深くおわびをするだけでは申し訳ない思いにかられ、運動方針変更の最後のチャンスを会員お一人お一人の洞察力と判断力とそして勇気にかけてみたいと思いました。

まずは議案の重要な意味を会員にお伝えしようと思ったのです。
　どうか議案書の5号議案に注意深く目をとおし、私のこのメッセージと共に読み比べていただき、まわりの方々とも議論していただいてあなたの考えでご判断いただきたいのです。その結果、疑問や不安が残った場合は、あなたのMSWとしての将来を左右するこの重要な総会に是非ご出席ください。やむを得ず欠席の方は、私に総会決議権を委任して下さるようお願いしたいのです。委任状欄に私の名前をご記入ください。
　あなたの勇気をお示し下さい。そして、つぶす為の破壊的運動ではなく、MSWの持ち前の交渉力と説得力を発揮しながら、現実を踏まえたMSW資格を創りあげてゆく運動への扉を開けてゆきましょう。

連絡先　広島市立安佐市民病院　医療相談室
〒731-02　広島市安佐北区可部南2-1-1
TEL　082-815-5211

　長い経過と共に複雑化した資格問題を明確にしたい思いで資料と絵（図3-1）を作ってみました。

資料1　MSW資格運動の経過（現任者の視点から）

```
1987年　社会福祉士及び介護福祉士法成立
1988年　MSW協会　　臨時総会三原則を決議
                ①学問的基盤は社会福祉
                ②四年制大卒
                ③専門性を十分に発揮できる条件を

1989年　厚生省
        「医療ソーシャルワーカー業務指針」　←評価すると会長コメント
                                        資格制度及び会員資格に関する意識調査
                                        社会福祉士のみで良し回答者は4%
1990年　MSW協会総会　社会福祉士と別の国家資格を求めない
1990年　厚生省　「医療福祉士(仮称)」案提示←MSW協会　反対
1991年　MSW協会　　総会　厚生省仮称案をめぐり決議できず
1991年　MSW協会　　臨時総会　六原則を決議
                ①社会福祉の立場から
                ②医行為をしない
```

```
              ③養成は社会福祉系四年制大で
              ④配置基準を医療関連法規に
              ⑤財源措置
              ⑥現任者救済

1993年　MSW協会　総会　社会福祉士を充実・保健医療分野に社会福祉士の配置促進を
     (長浜副会長当時、答弁)「現任者救済については当然のことで、社会福祉士を少
      し手直しすればよいのです。当然、みんなが、国家資格としての社会福祉士をと
      れる条件整備をしていく運動をすみやかにしてゆくのがだいじと考えます。」
1994年　MSW協会　総会　社会福祉士充実に向け私達MSWにも受験資格を
     (堀内副会長、答弁)「専門学校に入らずともよいという方針です。」
```

　総会前の理事会に出席すると、いきなり、「ちょっと、別室へ」と2人の監事と狭い部屋で、相対することになった。前出の「おわび状」が机上にあり、「理事会で多数決議し、議案として提出されている内容を、理事名で否決するように呼びかけるのは、理事としてあるまじき行為なので、理事解任議事を総会に出すか、もしくは、始末書を提出するか、どちらかだ」と告げられた。筆者はとっさに、翌年の広島大会の準備のために同行した若いMSWたちの顔を思い浮かべた。このような所で理事を辞めたらせっかく意気込んでいる広島大会に支障を来たすと考えてしまい、不覚にも始末書を書くほうを選択してしまった。

　この年の総会決議は執行部提案が賛成841、反対533と、例年の総会決議に比し賛成の比率は低かったが、それでも可決した。

(5) 社会福祉士の「保健医療分野の研修」で医療ソーシャルワーカーに？？

　「社会福祉士の資格をみんなで取りましょう」の次のステップはその社会福祉士に研修を課して、「医療ソーシャルワーカーとして認定しよう」という流れである。社会福祉士会の生涯研修制度の中の「専門分野別研修課程」で「成年後見人養成研修」と並んで「保健医療分野」の研修が開始され、日本協会がこの部分を委託され実施することになった。2002（平成14）年社会援護局施設人

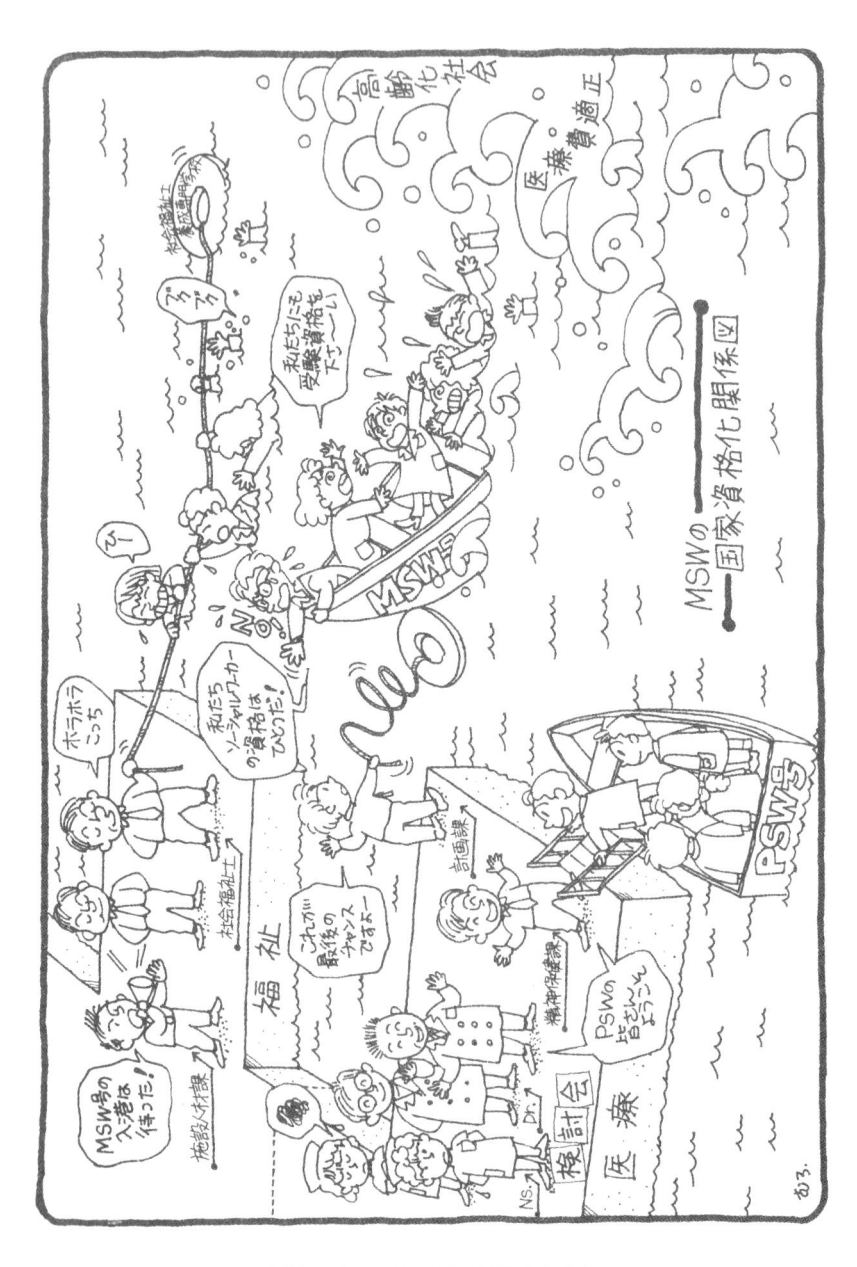

図3-1　MSWの国家資格化関係図

材課課長の総会時講演に「日本社会福祉士会では日本社会福祉会では研修分野が十分でなく日本協会の協力がいただければ……」とあるように、日本社会福祉士会にとっては、この委託事業は有益であろう。しかし忘れてはならないことは、あくまでも認定の主体は日本社会福祉士会であって、日本医療社会事業協会ではないということである。

　そして、ついに、日本協会の組織からは、「国家資格創設を望んでいると誤解されるから」との理由で「資格制度化」委員会が廃止された。そして社会福祉士の「位置づけ」委員会に変えるに至っているのである。

(6) 思考回路は足元から（おわりに）

　前出の「資格制度化運動の歴史」を読めば、日本協会の国家資格化運動の歩みには常に、国家資格化か認定かの2つの潮流があったことが知れる。

　社会福祉士に固執し、新たな国家資格制度よりも認定の道を選択し続ける人たちの考え方を筆者は理解できない。が、推測するに、資質（わけても、対人援助技術）の向上をまず第1に挙げるのであろう。質が良ければ実践も広がり地位も確保されると考えているのではなかろうか。

　典型的なエピソードがある。

　仙台総会で修正動議を提出した際、「広島からのメッセージ」として、会場付近でビラを配った。その一部に大会直前の1991（平成3）年5月13日付け毎日新聞「原爆病院のソーシャルワーカーの欠員不補充」を報じる記事を引用し、被爆者たち、民主団体と共に補充を求める運動を展開しているが、展望がないことを書いた。総会後、仙台から東京に向かう新幹線の中で、広島のMSWは突然、面識もなかった都立のMSWから「原爆病院のMSWの実践はどうだったのよ」と訊かれたそうである。実践が不十分だったから欠員不補充なのではないかの意である。「原爆病院の若林節美さんは広島を、いや、日本を代表するMSWだ」とどうして反論できなかったのかと報告を受け、その若いMSWたちを叱責したものである。患者、利用者のみならず、被爆者団体、マスコミにまでMSWの存在感を示し得ていた彼女の実践をしても、人件費削減の波は食い止められなかったのが現実だ。表面的なきれいごとや理屈が通るとは限らないことを公務員であるMSWには理解できなかったのであろう。

思考回路は自分たちの足元を確認した上で組み立ててほしいものである。われわれが職を得ている医療現場はどう変化し、また、どう変化するのか。それはまた、患者、国民にとって、どのような影響があり、そこでMSWが果たすべき任務は何かを基本命題に据えて、国家資格制度の創設に取り組むべき時であろう。

筆者がMSWの国家資格化について関わり続けているのは、わび状をここに改めて引用している通り、現場の後輩のMSWたちに申し訳ないという思いを引きずっているからである。1991（平成3）年東京臨時総会の際にもっとディベート力がわが身にあったならば、さらにわび状で理事罷免に至る議論を総会に持ち込んでおけばなど、総会ごとの数々の悔いが胸に残っている。

以上が、若いMSWたちや、部外者たちからなぜ国家資格が成立しなかったかを尋ねられた時に答えている、筆者が知り得たおよその経過説明である。関心を寄せ、関わった15年余りの資料をもとに、日本の医療ソーシャルワーカーの歴史で何が起こったのかを現しておきたいが、それは次の機会としておこう。

あわせて同志の声も、批判も得たいものである。

第5節　医療ソーシャルワーカーの職務環境整備

(1) 自治体病院における医療ソーシャルワーカーの専門性の確立について
　　────雇用実態調査報告────

はじめに

　自治体病院である広島市民病院において、MSWは1968（昭和43）年の創設当初から専門職として別枠採用であった。1976（昭和51）年、2人目のMSWの採用までその採用方法は継続した。

　しかし、広島市が政令市に移行してからは人事委員会の権限が強まり、国家資格がない職種は別枠採用の道が閉ざされた。

　MSWの人員配置は、1998（平成10）年5月現在、広島市民病院、安佐市民病院合わせて、正職員3名、嘱託4名（うち1名は週1回退職後継続雇用）、パー

ト1名である。

　MSWの専門職を正職員として別枠採用はできないが、嘱託・臨時職員・パートならば病院が独自の基準で採用し得る。社会福祉学を学び、MSWとしてのアイデンティティを持つ職員の雇用はこれらの正職員外の職階としてならば採用可能である。正職員は行政職の位置付けのため人事異動による配置転換がある。したがってMSWとしての専門的業務は、人事異動がない、MSWとしてのアイデンティティを持った正職員外の職階職員によりその継続が図られている。人事異動でMSW部門に配置された行政職職員に対し、嘱託・臨時職員・パートが研修をするという、いわば逆転ともいえる実態となっている。こうした実態が今後も続けば自治体病院におけるMSWの専門性の確立は危ういものがあると考える。

　ここでは、まず雇用において民間病院とは違う特徴を持つ自治体病院の特性を説明し、次に今回の調査の動機と目的、調査方法、調査結果、考察を述べたい。

1）自治体病院の特性

　第1に、自治体病院の管理運営は、自治体行政全体の一部に組み込まれているため、病院は独自の組織ではない。つまり、独自の意思決定が困難なのである。例えば、行政改革、地方財政難の全体状況に、まず規定される。予算減少や人員削減など市全体の意思決定がまずありきである。

　第2に、所属の変更など機構を少しでも改正するにも病院トップの決定ではなく、議会の承認を必要とする。例えば「理学診療科」という診療科名を「リハビリテーション科」に変更したりする場合などである。だから、院内の他職種がMSWの専門性を認め、トップもMSWを専門職として別枠採用しようとしても、市全体の採用方法との整合性を求められる。

　このように、MSWとしての国家資格のない現状ではMSWとして雇用する採用方法が閉ざされている自治体病院が多いことが予測される。

2）調査の動機・目的

　1998（平成10）年の春、広島市立安佐市民病院のMSW正職員が退職するにあたって、後任をMSW専門職として別枠採用して欲しいとの要望を提出した。医師をはじめ院内スタッフはMSWの後任は専門職のMSWが当然配置されるものと捉えていた。病院の事務局もMSWの専門性を理解し、市人事部局に別枠採用を要望してくれた。しかし広島市当局の理解は得られなかった。そして職

員労働組合も全面的にバックアップしてくれ、本庁の人事委員会との話し合いの場を初めて持つことができた。そこでMSWの業務の実態、業務指針、1997（平成9）年に成立した精神保健福祉士法の説明などの資料を要した。

本調査は、その資料の一部として準備したものである。調査結果を「病院独自採用に関する他都市の例」として市人事部局に提出した。提出の目的は、国家資格がなくとも行政の格段の配慮で病院独自の採用がなされている例を示す必要があったからである。

3）調査方法

以下の通りである。

調査対象──日本医療社会事業協会の名簿に記載してあるすべての市立の自治体病院45機関

調査方法──調査票に沿って、電話による聞き取り

調査日時──1998（平成10）年1月〜2月

4）調査結果

①配置について

平成になってから配置した病院は8機関、全体の約17％である。在宅介護支援センターを併設した病院が2機関あり、その在宅介護支援センターには病院とは別に新たにMSWが配置されていた。ポストはあるものの空席の病院は2機関である。定数化されていない病院は1機関である。1病院のベッド数の平均が約480床、MSWの配置の平均は1.7人であった。

②所属部署について（表3-4、図3-2）

③給与表について（表3-4）

約90％は行政職であった。昇給において医療職（コメディカル）給料表よりも行政職給料表の方が有利との判断もあり、所属との関連はみられなかった。

④採用方法について（図3-3）

専門職採用は42％であった。次が行政職採用で31％、行政職採用と専門職採用の両方の採用の方法をとっているところは16％であった。

5）考察

①組織上の位置づけについて

旧「業務指針」には「規模等にもよるが、できれば組織内に医療ソーシャ

表3－4　ベッド数、MSW配置人数、所属部署、給与表

	病院名	ベッド数	MSW配置	配置内容備考	所属部署 医事	所属部署 事務局他	所属部署 医局	所属部署 独立	給与表 行政	給与表 医療技術
1	市立小樽第二病院	375	1				■		○	
2	苫小牧市立総合病院	421	1		■				○	
3	市立札幌病院	810	1		■				○	
4	市立旭川病院	580	1.7	正職員1、嘱託1	■				○	
5	深川市立総合病院	301	1		■					○
6	市立稚内病院	421	2.5	正職員2、パート1	■				○	
7	仙台市立病院	549	4		■				○	
8	塩釜市立病院	205	2		■				○	
9	古川市立病院	379	1.7	正職員1、嘱託1	■				○	
10	市立秋田総合病院	550	2.7	正職員2、嘱託1	■				○	
11	山形市立病院済生館	575	1				■		○	
12	寒河江市立病院	180	1		■				○	
13	米沢市立病院	488	2		■				○	
14	鶴岡市立荘内病院	500	2		■				○	
15	市立酒田病院	400	1		■				○	
16	浦和市立病院	546	1.7	正職員1、嘱託1	■				○	
17	春日部市立病院	370	1		■				○	
18	町田市立病院	315	2		■				○	
19	横浜市立港湾病院	300	2		■				○	
20	大和市立病院	403	1		■				○	
21	藤沢市民病院	500	2		■				○	
22	平塚市民病院	506	2		■				○	
23	新潟市民病院	738	2		■				○	
24	富山市民病院*	710	2		■				○	
25	市立砺波総合病院	486	2		■					○
26	小松市民病院	396	1		■				○	
27	市立甲府病院	400	2		■					○
28	大垣市民病院	888	1.7	正職員1、嘱託1	■				○	
29	富士市立中央病院	620	2		■				○	
30	磐田市立総合病院	332	2		■				○	
31	市立岡崎病院	515	2				■		○	
32	名古屋市立緑市民病院	300	1		■				○	
33	名古屋市立東市民病院	514	2		■				○	
34	半田市立半田病院	500	2		■				○	
35	東海市民病院	204	1		■				○	
36	知多市民病院	200	2		■					○
37	一宮市立市民病院	530	1		■				○	
38	市立四日市市民病院	557	2		■				○	
39	市立枚方市民病院	454	1		■				○	
40	市立堺病院	500	3.7	正職員3、嘱託1	■				○	○
41	岸和田市民病院	360	2		■				○	
42	神戸市立中央市民病院	1,000	4		■				○	
43	広島市民病院	820	2.7	正職員2、嘱託1	■				○	
44	広島市立安佐市民病院	527	2.4	正職員1、嘱託2	■				○	
45	那覇市立病院	500	1.7	正職員1、嘱託1	■				○	

注）＊：MSWは医事、PSWはリハビリ部デイケアに所属

```
・医療福祉課
・診療補助部　医療福祉相談室
・医務局診療部　医療相談室
・薬剤医療技術部　医療相談科
・医療部・地域医療部
・医療社会事業室
・総合相談室
```

```
・6年前まで所属がなかった
・97年医務局から医事課に機構改革された
・国家資格ないため行政職扱い
・嘱託は行政職退職者のポスト
・都立病院にならい配置
・現在2病院のポストは空席状態
```

```
・技術職に3年前から位置付いた
・中央診療部（リハビリ関係）
・地域診療室（内科部長の下）
　　　　　　　総合相談室
```

```
・管理課健康センターでは実践力として保健師配置
・医療福祉科／業務課／地域医療推進課
・医事課にMSW、デイケアリハビリ部にPSW
・健康開発室（検診、訪問看護、保健師、事務）トップ
```

独立部門 18%
医局 13%
医事課 60%
事務局他 9%

図3－2　所属部署について

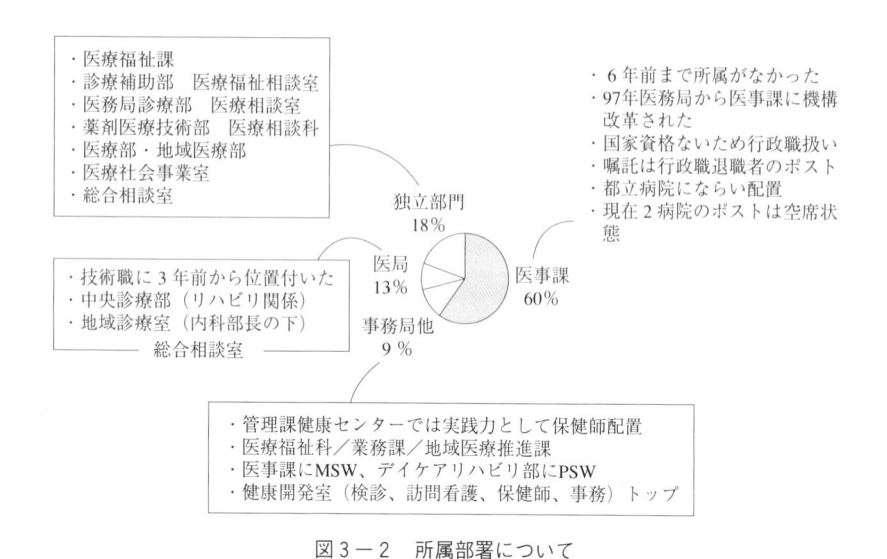

ルワーク部門を設けることが望ましいこと。医療ソーシャルワーク部門を設けられない場合には、診療部、地域医療部、保健指導部等他の保健医療スタッフと連携を取りやすい部門に位置付けることが望ましいこと」とある。当指針の報告書とともに「その普及に資すること」との文書が主務官庁から提出されて10年が経過したが、いまだに指針の趣旨は反映されていない実態であることがわかった。

②採用方法について

　一番多かったのは行政職外の別枠採用だった。42%の病院がMSWの採用を行政職採用ではない方法、それも様々な方法を工夫して専門職的に採用しようと試みていることが知れた。（表3－5）国家資格制度がないままの状態での苦慮の様相であろう。

　また行政の財政難にもかかわらず、近年採用する病院が増えているということは、MSWの必要性が医療の現場において認められつつあることを示している。

③学んだこと

　調査対象を社団日本医療社会事業協会会員名簿の市立の自治体病院の会員に絞った。その数の少なさは驚きであった。全国の市立病院数は334機関であ

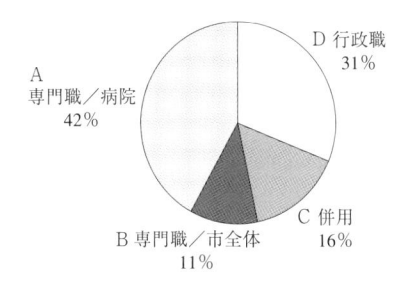

```
            D 行政職
             31%
  A
 専門職／病院
   42%
              C 併用
               16%
  B 専門職／市全体
       11%
```

図3-3　採用方法

備考A．専門職／病院採用について（表3-5）
　B．専門職／市全体採用について
　　　ベテラン保健師、福祉事務所との移動あり、3科目社会福祉主事で病院は9年目が目安、病院と支援センターとの移動あり、病院と役所の総合相談窓口との移動あり
　C．併用採用について
　　・先輩　2名　病院採用技術職、　　　　　　後輩　1名　福祉系大卒指名で5年ごとに移動
　　・先輩　1名　医局高卒扱い、　　　　　　　後輩　1名　大卒移動あり
　　・先輩　行政職で福祉事務所からの移動、　　後輩は病院採用
　　・1999年度から1名病院独自採用、　　　　　上司は行政職1名
　　・1名MSW、1名移動できた行政職
　　・先輩は行政職、　　　　　　　　　　　　　後輩は大卒程度
　　・3名は福祉事務所経験者の移動、　　　　　1名は今のところ専任
　D．行政職採用について
　　・特定なし　12病院
　　・特定あり　2病院
　　　　福祉事務所の職歴の長い人が4年ごとに移動
　　　　新規採用はなく福祉事務所、児童相談所、身障者センター経験者が移動

表3-5　MSWの採用に際して専門職採用する際の基準

・MSWになりたい人であれば制限なし　10病院
・MSWになりたい人で福祉系の大学卒　2病院
・MSW経験者
・MSWになりたい人で独自の試験
・医療社会事業室が決定権を持つ
・大学を卒業した人で社会福祉13科目履修
・MSWになりたい人で大学を卒業した人
・福祉系の大学またはMSW専門学校の卒業、保健師資格取得者、これらのいずれかで医療社会事業単位取得者
・社会福祉士資格を持った人

る。そのうちわずか約13％にしかすぎなかった。MSWの配置が自治体立病院の場合進んでいないことがわかる。その原因究明は職能団体の課題といえるであろう。

　調査項目を聞き取っていく調査過程は、厳しい職場の実態を情報交換する場となった。専門職採用されているところでは増員の見通しが全くないのにもかかわらず他職種からの信頼が得られるに比例し業務がどんどん増え、バーンアウト寸前であること。また他方、専門職採用がなく人事異動で病院勤務となったものは「この部門は専門職でなくては勤まらない。どうして自分が移動で回されたのだろう……」と役割期待に押しつぶされそうだとの悩みを語った。

　保健・医療・福祉の統合が図られ、病院において社会福祉援助が市民権を得られつつある時代にあって、先見の明があり、先駆的に配置されているこれらの自治体病院のMSWは、医師、看護師、保健師、理学療法士、作業療法士など他職種からも厳しい専門性が求められている。自治体病院においてMSWの専門性の確立のためには、その入り口である採用方法において専門職としての別枠採用が必須である。その条件として、MSWとしての国家資格の確立が急がれなければならない。

(2) MSWの国家資格化　医療機関の力添え必要

以下は地元紙「中国新聞」の論壇に投稿した一文である。

　介護保険制度とともに生まれた専門職・ケアマネジャー（介護支援専門員）は、介護保険給付の範囲内とはいえ、医療と福祉サービスを統合して利用者に届ける対人援助職として、画期的なものである。しかし、要介護状態の起点である医療機関での医療・福祉サービスのコーディネーターたる医療ソーシャルワーカー（MSW）の資格化はここ十年余り、頓挫した状態にある。

　交通事故、労働災害、それに脳卒中や心筋梗塞などによる中途身体障害者や精神障害者、難病患者、とりわけ要介護の高齢の患者さんたちは退院後の療養生活をどうすべきかで、途方に暮れる場合が多い。在宅療養か施設医療かなど患者や家族の価値観、生活条件を基に、その人らしい療養生活を支援するために、医師や看護師など医療スタッフとチームを組んで相談に当たる専門職・MSWの役割が重要になる。

MSWは医療機関の判断で設ける職種で、大半は大学の社会福祉系学部などの卒業生を採用して充てている。筆者もMSWとして、慢性の病気を抱えて介護を要する患者さんの転院先や在宅での療養生活の準備に日々、心を砕いてきた。患者さんや家族と共に苦渋する経験だった。

　厚生省（現厚生労働省）の「医療施設調査・病院報告」によると、MSWに相当する医療社会事業従事者数は1998（平成10）年10月現在で8,310人、一医療施設当たり0.9人と、作業療法士に並ぶ配置率である。年々増えているが、首都圏に複数を抱える医療機関が多い反面、広島など地方都市での配置は遅れている。

　国はこれまで、MSWの資格化をたびたび行政課題に挙げてきた。1987（昭和62）年に医療分野を除外した形で制定された「社会福祉士及び介護福祉士法」の国会審議の過程で、厚生省は衆参両院の社会労働委員会で、「社会福祉士」とは別建てでMSWに相当する「医療福祉士」の資格づくりを表明し、省内に「医療ソーシャルワーカー業務指針検討委員会」を設置した。

　関係団体のコンセンサスを取りつけ、1989（平成元）年には初めてMSWの業務指針を定めて公示し、都道府県にも普及を指導した。だが、当時の同省健康政策局の「当事者団体の意見統一が得られなかった」という一言で、国家資格化は見送られた。

　国家資格もない職種なのに、国がその業務指針を定めた例がほかにあるだろうか。MSWの国家資格の必要性は国も認識しているということだろう。その後1998（平成10）年、精神科領域の社会福祉専門職として「精神保健福祉士」が資格化されており、MSWに対する国の対応は、ちぐはぐと言わざるを得ない。

　医療費抑制政策の下、国は、入院期間の短縮、救急医療と慢性期医療とに分ける病院機能分化、施設医療から在宅医療への転換といった医療政策を進めている。介護保険実施後、ますます退院促進が図られており、「滑らかな退院」のためにもMSW雇用へのニーズは高まるだろう。だが、経営環境の厳しい医療機関にあっては、診療報酬に反映される国家資格種以外の職種の雇用は困難である。

　社会福祉系大学の学生のうち、MSW志望の学生は年々増加の一途にある。こうした専門職志望の卒業生を積極的に受け入れ、医療と福祉の統合サービスを提供できる環境を早く整えることが国としても課題であり、また医療機関自身も、MSWの国家資格化に強力なリーダーシップを発揮してもらいたいものである。

注

（注１） 50周年記念誌編集委員会編　第９章「資格制度化運動の歴史」『日本の医療ソーシャルワーク史』日本医療社会事業協会、2003年。

（注２） 上記、P69。

（注３） 上記、P73。

（注４） 広島県医療社会事業協会資格制度化検討委員会

（文責）村上須賀子：医療ソーシャルワーカー資格制度化の展望：医療と福祉vol.26－No.2 pp.114－120　要約

参考文献

1）村上須賀子『医療ソーシャルワーク論』宇部フロンティア大学出版会、2003年。
2）転院問題を考える会「第2回転院調査報告書」2003年。
3）太田貞司『地域ケアと退院計画』萌文社、2000年。
4）大崎　博、吉利味江子『臨床の知としての生命倫理』サイエンティスト社、2002年。
5）バーナード・ロウ『医療の倫理ジレンマ』西村書店、2003年。
6）マーガレット・ガータイス他編『ペイシェンツ・アイズ』日経BP社、2001年。
7）日本医学ジャーナリスト協会編『患者の権利宣言と医療職の倫理綱領集』興仁社、2003年。
8）日本医師会編『病院機能標準化マニュアル』医学書院、1991年。
9）日本医師会・厚生省健康政策局指導課『病院機能評価マニュアル』金原出版、1989年。
10）医療ソーシャルワーカー業務指針、1989年。
11）医療ソーシャルワーカー業務指針、2002年。
12）前田ケイ監修『保健医療の専門ソーシャルワーク』中央法規、1991年。
13）日本医療社会事業協会編『25年のあゆみ－日本医療社会事業協会史』日本医療社会事業協会、1978年。

第4章

医療ソーシャルワークにおける退院援助

第1節　老人医療のよりよい「場」の確保とMSWの機能

(1) 老人医療制度の特質

　老人医療の問題点は医療費高騰問題と同義語的に論じられてきた。しかも「点滴漬け、検査漬け」の過剰診療と、治療の必要もないのに長期に入院している「社会的入院問題」をクローズアップしての論議であった。1982（昭和57）年に制定された老人保健法はそうした問題認識の下に、老人に適した医療の「内容」と「場」の設定を行った。

　「内容」は月額の診療報酬を定額制にし、1カ月間の点滴や検査を一定枠内に制限したことであり、老人診療報酬制度を導入し、診療内容を他の年齢層と区別したことである。その主旨は以下の通りである。

　「老人診療報酬は、老人の心身の特性を踏まえ、①不必要な長期入院を是正するとともに住み慣れた地域や家庭での医療の提供、②過剰な検査、投薬、注射等よりも介護やリハビリに重点をおいた医療の提供、③主として老人を収容している病棟についてそれにふさわしい医療が提供できる体制の整備、が行えるよう点数を設定し、適切な老人医療の確保と老人医療費の適正化に資することを基本的考え方としている」[1]。

　「場」は療養型病床群や老人保健施設の創設である。老人は病状の回復程度に応じて、医療機関を選択して移動しなければならなくなった。転院援助の必要性がここに生じるのである。病院経営の立場からこれに関わるMSWへの要請が増大している。

ここでは特に、場の選択、つまり、在宅医療コーディネート場面におけるMSWの機能について述べたい。

(2) 在宅医療コーディネート場面のMSW

事例　地域機関との連携の中で在宅死した事例

　＜病名＞　心不全、脳梗塞症、肺炎

　＜年齢・性別＞　73歳　男性

　＜家族＞　妻と2人暮らし、娘2人は東京都と隣接市に婚出。妻は腰痛があり、コルセット使用。

　＜症状の経過＞　1997（平成9）年3月頃より、呼吸困難と浮腫が増強し、近医を受診。4月下旬改善せず安佐市民病院へ紹介入院。入院直後に脳梗塞症発症。重度の右片麻痺と失語状態になる。

　＜援助経過＞　5月初旬妻と長女が来室。主治医から退院の話が出たが、不安があると来談したのである。「在宅療養が希望だが、介護力から母のみでの介護は不可能だろう、かといって自分たちは婚出しており同居するわけにはいかない」と娘は困惑した表情である。MSWは在宅療養生活を支える社会資源についてざっと説明し、在宅が無理であれば老人病院や特別養護老人ホームもあることを情報として提供した。そして、どこで、どのような療養生活を選択するのか、医師や病棟師長を交えて話し合うことを提案した。妻は問題に取り組む手順がわかってほっと気が緩んだのか「寝たきりになったのに、追い出されるみたいで……」とワッと涙を溢れさせた。

＜退院計画＞MSWは病棟に「在宅医療支援依頼書」を求め、主治医に「訪問看護への指示内容」欄を、病棟担当看護師に「継続的医療処置・看護ケア」「自立度」「家族構成」欄などの記入を依頼した。

　在宅準備のための話し合いは妻、長女夫婦、次女、主治医、病棟担当看護師、訪問看護師、MSW、それに地域から保健師、福祉担当者も加わっての多人数となった。主治医より肺炎が落ち着けば退院可能となるが、病状から再度緊急入院という事態もあり得ることが説明された。

　再度家族が在宅療養を希望していることを確認して後、各メンバーで役割分担をした（表4-1）。

表4−1　MSWの提案による退院準備のプランニング

問　題	対応策	担当者
妻の介護への不安	看護実習をする 在宅看護マニュアルづくり 看護記録用紙づくり	病棟担当看護師
	試験外泊をするため退院までにベッド、エアマット必要	役所担当者
退院直後の介護負担軽減	介護力の補強　１週間〜10日泊まり込む	長女
	介護力の補強　通う	次女
退院後の主治医	紹介依頼病院へ返す	主治医
在宅移行時の継続看護	退院前訪問指導および週１回訪問看護	当院　訪問看護師
継続看護	地域の訪問看護ステーション　週２回利用 連絡調整および指示書依頼	当院　訪問看護師
介護の社会的補強	ヘルパー要請　退院後の経過をみて依頼する	長女が申請
入浴	訪問入浴申請　退院後の経過をみて依頼する	
退院計画の各セクションの不統合	退院援助計画の総合調整	MSW

　退院日を５月末に設定し、それぞれが準備にかかった。途中、病状が悪化し退院が危ぶまれたが、試験外泊、当院訪問看護師退院前訪問指導を経て、６月中旬に退院した。以後当院訪問看護師、地域訪問看護ステーション、訪問入浴、ヘルパー、かかりつけ医、地区担当保健師の訪問が続けられた。しかし７月下旬早朝、呼吸困難出現、永眠された。
＜遺族の評価＞在宅療養生活初期の導入期も経過し、娘たちも各々の生活にもどり、老夫婦なりの生活パターンが始まった時の突然の死だった。遺族の思いが気がかりで、初七日を過ぎておくやみ訪問をし、遺族の評価を受けた。

　涙はあったが、妻も娘もしっかり看取ったという自信と安堵の表情があった。家族間で培われた共通認識は在宅死を選択することだったこと、その願いが地域の多職種の支えで叶ったこと、そして何より強調されたことは医療面の支えがある安心感で在宅療養生活の継続が可能であったことが確認できた。

　入院時の病態を知っている当院看護師が定期的に訪問し、疑問や不安にすぐに回答を出して精神的に支える一方、地域関連機関の医療上の連携の要となった。そして、当院の主治医が「いつでも緊急時に対応する」と医療面の保障をしていたことが、この「望んだかたちでの死」を可能にしたことがお互いに確認できた。

在宅療養生活の根幹は医療保障にあると考える。医療面の支え、つまり「いのち」の保障というしっかりとした「安心」がないかぎり、在宅医療は不可能である。本事例の場合、本人も家族も「在宅死」を望み、介護力の面も娘の全面的な支援が可能であったにもかかわらず、当初、自宅退院はためらわれた。当院の訪問看護師が病棟看護師と協議しながら、「大丈夫ですよ、お手伝いしますから」と背を押して、実現したことである。「連携」と言葉では簡単だが、医療面の連携は指示書1枚では伝わりにくい面もある。来訪者のちょっとした言葉の端々にも「病状はきちんと引き継がれているのだろうか」と利用者は不安を抱く。当院訪問看護師が、MSWと共にそれぞれの機関の初回訪問に合わせて同伴訪問を設定し、医療上の引き継ぎを行ったことによって得られた「安心感」が「在宅死」を可能にした[2]。

(3) 老人医療分野におけるMSWの役割
1) 情報提供機能

転院援助の場合、まず第1に地域の病院の詳細な情報を収集しておく必要がある。医療法の改正により、病院の機能分化（特定機能病院、一般病院、療養型病床群、老人病院といった機能分化）が進行し、地域の個々の病院の特性が刻々と変化している。そこで最新の情報をタイミング良く医師など医療スタッフと利用者である患者および家族に的確に情報提供する機能がMSWに求められている。またそれら個々の医療機関の窓口と良い人間関係を保っていることが大切である。MSWは個人またはグループでこうした病院情報を収集し、日常業務に役立てている。

次に、転院を要する患者の医療依存度を主治医、病棟師長より情報収集する。例えばリハビリが必要か否か、IVH用チューブ装着か否か、おむつか導尿か、MRSAおよび保菌者か否か、人工呼吸器、麻薬の投与が必要か否か等である。それらと家族側の条件、例えば保険外経費の額をどの程度負担できるのか、交通の便、家族が付き添える程度などが考慮されて選択されていく。しかし家族の希望に沿った転院先を探し出すのは困難を極めている。治療よりも療養を選択した時、それにふさわしい療養機関として、療養型病症群の質、量ともの充実が望まれるところである。転院先へ家族の意向を伝え、少

しでも滑らかな移動が実現するようにMSWは心を砕く。

　転院の候補の病院にMSWが居れば、事前に家族側の条件や家族関係等を伝え、受け入れに向け調整を依頼できる。

　老人が居を移す、しかも病の老人が居を移すのは本人にとって大いなるストレスとなる。医療とともに生活面の対応も円滑に引き継がれることが大切である。送り手の病院のMSWと受け手の病院のMSWの連携の意味がそこにある。

　医師は、同科同系列の医師間では交流があるが、専門が異なったり、出身医局が異なると疎遠な場合が多いので、MSW間で得られる全国規模の病院ネットワークは意味ある存在となる[3]。

　退院援助の場合、在宅支援に関する医療と福祉にまたがる社会資源情報を咀嚼(そしゃく)して提供する機能がMSWに求められる。在宅医療福祉サービスが複雑でわかりにくくなった。その背景には次の2点が挙げられる。第1は福祉八法の改正により、福祉施策の実施主体が市町村へ移管したこと、第2は新ゴールドプランの整備テンポに自治体間の格差、ばらつきが生じていることである。

　介護保険の究極のマネジャーは利用者本人であるとうたわれているが、患者や家族、一般市民にこの介護保険の給付内容の社会資源情報すら届いていない。MSWは業務の必要上日々こうした保健・医療・福祉の情報の蓄積を行っている[4]。

2）チーム医療形成機能

　MSWは医療機関内に身をおきつつ、患者の生活問題に関わる福祉職として機能してきた。医師や看護師のように所属診療科や所属病棟の縦の命令系統に縛られず、患者の社会福祉上の援助目標に沿っていわば横断的に機能してきた。

　もちろん職業人として組織に所属している限り、所属長の監督下で働いているのであるが、個々の事例に関しては、依頼主・報告先は主治医であったり、病棟師長であったり、患者やその家族であったりする。

　こうした業務の特性は多職種のチーム形成のつなぎ役として機能しやすい立場にある。

　医療チームは個々の患者に相応してその都度、個々に形成される必要がある。MSWはそのチームメンバーが横断的に情報を共有するための役割を担う。

3）在宅コーディネート機能

　医療機関の中で地域と連携しやすい職種としてのMSWは、今日重要な位置を占めるようになっている。医療機関側からは地域医療への滑り出しを滑らかにする機能、他方、地域のサービス機関からは、要介護者、要援護者、高齢者をいち早く発見し援助に結びつけたり、医療との連携を図る調整役としての機能が求められている。

　本事例のように主治医、病棟師長、訪問看護師など院内スタッフとの連絡調整役と、地域との連絡調整という両者のコーディネートを同時進行することにより、早期の在宅医療への移行が可能となる。

　在宅医療と福祉のサービスが一機関から提供されることはまれで、多数の機関から援助を求めなければ支えられない現状では、地域のサービス機関の調整役は割の合わない役どころを引き受ける覚悟がいる。在宅医療はいうまでもなく、患者と家族が中心に位置する。患者・家族の意向に沿って各機関の立場、利害を調整しながら継続させるには、時には各機関からの憎まれ役も辞さないという専門職としての覚悟がいる。多機関・多職種が関わるコーディネート場面では、MSWは医療と福祉の双方のサービス内容と利用手順、さらには各機関の資質までをも勘案し、なおかつ裏方の存在としてサービスの連絡調整を図っていかなければならない。

4）アドボカシー（代弁）機能

　老人医療のように長期に医療機関を利用する場合、医療サービスのシステムとどうつき合えばよいのか一般的にわかりにくいものである。本事例のように主治医から「退院を考えてほしい」と言われ、「リハビリは必要ないのかしら」「家庭看護はどんなにしたらいいのかしら」と疑問や不安が生じてきても質問の仕方すらわからず、動転したまま来室する事例は多い。MSWは患者や家族から何をどの程度理解し疑問や要望は何かをじっくり聴いた後に代弁機能を果たしていく。本事例の場合、退院計画立案の話し合いの場でMSWは進行役を務めながら、主治医には病状を改めて説明してほしいと依頼し、担当看護師には家庭看護の方法を妻に実習指導してほしいと依頼した。そして準備が整って初めて退院日を決定した。また行政には「退院日が決定してベッドのレンタルを開始する」という原則では、試験外泊日にベッドが間に合

わないので運営上柔軟に対応してくれるよう折衝した。

　このように医療機関内で「治療対象の患者」という視点だけではなく、「生活者としての病人」という視点からのアドボカシー機能は、老人医療の場では特に重要である。

　以上の機能を全国、どこの地域においてもどの医療機関においてもMSWがそのサービスを提供できるように情報を共有するシステムが必要であり、そのためには、MSWによる全国ネットワークが必要である。また、MSWは配置されてはいても、その業務に制限があり、求められるサービスが提供できないようでは職種としての信頼感は得られないだろう。質、量ともの確保のためにはMSWの国家資格化が必要である。介護保険法をはじめ、医療と福祉の大改革がなされる時期に、従来より両分野にわたって実践を重ねてきたMSWがそれらに明確に位置づくことが早急に求められる。

(4) 老人医療の場の問題

　老人の場合には老人であるがゆえに病状の急変期を過ぎると「医療密度の薄い」という制限つきの、医療機関または自宅療養へと身を移さなければならない。さらに介護保険の導入により、この「医療密度の薄い」医療費部分を介護保険の給付対象に切り替えるという、新たなシステムづくりが導入された。こうした、検査、投薬などの治療を抑えて、介護重視のシステムづくりの流れは、老人をある1つのカテゴリーに捉えたうえでの施策である。つまり、老人医療費の高騰はこの介護費用に属する負担で大きく圧迫していたとしており、老人は長期に介護を要した後になだらかな終息としての死を迎える存在であると捉えている。確かに高齢者の介護問題は国民問題であり、介護保険を契機に新たな時代の到来の必然性はある。しかし、このカテゴリーに属さない老人たちもいることを忘れてはなるまい。そうした老人たちの「場」の問題を述べておく。

1) 老人医療における疼痛ケアの制限

　総合病院や一般病院で、癌の症状が手術の適応でなかったり、治療効果が望めない場合は受け入れを拒否されてしまう。しかし、老人病院では、麻薬の管理が困難なことから、癌患者の痛みに対する「疼痛ケア」ができない状況である。WHO条項では末期癌患者に対する麻薬のオープン処方が可能とな

っており、在宅医療でも、いわんや老人病院にあっても緩和ケアのための麻薬の使用は可能なはずである[5]。

しかし、現実には末端の医療機関までこの条項の批准効果は届いておらず、必要な医療を身近な医療機関で受けられず、家族から遠く離れた地域でターミナルケアを受けざるを得ない例もある。

2）老人医療における延命治療の制限

呼吸筋不全のため、常時人工呼吸器を装着し、長期療養が必要な状態に陥った場合、総合病院や一般病院では、病気の特性や病状にかかわらず3カ月を超える入院は困難で受け入れ先はない。長期入院が可能な老人病院では、人工呼吸器の管理ができないことはもちろんのこと、人工呼吸器さえ整備されていないため、これまた受け入れ先はない。医学的管理が必要でなおかつ長期療養ができる医療機関がないのが現状である。

おわりに

医療保険改革論議では定額制導入が主流を占めている。過剰診療の排除のために定額制導入に反対ではない。しかし、医療費削減のみを第一義目的に掲げ、病名、病状に関わらない一率的な定額制導入では、事例に挙げたような「場」の移動にも困難を伴う。疼痛を和らげるターミナルケアや難病の医学的管理、在宅医療の医療保障内容など老人医療のよりよい「場」の確保のための細かい論議が必要である。

第2節　急性期病院における退院援助

(1) 平均在院日数の短縮と退院援助

1) 病院マネジメントと平均在院日数の短縮

急性期病院における退院援助の意味を病院マネジメントの観点から、今一度整理をしておきたい。まずはMSWはいかなる経済的環境の下に機能しているかという観点である。それは、病院もまた一般企業と同様に経済的環境にさらされている点を押さえておかねばならないということである。

川渕孝一の「病院を取り巻く外部環境」によれば、経済的環境は①資本市場、②購買市場、③労働市場、④医療サービス提供市場からなるとされる（図4-1）。資本市場は、「利子率」がバロメーターになり、次に購買市場は、「価格」というバロメーターを通じて交換が成立する。さらに、労働市場は、医療スタッフを採用する市場で、「賃金」をバロメーターとして交換が行われる。

そして、提供市場のバロメーターに関する、次の指摘は重要である。「最後の医療サービス提供市場とは、患者に医療サービスを提供する市場のことである。ここでも、医療機関と患者との間に『診療報酬』というバロメーターが存在する。すなわち、病院が直面する4つの市場には、それぞれ異なる種類の「価格」が存在するわけである。しかし、ここで留意すべき点は、わが国の保険医療機関においては、最後の診療報酬価格だけが公定価格（特定療養費を除く）となっている点である[6]」。

この医療サービス提供市場の価格決定が唯一、診療報酬価格に委ねられている点が一般企業の経営環境と大きく異なる点である。わが国の経済成長が

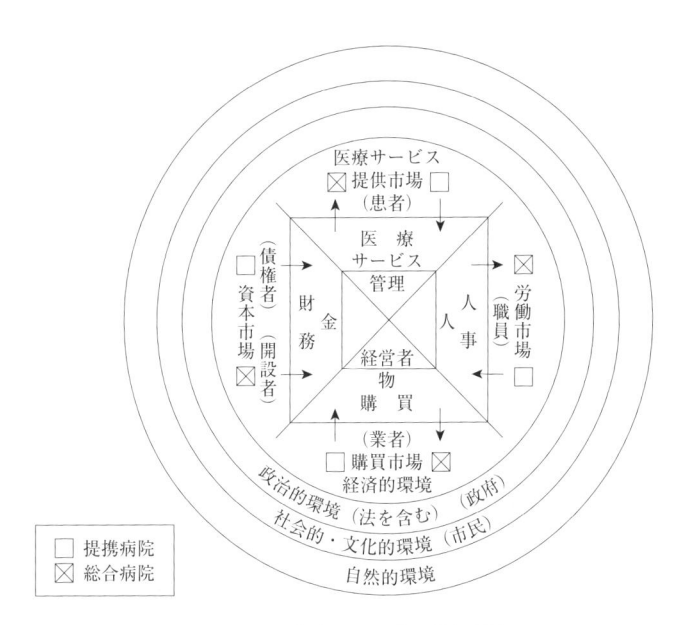

図4-1　病院を取り巻く外部環境
出典：川渕孝一『これからの病院マネジメント』医学書院、1993年。

右肩上がりを続け、少子・高齢の人口問題が浮上する以前には、この診療報酬の改定が「物価・スライド方式」にのっとって行われた。医療機関のコスト増は診療報酬をスライド的に引き上げることによって補填されていたのである。その時代、病院経営は現在のように営利追求に窮々としなくとも存続は可能であった。

　しかし、時代は大きく転換した。わが国の医療費適正化政策には老人保健法制定や老人保健施設創設など様々あるが、診療報酬の操作が最も効果的であった。それは、欧米に比して長期であることが指摘されている平均在院日数の短縮をねらって、在院期間によって入院時医学管理料の削減をする方法をとったことである。各医療機関は診療報酬改定の動向を読み取り、医療サービス提供のありようを変化させねばならない。さもなければ、たちまち病院経営は破綻し始めるからである。

　かくて平均在院日数の短縮は病院経営上の観点から至上命題となったのである。すなわち、医療機関は、計画的、効率的、効果的に治療を行い、その治療効果を上げ、ベッドの高率回転を促進することにより、新たに、診療報酬上高い点数の収入が見込まれる患者を受け入れることが可能となる。その努力の結果として医療収益を上げることができるという仕組みである。

２）利用者と入院期間の短縮の意味

　入院生活には様々な規制がある。その理由は「治療のために」であったり、「集団生活のために」であったりする。パジャマを着たその瞬間から、それまでの個別の生活パターンを脱がなければ適応できない。入院生活による拘束は誰しも短いことを願うであろう。ましてや、就労者の場合、入院期間が長期化すれば、第１に収入は減少し、場合によっては失職にも結びつきかねない。支出面においても、でき高払い制の診療報酬で、自己負担もかかる医療保険制度にあっては、入院が長期化すれば医療費の自己負担もかさんでくる。QOLの面からも、利用者の経済負担の面からも入院の長期化は望ましくない。

　他方、ベッドの高率回転により収益が上がれば病院経営上ゆとりが生まれ、長期に治療と看護を要する難病患者や重複疾病、重複障害患者などへ病状、看護、介護の必要度に応じた入院期間を提供できる可能性も広がる。ミクロな病院マネジメントの視点からも、そして、利用者である患者家族の立場か

らしても、入院医療の適正化と在宅医療への移行が望ましい療養生活のあり方であるといえよう。

3）医療依存度の高い患者群の退院問題

しかし、それは在宅医療や在宅介護に関する社会資源が潤沢に整備されている条件下の一般論にすぎない。介護保険導入を契機として、在宅介護ニーズへの対応として介護サービスの供給整備が、急ピッチで進められている状況であるが、それは比較的病状が安定した寝たきり高齢者への介護サービスメニューが主流である。継続医療を伴った医療依存度の高い患者への在宅医療や介護に関する社会資源の整備は、これから検討される段階である。人工呼吸器や吸引器、酸素ボンベを備え、チューブやカテーテルを装着したままの退院は、まさに主幹病院のサテライトベッドの様相を呈する。入院生活以外は考えられなかったこれら医療依存度の高い患者が、在宅療養生活をする時代が、すでに始まっているのである。その在宅療養生活を支えるためには、福祉用具に加えて往診や訪問看護などヒトのコーディネートが必要である。医療と福祉サービスが一体となって提供されねばならない。むしろ、医療ケア（いのち）の保障がない限り、在宅療養生活は危険で踏み出せない。

「長期入院医療よりは在宅療養生活が望ましい」という一般論を、要介護度も高く、かつ、医療依存度の高い患者群の退院にも当てはめるには、在宅医療を充実させる制度改革と、それを支える社会資源の整備が、特に急がれる。

(2) 急性期総合病院における退院援助の課題

1）急性期総合病院において退院援助を要する患者群の特質

急性期総合病院において退院援助を要する患者像は、これら医療依存度の高い患者群といえる。具体例としては、内科系慢性疾患（心臓疾患、腎臓疾患、糖尿病など）で身体障害を伴う患者、癌などでターミナル状態の患者、重度の神経難病の患者たちである。他方、急性期病院の機能上、救急医療の役目がら、労災・交通事故による脊椎・頸椎損傷などの後遺障害のため、すこぶる要介護度の高い患者、頭部外傷、脳卒中などによる高次機能障害を残す患者群である。それらを群として分類すれば表4－2のようになるであろう。

表4－2　急性期総合病院において退院援助を要する患者群

原因	疾病例	要介護度	医療依存度
①事故による （労災、交通事故など）	脊椎損傷、頸椎損傷 四肢の一部切断	高い	低い
②疾病による	慢性腎疾患、人工肛門、糖尿病性末梢神経障害、癌などターミナル状態	高い	高い
	脳卒中、痴呆	高い	低い
③難病による	慢性関節リウマチ、パーキンソン病、筋萎縮性側索硬化症、筋無力症など神経難病	高い	高い

医療依存度の高い例
経管栄養・胃ろう、吸引、持続点滴、自己導尿、自己注射、じょくそう、人工呼吸器・在宅酸素療法　など

　重要な問題点としては、このように継続した医療ケアを要する人びとの医療にも入院時医学管理料の在院期間別の診療報酬の削減は一律にふりかかるという点である。

　その問題性を端的に表す例として難病患者の医療が挙げられるだろう。なかでも、身体障害を伴う疾患である慢性関節リウマチ、重症筋無力症、脊髄小脳変性症、パーキンソン病、筋萎縮性側索硬化症など医療管理も濃厚に、なおかつ長期の看護と介護を要する患者たちの医療である。こうした医療は専門診療科を有する、総合病院で診断と治療が行われている。疾患の性質上、合併症も多いことから専門医がおり、なおかつ総合病院での対応が求められるからである。しかしこうした総合病院はまた重装備の医療機器を整えた、第2次、第3次救急の役割をもった急性期病院である。平均在院日数は20日前後が一般的であることから、専門的かつ総合的医療継続を要する上記患者のベッドは長期には確保しがたいのが現実である。

　難病疾患が進行し、要介護度も高くなり、難病が由の継続した医療ケアを求めて、急性期病院から長期入院が可能な療養型病床群への転院を依頼しても、答えは「否」である。それらの病院では人工呼吸器など医療機器とそのスタッフを具備していないことを理由に転院を拒否されるのが通常である。その結果として、「適切な転院先がないから」という奇妙な理由で「在宅」を選択する場合すら経験するのである。

急性期総合病院における退院援助の課題は、対象とする患者群の特性から医療ケアを中心にすえた濃密な福祉サービスの供給を単発的ではなく、システマティックに提供しなければならない点である。

　退院から在宅にむけて「滑らかな医療継続」を患者に提供するためには病院内で医療と福祉の統合されたケアがあらかじめプランニングされることを要する。そのためには「訪問看護制度」は不可欠であり、「在宅医療を支援する病院内のシステム」にMSWが組織的に位置づくことも必要である。

2）医療依存度の高い患者の在宅医療コーディネートの事例

　在宅療養生活に、最も医療と福祉のサービス整備が待たれる事例を挙げておこう。この退院援助の事例が、次に述べる広島市立安佐市民病院での「在宅医療支援システム創り」と「訪問看護制度導入」へのインパクトの1つになったと考えている。少なくとも当時のMSWである筆者にとってはそうであった。

　山本博三氏（1936（昭和11）年生、当時58才）は難病指定されている「筋萎縮性側索硬化症」（ALS）という自分の病名を知っていた。筆者との出会いは難病の公費負担医療である「特定疾患治療研究事業」の申請のため、神経科の主治医の紹介で医療相談室に来室したことから始まった。1995（平成7）年3月のことだった。

　ALSは進行性の難治性の病気で、全身の筋力が萎えてやがては呼吸をつかさどる筋にまでも萎縮が進み、延命のため呼吸器を装着しなければならないという予後の厳しい病気である。それゆえ、病名を告知しない場合が多い。が、山本氏は病名を知っていた。痩せ始め、腕を上げるのがだるくなったり、しゃべりにくくなって、近医を回っても診断がつかないので「家庭の医学百科」を調べ、難病の専門医である広島日赤病院の医師を訪ねた。そして問いただして診断してもらったということだ。

　公費負担医療申請手続きと同時に、ALS協会の全国組織から介護に関する本を取り寄せて欲しいと山本氏は筆者に依頼した。将来、自分が動けなくなったときのために妻に読ませておきたいという主旨だった。筆者はその将来ができるだけ遅いことを願った。何人かのALS患者への関わりを体験していたからである。その体験はMSWとして「打つ手がない」という苦い無力感に満ちていた。

その後、山本氏は筋力が衰えないようにとリハビリも兼ねて自宅から8kmの距離を徒歩で通院し続け、時折、日常生活ぶりを話しに来室していた。筆者はこの間、病気の進行、障害の進行と付随して起こる生活上の困難や、対応する社会資源について、家族に話しておく必要を感じた。
　来室してくれた息子、恭三氏に、私は福祉の制度である身体障害者手帳、障害年金、日常生活用具（ベッド、車イス）、ヘルパーなどの利用方法と、医療分野のケアである訪問看護ステーションについて情報提供をした。そして、何より重要な問題である呼吸器の管理についても言及し、「まだ現実味がないかもしれないけれど、呼吸器を装着した生活を選択するのか、それを拒否するのかは、今後の生活設計にとって重要なので、家族で話し合っておいて下さい」と勧めた。
　その時、恭三氏の一番の不安因は、博三氏の妻つまり母の介護力であった。筆者は、それを補充するヘルパーと訪問看護は、当該地域では、せいぜい週5～6時間であること、残念ながら安佐市民病院には訪問看護制度はまだ創設されていないことを伝えた。そして、制度を立ち上げることは検討されてはいるが、公立病院という制約もあり進んでいないことを説明したうえで、当事者からの「必要である」との要望は説得力もあり、制度創設への強力な推進力になり得ることをつけ加えた。
　博三さんの病状は急速に進んで、その年の冬には呼吸困難を伴うようになった。なおかつその直後には、妻が脳梗塞で入院するという事態を迎えた。幸い妻は後遺障害もなく、軽快退院となったが、在宅療養の介護中心者としての負担をかけるわけにはいかない状態となった。
　博三氏の呼吸器装着に関する自己決定は「否」であった。呼吸器装着患者を長期に受け入れる病院は県内には皆無であった。島根県の山村の総合病院に頼み込めば、なんとか考慮してくれるとの情報が一件あるのみだった。「家族から遠く離れた病院での療養生活を選択しない、また、在宅療養生活は家族に迷惑をかけるから選択しない」ゆえに、結論としては呼吸器を装着しての延命を拒否したのである。
　すぐさま身体障害者手帳1級の「脳血管障害による体幹機能障害（2級）」「疾病による自己身辺の日常生活活動が極度に制限される呼吸器機能障害（1級）」の交付を受け、全面介助の在宅療養生活をプログラムしなければならない

時期がやってきた。

　1996（平成8）年9月12日〜10月18日　咽頭摘出手術の目的で耳鼻科に入院し、手術後、安静を保ったため筋力は極度に低下した。耳鼻科は手術件数も多く、入院待機のリスト患者も多い診療科である。術後「退院」は、たちまち「退院問題」と化した。咽頭を摘出し、言葉を失った博三氏の瞳の力は失せ、50音の文字盤を使い、足の指で一文字、一文字示しながら語られる言葉は、「帰りたくない」「妻に迷惑をかける」「早く死にたい」であった。

　しかし、妻や息子と話し合って取り決めたケアプランに沿って退院に至った。入院中に立てたケアプランでは、在宅療養を始めた博三氏と妻のニーズにマッチしない部分があるので再考してほしいとの息子恭三氏からの要請で、ケアプランの修正をした。その会議は博三氏の自宅のベッドサイドでもたれた。参加者は地区保健師、医師会訪問看護ステーション看護師、ヘルパーステーション保健師、ヘルパー、コーディネーター、それに当院の訪問看護師として師長と看護師とMSWの筆者であった。ケアプランは息子恭三氏が50音の文字盤を使いながら、博三氏の意向を1つひとつ確認しながら決定した。週間スケジュール表（表4-3）の内容である。しかし、この修正されたケアプランでの在宅療養生活は2週間足らずで終わった。肺炎を併発し呼吸困難で再入院に至ったからである。そして1カ月後に他界された。

　意識がもうろうとしていた中で呼吸器装着の意思確認が再度繰り返され、博三氏の意思を代弁する家族の答えは二転三転した。結局、妻や息子が迷いながら取り上げた結論は「着けない」であった。その選択の過程をMSWとしてつき合ったが、実に苦渋に満ちた選択であった。人工呼吸器をつけた患者の在宅療養生活支援システムが存在し、その質も量も確保されていれば、山本博三氏とその家族は異なった選択をしていたに違いない。

　山本氏の短期間の在宅療養生活において、始まったばかりの「在宅医療支援システム」と「訪問看護制度」を利用し得た。そのことが、関わった者たちの口惜しさへの、いかばかりかの慰めになったであろうか。

　この後、山本恭三氏は、MSWの存在と訪問看護制度を後押しする意味で「遺族からの要望」という一文を病院に提出して、在宅医療支援の必要性を強調してくれた。その延長で、筆者と共に「広島『介護の社会化を進める一万人市民

表4−3　山本博三氏週間スケジュール表

記入日10月31日

	午前	午後	夕方	夜間
月		1時30分　往診　○○Dr 2時〜4時　ヘルパー　Q氏 3時　訪看ス　ⓐNs	清拭	
火				
水	10時　訪看ス　ⓐNs			
木	10時30分　安佐市看　ⓑNs　ⓒNs　清拭	2時〜4時　ヘルパー　O氏		
金		3時　訪看ス　ⓐNs		
土			清拭	
日				

	在宅支援	実施機関	TEL	担当者
1	往診	○○内科医院	×××-××××	
2	訪問看護ステーション	安佐医師会	×××-××××	ⓐNs・ⓑNs・ⓒNs
3	ヘルパー　家事型			
4	ヘルパー　介護型	特養Uホーム	×××-××××	O氏・P氏・Q氏
5	在宅介護支援センター	特養Uホーム	同上	R氏
6	デイサービス			
7	入浴サービス			
8	デイケア			
9	行政	保健所	×××-××××	S氏

広島市立安佐市民病院　在宅医療支援相談室MSW（村上）

委員会』」の代表を務め、広島市が公募した介護保険市民委員会の委員としても、この「在宅医療と介護問題」に関わり続けている。

　山本博三氏は死後、息子には介護をめぐる市民活動を遺し、病院には在宅医療支援システムを遺した。その在宅医療支援システム創造過程にふれておきたい。

(3) 退院援助実践システムの必要

1) システム創造の実践報告

　退院や転院の相談がMSWに寄せられるからといって、MSWが1人、孤軍奮闘しても関連職種のチームアプローチがシステム化していなければ、MSW援助はから回りしたり、院内スタッフ個々のコーディネートにエネルギーを費やすばかりで、効率の悪い働きになってしまいがちである。また一方では、たまたまMSWが関わり得た患者のみにサービスが届けられるといった、単発的で、それゆえ、他者の評価も得にくいものである。それは単に「退院問題」の「処理機構」にとどまってしまう危険性もある。「退院援助」として提起された一連のプロセスを実践していくには、病院組織の中に明確に位置付いたシステムが必要である。そしてシステムの創造は病院の組織図の変更へと連動し、MSWの位置付けの変貌をも、もたらしつつある。

　以下は筆者が広島市立安佐市民病院（表4-4）で経験した「在宅医療支援システム創り」の経過である。

　広島市立安佐市民病院は広島県北部の中核病院として救命救急センターを開設しており、脳卒中、心筋梗塞の救急患者から、交通事故の多発外傷など、2次、3次までもの救急対応をしている。

　筆者がMSWとして勤務していたのは1993（平成5）年度からの5年間である（表4-5）。筆者は転勤と同時にリハビリ・カンファレンスに招請され、理学診療科患者の退院援助に加わることになった。理学診療科では患者の退院後の生活空間までも把握し、医師、理学療法士、作業療法士、言語療法士、(当時)看護婦の各スタッフがチームを組んで退院計画に携わるシステムづくりがなされていた。ところがすでに着手されていた「住宅改造訪問指導」は病院の管理部門からは業務として認められておらず、医師をはじめ理学療法

表4-4　安佐市民病院の概要（1996年当時）

許可病床数	527床
診療科目	内科、外科、整形外科、脳神経外科、心臓血管外科、産婦人科、精神神経科、リハビリ科、歯科ほか計17科
職員数	537人
看護体制	新看護2.5：1A（10：1）
平均在院日数	21.5日

表4－5　安佐市民病院における「在宅医療支援システム創り」の経過

年月	フォーマルな経過	業務担当者およびインフォーマルな動き
1993.4	事務局業務課医事係にMSW正職員配属（正職員1名　嘱託1名）理学診療科医師からの要請でリハビリカンファレンス(Dr、PT、OT、ST、Ns)に参入	
1993.12	「在宅支援に関する検討委員会」の発足**理学診療科の住宅改造訪問指導を業務として位置づける** ◀ーーー在宅に関する診療報酬の学習外来の在宅療養指導加算を検討	理学診療科が業務外で実施していた住宅改造訪問指導にMSWは業務として同伴
1994.4	市行政　衛生局、社会局に「在宅医療支援システム創り」につき打診　　在宅介護支援センターおよび訪問看護ステーションは民間活力を利用する、行政はタッチしないとの回答、委員会は休眠状態に入る	
1995.6	「在宅支援に関する検討委員会」再スタート**外来時のみの指導に限界ありと問題提起** ◀ーーー	内科・外科にて在宅酸素療法患者に重点的に在宅療養指導を開始し、診療報酬加算の請求も始める。同時に担当医は多職種によるカンファレンス（Dr、Ns、薬剤師、PT、ME、栄養士、MSW）週1回開始
1995.7	寄付金で訪問看護用軽乗用車購入試行訪問看護の開始	MSWと看護師による同伴訪問開始
1995.12	**勤務時間内に公用車を使用し訪問看護活動することが業務として認められる**長期入院患者実態調査	MSWは業務として、訪問看護養成講習を受けた看護師は業務外で実施
1996.3	「在宅支援拡大委員会」（毎月第1木曜日）発足退院時継続医療を必要とする患者の実態調査	
1996.4	在宅医療支援相談システムの検討開始「医療相談室」に「在宅医療支援相談室」が併設される在宅医療支援相談の窓口にMSWがなる外来部門に訪問専任看護師正職員2名パート1名配置	
1996.5	在宅医療支援相談システム立ち上げのためにMSW嘱託1名増員（正職員1名嘱託2名に）	
1997.5	在宅医療支援相談のシステム化院内広報紙「ざいたく21」発行開始**在宅支援室開所（訪問看護師の部屋が創設される）**　　在宅支援拡大委員会発展解消	▶自主的研究会「在宅ケアサークル」生まれる（毎月第3水曜日夕刻）
1998.5	在宅医療支援システムの定着化在宅医療支援担当のMSWパート1名増員（正職員1名・嘱託2名・パート1名に）	
1999.4	医療相談室と在宅支援室の合体**組織変更あり。医局の中に総合相談室としてMSWと訪問看護が位置付く**	

士、作業療法士たちは、年次有給休暇を利用して家庭訪問をしていた。

　MSWは退院援助の一貫として、業務として医師や理学療法士と同伴訪問し、住宅改造現場で行われる患者および家族や業者を交えた改造計画の話し合いに参加した。こうした実践の集積は、院長の発案で設置された「在宅医療支援センターのあり方に関する検討委員会」に報告され、委員会において認知され、「住宅改造訪問指導」という退院計画中のワンプロセスが、業務として認められた。

　委員会の検討経過で、「在宅介護支援センター」や「訪問看護ステーション」の併設が議題にのぼったが、市行政サイドの緊縮財政の折から、公立病院への併設は認めないとの意向が判明した。予算措置もない中での「在宅医療支援のあり方」について、医師、事務部、看護部、リハビリスタッフ、MSWで構成する委員間では、共通目標、共通認識を得るに至らず、委員会は休眠状態に入らざるを得なかった。

　こうした間にもMSWのもとには退院に関する相談が増え続けた。ことに困難な事例は前項でも述べた要介護度も高く、かつ医療依存度も高い患者群の退院援助である。癌のターミナル期を幼な子たちとともに看取りたいと、介護や看護の補助用具も整えないままで連れ帰った夫や、在宅酸素療法の管理が悪く、入退院を繰り返す患者たちなど、MSWにとって「気がかりな退院」が目の前を通り過ぎていく日々が続いた。

　MSWはこうした「気がかりな退院」に関し、主治医や病棟婦長、担当看護師などと個別につぶやき合い、語り合った。そのような中で、「気がかりなまま」でなく「滑らかな」退院が可能となるシステムづくりの必要性を感じている医療スタッフを次々と知ることができた。それから、彼らと訪問看護制度や在宅支援システムの実現について「夢」を語り合った。

　そうした医療スタッフの中から、業務では認められていないが、自分たちの時間を使って一歩踏み出す動きが起こった。それは在宅酸素療法担当医師による各部局各職種（医師、看護師、薬剤師、理学療法士、ME、栄養士、MSW）が関わるカンファレンスの招へいであり、内科外来看護師による「在宅療養指導」であった。さらに、訪問看護養成講習を受けた看護師たちによる、MSWとの同行家庭訪問の実行である。それらは再スタートした「在宅医

療に関する検討委員会」で報告され、院内の共通認識を得る重要な資料になったのである。

「委員会」では各病棟から1人ずつ「委員会」担当の看護師の参加を求め「在宅支援拡大委員会」とし、月1回の定例会を組織した。在宅医療を要する患者の調査や事例検討を重ねる一方、「在宅医療支援相談システム」の検討がなされ、在宅医療支援相談の流れが、形づくられていったのである（前述の山本博三氏の例を資料としておく。資料①②）。

新しいシステムの導入はその器である院内の組織図の変更までも連動した。1989（平成元）年に厚生省より報告された「医療ソーシャルワーカー業務指針」には、MSWがその業務を適切に果たすために望まれる環境整備として組織的位置づけを挙げ、「できれば組織内に医療ソーシャルワーカーの部門を設けることが望ましいが設けられない場合には、診療部、地域医療部、保健指導部等他の保健医療スタッフと連携を取りやすい部門に位置付けることが望ましいこと」と指針を示している。

しかし、組織変更には各セクションの合意をとりつけるなど大きなエネルギーを要し、はかどらないのが現実である。筆者の経験した公立病院の場合、MSW開設以来30年にして初めて事務部門から離れ、診療部門の医局に所属変更したのである。

①依頼手順

病棟師長の責任の下、依頼書の提出を受ける。依頼書は主治医、担当看護師が記入する。退院に関するインフォームドコンセントがなされたか、ADLや継続医療内容、家族関係、キーパーソンなどの情報の記入である。

②受理およびアセスメント

依頼書を在宅医療支援相談室のMSWが受け取る。看護師と共に病棟に出向き、医療スタッフから情報収集し、患者・家族と面接する。退院準備のため、何が必要かをアセスメントする。

③退院計画

在宅医療支援計画書を作成し病棟に提出する。

主治医、病棟師長の協議の末、退院日の確定。

④実施

パターンA

①：依頼手順

```
          主治医
         ↗    ↖
    病棟師長    担当看護師
       ↓
    依頼書提出
```

②：受理およびアセスメント

在宅医療支援相談室
試行訪問看護担当看護師

1) 情報収集
2) 病棟師長または担当看護師からの紹介後初回面接（MSW同伴）

　　　1)　　　1)　　　　2)
　病棟師長　主治医　患者および家族

③：退院計画
　　a. 調整（患者、家族、医師、病棟看護師、地域社会資源等）
　　b. 在宅医療支援計画書作成（病棟師長経由で主治医へ提出）

④：実施

試行訪問看護担当看護師 MSW　─提出→　病棟師長　←→　主治医
　　　　　　　　　　　　　　←意見─

パターンB

①：依頼手順

患者：家族
　↓
院内スタッフ
主治医・リハスタッフほか
　↓
在宅医療支援相談室
担当看護師──MSW

病棟師長　　入院中　　通院中　　主治医
　↓　　　　　　　　　　　　　　依頼書提出
パターンAに同じ

②：受理　担当看護師

③：アセスメント　a. 調整
　　　　　　　　　b. 在宅医療支援計画書提出

④：実施

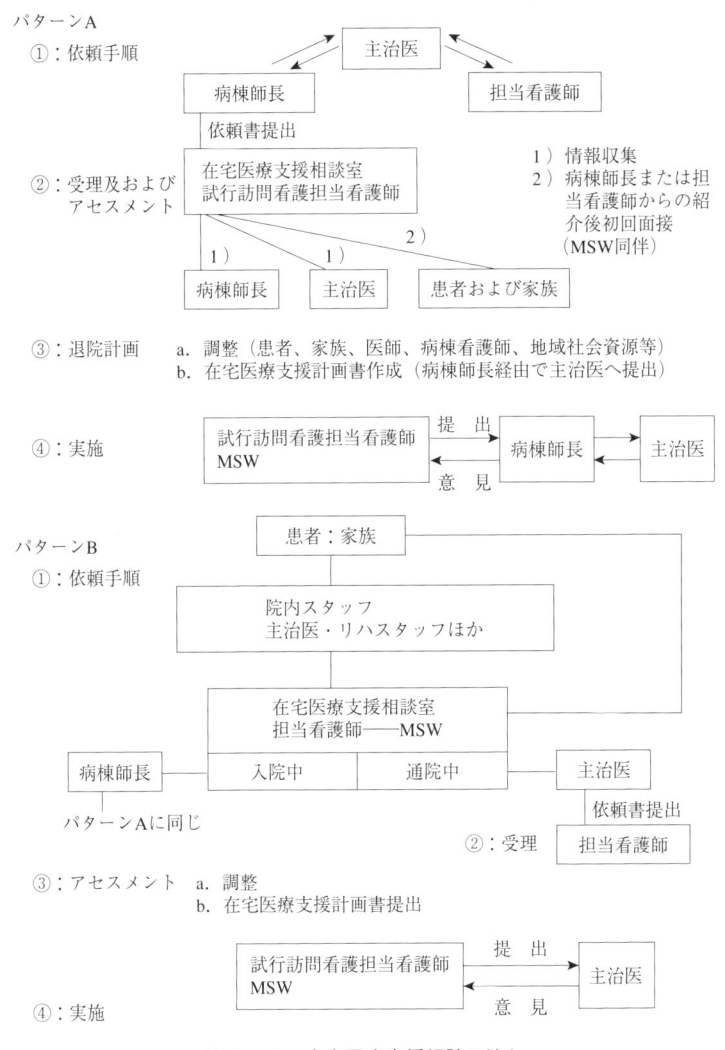

試行訪問看護担当看護師 MSW　─提出→　主治医
　　　　　　　　　　　　　　←意見─

図4−2　在宅医療支援相談の流れ

2）システムづくりのポイント

　前記実践を振り返ってみると、次のようなプロセスの繰り返しであった。つまり、「無から有」への過渡期には「まずは業務外の時間を使って実践してみる。その実践のデーターを示し、"公"に認知してもらう」というプロセスを要したということである。その過程は（図4−3）のように表現できる。

筆者の耳の奥に遺(のこ)っている言葉がある。それは、わが国の訪問看護実践の先駆者である島田妙子氏を東京白十字病院に訪ねた時のことである。「在宅支援に関する検討委員会」が休眠状態に入り鬱々とした心境にあった筆者へ、彼女はあっけらかんと言い放ったのである。「最初は何でもボランティアよ」と。

こうした一連の動きにMSWが関われる有利性が2点ある。その1点は相談業務のプロセスで多職種間を横断的につむげるポジションに居ることである、どの診療科にも出入り可能でどの病棟にも出かけられるのがMSWである。また、地域にあっても、医療と福祉の関係機関に、名刺1枚で出入り可能なのがMSWである。もう1点は生活場面に密着した情報を得ることができ、しかも病棟管理や、事務管理など、管理部門から一歩はずれた存在として利用者のニーズを聴き取るポジションに居ることである。

以上システムづくりのポイントをまとめると、①利用者の悩みや不安をキャッチする感受性を磨き、②生活場面を思い描く想像力を働かせる、③そこで生まれたMSWとしての問題意識を表現してみる（周りの人びとにつぶやき、語り合い、呼びかけてみる）、④その中から理解者を得て手を組み、「最初はボランティアよ」と、自分の時間で、業務外で行動してみる、⑤その実践のデータを集積し、住民、利用者、スタッフの評価を得て、最後に交渉し、システムを創設していく。転換期のMSWにはシステム創造のための多くのスキルが求められるであろう。

感受性を働かせる
利用者の悩みや不安をキャッチする
↓
想像力を働かせる
生活場面を思い描いてみる
↓
表現してみる
つぶやき／語り合い／呼びかけ
↓
手を組む
理解者を得る
↓
行動する
自分の時間で／業務外で
↓
積み重ねる
データを集積する
↓
評価を得る
住民、利用者、スタッフ
↓
交渉する
組織における認知を得る

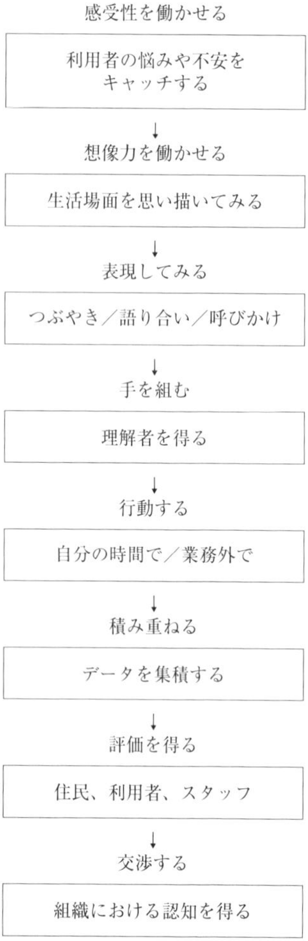

図4－3　システム創設の取り組みのポイント

資料①　山本博三氏　在宅医療支援依頼書

在宅医療支援依頼書

主治医　××Dr　●●Dr

00-5108-3
ヤマモト　ヒロゾウ
S 11　3 12 M

7 ビョウトウ　08100

（耳鼻神経）科・（南7）病棟

病名　ALS
通院中
入院年月日　H 8. 9. 12
退院予定年月日
MRSAの有無　　有　　無　　㊕未検査

※（太枠内は主治医記入）

訪問看護への指示内容	家族構成
四肢麻痺のため、介助 生活指導が必要	キーパーソン　有（　　　）・無 連絡先

在宅医療に対するIC
本人へ　原因不明の難病である。四肢が
　　　動きにくいため、退院後は専門の
　　　人の訪問を受けましょう。

家族へ　ALSは徐々に進行している。
　　　できる範囲で在宅で見ていきましょう。

☆主治医の今後の方針
(a)当科でフォロー　(b)他科（　）Drでフォロー
(c)地域開業医への紹介
　紹介先

持続的医療処置・看護ケア	自立度
1. ドレーン留置(PTCD・バルン・腎瘻・チューブ・マーゲン)・IMT挿入中 2. IVH 3. 自己導尿 4. 気管カニューレ挿入中 5. レスピレーター使用中 6. 自己注射 7. 在宅酸素 8. 創傷処置、褥創処置 9. 身体障害（人工肛門・人工膀胱・その他　永久気管口　） 10. ADL障害（　　　　） 11. ターミナル 12. その他（例、独居又は老夫婦世帯）	移　動　独歩　杖歩行　㊕車椅子　自力体動不可 コミュニケーション　㊕良い　　ややはっきりしない 　　　　　　　　やっと他人に通じる　ほとんど話せない 食　事　自立　一部介助　㊕全面介助　不可 排泄（尿）自立　㊕要介助　夜のみオムツ　常にオムツ 　　（便）自立　㊕要介助　夜のみオムツ　常にオムツ 入　浴　自立　一部介助　全面介助　㊕不可 理解力　㊕良い　　やや理解可 　　　　ほとんど理解不可　全く理解不可 看護婦サイン（　　　　）

資料② 山本博三氏　在宅医療支援相談報告書

在宅医療支援相談　　報告書　　　　　　　　　No.

ケースNo	/高齢者/⦅身障手帳⦆	級・障害名	主治医 ××Dr、●●Dr
名前	山本　博三	保険/老人・⦅重度⦆・原爆・⦅特疾⦆	
	M.T.⦅S⦆H 11・3・12　60才	今後の主治医－当院　神経科	
		他院－　○○内科医院	

福祉用具	ベッド　必要⦅あり⦆・なし　（レンタル・⦅購入⦆・その他　　　　　　）
	車イス　⦅必要あり⦆・なし　（レンタル・⦅購入⦆・その他　　　　　　）
	他　ポータブルトイレ→　特養Uホームから借り入れ　16日搬入ズミ
	問題点　リクライニング車イス発注ズミだったが、適合判定待ちだったため
	書類判定にしてもらい、18日退院日に搬入とする。

医療用具	・⦅吸引器⦆　社協より借入ズミ　・在宅酸素　　　・人工呼吸器
	他
	問題点

介護	主たる/名前　山本　孝江　　　　続柄　妻
	従たる/名前　山本　恭三　　　　続柄　息子
	1．ヘルパー　・家事型　　　回/週
	・⦅介護型⦆3回/週　特養Uホーム
	・福祉サービス公社　　回/週
	・有料　　　　　　　　回/週
	2．入浴サービス　訪問・施設　←　体力的に可能になれば検討を
	3．デイサービス
	4．デイケア
	問題点　妻脳梗塞後遺症のため、介護力は弱い。今後の進行により
	介護力のさらなる強化が必要だろう。

看護	1　当院施行訪問看護　担当者　　　　　　　週1回
	2　訪問看護ステーション　　安佐医師会　　週2回
	問題点　通院初週のみ当院訪問看護を2回とする。
	安佐医師会を週3回に増やしてくれるよう交渉中。

今後の課題	18日午後2時、●●Dr同乗によるドクターカーで退院
	21日特別に当院訪問看護を設定。
	23日よりヘルパースタート。以後は別紙のスケジュールによる。
	☆トーキングエイドは障害福祉課と交渉中。

記入日　8・10・17　　　　　　担当MSW（　村上　）

注
1） 『保険と年金の動向・厚生の指標』臨時増刊・第43巻第14号・通巻677号、厚生統生協会編集・発行、1996年。
2） 平成8年12月に設置された「在宅医療の推進に関する検討会」による「21世紀初頭に向けての在宅医療について」の報告書に、在宅患者の不安に対応できる緊急時のシステムの確立として、「在宅患者が医療上不安を持った場合いつでも相談でき、医療機関等が患者に対して速やかに対応できる体制づくりが必要。グループ診療の推進等24時間対応可能支援体制の整備。特にかかりつけ医を支える地域医療支援病院の役割は大きい」とある。
3） 村上須賀子「医療福祉の理論的展開」Ⅱ2『総合病院における医療ソーシャルワーカーの任務と展望』中央法規出版、1995年、pp.154～155。
4） 村上須賀子責任編集、広島医療福祉研究会編『医療ソーシャルワーカーが案内する医療・福祉ガイドブック』広島県北部（広島市安佐南区・安佐北区・山県郡・高田郡）のMSWを中心にして調査収集したところ好評であった。大学教育出版、1997年。
5） 「『末期医療に臨む医師の在り方』についての報告」平成4年3月9日、日本医師会第Ⅲ次生命倫理懇談会（5）「末期医療にいたる医師および医療機関のあり方」の項に、「『WHO方式や厚生省と日本医師会で作成したがん末期医療に関するケアのマニュアル』（日本医師会雑誌、102巻6号＜1989年9月15日号＞付録）を参考にして実地の診療を実践しておくことが適切である」とある。
6） 川添孝一『これからの病院マネジメント』医学書院、1993年、pp.68～70。

参考文献
1） 佐藤俊一・竹内一夫編著『医療福祉学概論』川島書店、1999年。
2） 藤咲暹・関田康慶『医療システムの将来戦略病院機能の分化と統合』医学書院、1989年。
3） 太田貞司編『地域ケアと退院計画』萌文社、2000年

第5章

医療ソーシャルワークにおけるスキル

第1節　医療ソーシャルワークのスキル構造

(1) スキルの統合

　業務の変化は求められるスキルの変化に連動する。病院で面接室に座して来談する患者、家族の個別相談中心の業務から働きの場も地域を含めた連続性のある業務に変換した今日のMSWのスキルは拡大、進化を求められている。

　1人の四肢麻痺患者の退院から、在宅生活の構築までのプロセスを例に、その間に必要としたスキルを検討してみよう（図5-1）。

　Aさんは上咽頭腫瘍・頭蓋内浸潤放射線脊髄変性症で四肢麻痺となり入院生活が続いていた。付き添いは実母が担い、家業は妻が代わって営業を継続していた。Aさんは当時のこころのありさまを、患者からのメッセージとして「看護学雑誌」に投稿している。「気管切開を受け呼吸器をつける身体になった時、私の中を名状しがたい猛烈な思いが支配した——情けない、情けない、これからどうすればいいんだ？　……こうしてまで生きていていいのか？　どこで生きるんだ？　生きるも死ぬのも機械しだいなら、俺には選ぶ権利もないのか、でもな、なんだかんだ言っても生きている。いや、生かされている……」(注)

　このAさんにMSWはいかに関われるだろうか？

1) 面接技法

　病いや障害にみまわれるのは、だれの身にも、突然である。悲運を恨んだり、打ちひしがれる患者や家族と、その悲嘆を共に感じる過程が、まず面接の入り口としてMSWにはあるだろう。この際の共感的理解を「あたかも、その人が感

スキルの関連と構造（事例を通して）
Aさんの退院から在宅生活への過程と関連スキル

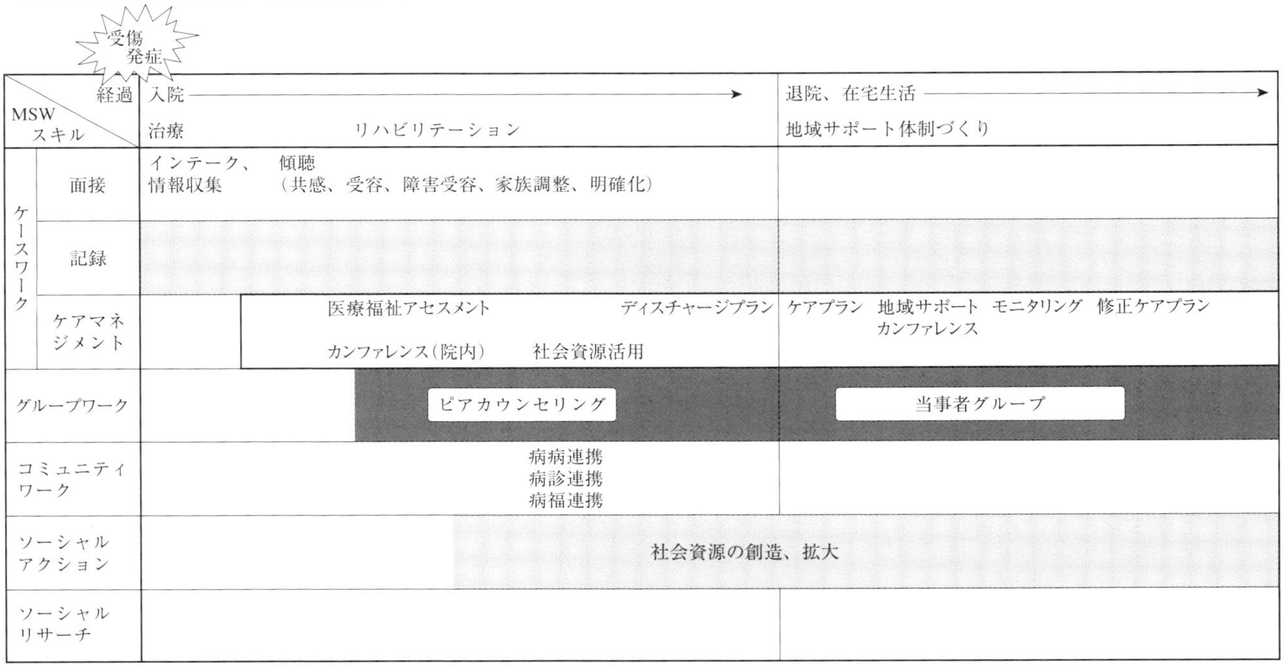

MSW スキル	経過	受傷・発症	治療（入院）	リハビリテーション	退院、在宅生活 地域サポート体制づくり
ケースワーク	面接		インテーク、情報収集	傾聴（共感、受容、障害受容、家族調整、明確化）	
	記録				
	ケアマネジメント			医療福祉アセスメント カンファレンス（院内） 社会資源活用	ディスチャージプラン ケアプラン 地域サポート モニタリング 修正ケアプラン カンファレンス
グループワーク				ピアカウンセリング	当事者グループ
コミュニティワーク				病病連携 病診連携 病福連携	
ソーシャルアクション				社会資源の創造、拡大	
ソーシャルリサーチ					

図5-1　ソーシャルワークスキルの構造

じるように感じる」ないしは「相手の状態を自身の感情で理解する」などと一般的に解説されている。そのこつは、「わたしだったらどうだろう」と壊れたレコードが頭の中を回転しているように、自分に問いかけ続けながら聴くことだろう。相手の生活を想い描き、少しの間自分をそこに住まわせてみる。

そこで、腑に落ちないことや、わからないことがあれば、質問してみることだ。傾聴し共感し受容していく奥深い面接技法については文献も多数あり、本節のテーマではないので触れない。

筆者が配属されるまで病院にMSWが配置されていなかった。それゆえAさんへの関わりの契機は、発症後3年も経過した時点での厚生障害年金の申請に関する相談だった。この過程でAさんの思いや、家族の生活上の問題や願いを聴いた。

150kmも離れたM市からの入院生活は、2年を超えていた。Aさん、妻、実母、それぞれは、個別の問題を抱えていたが願いは同じだった。Aさんの退院である。人工呼吸器装着で、四肢麻痺による全介助の状態で在宅療養生活は可能だろうか。病院の個室の状態をAさんの自宅に再現し、看護と介護と通院条件を保障する生活を組み立てるには、実に多くの問題が予測された。1994（平成6）年当時、筆者は人工呼吸器装着患者の退院援助をいまだ経験していなかった。MSWとしては、相当にエネルギーを要する退院援助だと思われた。

こうした時、MSW自身に、この手ごわさに挑む気概が要る。MSW自身が困難に立ち向かう患者と家族の伴走者としての覚悟をもつには、自分自身を納得させる「思い」が要る。患者や家族は、そうした「思い」にMSWが至るような、その人でしか発し得ない言葉を面接過程で与えてくれる。筆者の場合、Aさんの「来年の桜は子どもたちと花見がしたい」の一言であり、妻の「家業のこと、子どものこと、相談したいことがいっぱいある。お父さん（Aさん）にそばに居てほしい」というつぶやきだった。

2）医療福祉アセスメント

Aさんの退院には、サテライトベッドを開設するに等しいほどの医療的ケアの継続が不可欠である。「いのち」が保障されなければ生活は成り立たない。まず、重要な呼吸の管理でさえ、人工呼吸器の管理はどの程度の頻度を必要としているか？　その管理を引き受けてくれる医療機関がM市にあるの

か？ メンテナンスの管理はどの程度必要か？ その費用は医療保険が適用されるか？ そもそも、Aさん専用の人工呼吸器をどう調達するのか？ その費用はいくらで、公の補助はあるのか？ などなど疑問が次々に浮かぶ。このように呼吸の管理1つとっても、今後必要とされる医療内容とそれを保障するM市での医療ケアレベル、医療機器、衛生材料、福祉用具の必要性と社会福祉、社会保険の給付内容と限界など医療面と福祉面との両方のアセスメントを要した。

3）カンファレンス、院内・地域

　退院には、患者の病態と障害状態に合わせた居室空間の準備がまず一番にある。Aさんが住める家が新築され、M市の受け入れ医療機関も決まり、退院のためのカンファレンスを院内で行った。

　目的は退院目標日の設定と、そのタイムスケジュールに沿った各専門職の任務の確認である。耳鼻科主治医、理学診療科主治医、呼吸器内科主治医、担当ME、OT、PT、病棟師長、担当看護師、それにMSWである。M市への医療福祉の橋渡し役として看護学科の大学教員が出席した。M市にはMSWを配置した医療機関がなく、たまたまAさんを知る教員が担ったのである。

　カンファレンスの時間中、全員が5分でも顔を揃えるのは不可能であった。それぞれのセクションで、それぞれのスケジュールで業務をこなしているスタッフの時間調整をし、会議の設定をするのは骨の折れることである。その場で瞬時に伝え、回答を得なければならない人、後で結果のメモだけを渡せばよい人、ゆっくり顔を合わせて報告しておかねばならない人など、その事例でのそれぞれの役割の重要度でカンファレンス後のMSWのフォローアップは異なる。いずれにしても、そのカンファレンスの目的を明確にしておき、その日には共通認識をどこまで押さえるかをあらかじめMSWが予測しておくことが大切である。

　Aさんの退院日は4カ月後の桜の開花時と決定した。そして、外泊を頻回に行って在宅での生活において準備不足の点や不都合な点など、解決すべき課題は何かをチェックすることとなった。看護学科の教員は、病室で看護実態をビデオカメラに収め、M市での継続医療ケアの資料として持ち帰った。

　退院予定日1カ月前の夕刻に、M市においてカンファレンスが行われた。

参加者はAさんの妻、保健係長、保健師、受け入れ病院からは病棟師長、主任、訪問看護師、PT、大学教員と助手、それにMSWの著者であった。

いきなり在宅ではなく、受け入れ病院へ転院し、関係スタッフに病態を理解してもらった後に退院するという方針の下、MSWは転院援助のための打ち合わせを行った。退院直前のチェックとして、入浴サービスや介護支援に課題があることが確認され、M市のボランティアも含めた全般的な福祉サービスを、手分けして検討することになった。また、妻より提起された退院後のAさんの生きがいなど精神的なサポートに関して、協議した。入院中の音楽療法やパソコンで絵を描くことを継続して指導することに、専門家の支援が求められた。

この結果を持ち帰ったMSWは、院内カンファレンスのメンバーと協議して転院日を桜の開花期から逆算した日に決定し、M市の受け入れ病院と調整した。

4) 社会資源活用、拡大、創設

残念ながら医療技術の進歩とその結果でもたらされる「命はとりとめたけれどQOLは？」のニーズに応える福祉制度の整備には、常にタイムラグが存在する。人工呼吸器療法の進歩により安定した呼吸管理が可能になっても、機械が設置され、管理されている病室の中でしか患者は生存し得ない状況が続いた。「日本ALS協会」などの働きかけで人工呼吸器を医療機関が患者へ貸し出した場合、そのリース代と管理代を診療報酬で補填できるように改正されたばかりだった。貸出時の契約の仕方、診療報酬の請求内容など、すでに実施している東京のMSWから資料を取り寄せ、医事課や医療機器業者に提供した。

社会資源活用の際、情報の収集が結果を左右する。その資源のフォーマルな情報と、活用上の制限や、限界を工夫して拡大させるための裏情報など、日頃の情報網のアンテナの高さと、情報の流れを豊かにしてくれる情報源との良好な人間関係がMSWの力量を左右するといえる。

人工呼吸器の購入に関しては、自治体が購入し病院に委託して機器を貸し出す方法をとっている県もあった。Aさんは、自分には間に合わないが次に続く人のためにと県知事に在宅人工呼吸器療法に対する助成事業を要望した。口にスティックをくわえパソコンのボードを一文字ずつ押さえて時間をかけ

てつづられた文章には、彼の人柄がにじみ、丁寧でなおかつユーモアさえも込められていた。

⑤ピアカウンセリング、当事者グループ

　在宅での人工呼吸器管理の方法について、いまひとつ自信が持てないと言う妻と共に、すでに在宅療養生活を始めている患者宅を訪問した。人工呼吸器業者が仲介してくれたのである。妻は衛生材料の種類や購入方法、吸タンの手軽な方法など、熱心にメモを取った後、介助者の妻同志の打ち解けた語らいを始めた。同じ運命を、同じ困難を抱えて生きていく者同志の、共にわかり合える感情が交流するまでに多くの時間を要さなかったのである。たった1回の訪問の効果は極めて大きく、以後、妻の顔つきや行動に迷いが見られなくなった。

　退院後のAさん一家は、発足間もない「広島県頸損ネットワーク」のムードメーカー的役割を担っている。M市の伝統的な祭りに県下の頸椎損傷患者たちが参集し、車椅子や電動車椅子でパレードするのは圧観であった。当事者同志の触れ合いは目を見張るものがある。お互いの悩みや苦しみの共有、治療や生活上の様々な工夫などの情報交換、それに社会的活動から得られる存在感、さらには行政への改善要望の活動など、挙げれば限りない。しかし、病と障害を持ち、家族も介護にかかりきりの生活が多い。少しの事務的なサポートや広報活動の支援は、こうした当事者団体が必要とするボランティアの部分である。Aさん夫妻は筆者が大学に職を転じた後には、ゼミや講義など、学生への教育に関与してくれた。学生も「頸損ネットワーク」に愉快に関わっている。Aさんの短歌が地元紙に掲載されていた。「この世に望み叶えて下さるのはボランティアなる人のみにして」——ボランティアを巻き込んだAさんの社会活動は活発に続いている。

　以上、Aさんの援助過程におけるソーシャルワークスキルをおおまかに述べた。これは、MSWのスキルはそれぞれ関連し、1人の患者のソーシャルワーク過程では、それらが統合して展開していることを示したいと考えたからである。

(2) スキルの強化・進化

1) スピード感覚と優先順位

　ソーシャルワークの原則として、共感と受容と自己決定など、待つことと丁寧さが第1に挙げられている。もちろん、それは重要なことであるが、時間と勝負の退院援助が押し寄せる日常業務の中で、すべての事例に十分な時間をかけるわけにはいかない。即刻、手をつけねばならないもの、明日まで延ばせるもの、一カ月後でもいいものと、瞬時に、その都度判断を下して業務を進めるのも力量の1つと言える。分刻みで動いている時に、突然グリーフワークなど心理的サポートを主とした面接が入った時には、どちらの業務を優先させるか困惑する。人のこころは、その日、その時に対峙することを求めることが多い。今しかないと直感すればその後の予定は思い切りよく棚上げして、目の前の利用者に集中することだ。

2) 時間配分の組み立て

　退院援助に代表されるように、他のスタッフや他の機関とチームを組んで合意したタイムスケジュールに沿って動く場合には、1人MSWのみ遅れをとれば他の人々からの不信を招く。プランは状況に応じて修正されるだろうが、見通しの甘さや手順の悪さでの修正は避けたいものである。極めて常識的なことだが、日々、また時間ごとにゴールを決めての逆算の計画を立てて動くことが大切だ。

　カンファレンスにおいても、参加メンバーの貴重な時間を割いて「今、居る」という認識が要る。5分しか時間がとれないのであれば、その時間内に目的を達する工夫がいるだろう。

　利用者との面接においても1時間以上傾聴しないことだ。1時間以内に結論が得られない面接は、タイミングが悪かったのかワーカー側の面接のまずさだと諦めるのがよい。いずれにしても、その時、その場面でのMSWなりの課題解決目標ともいうべき、「落としどころ」を胸に持っていることだろう。

3) 医学関連知識

　医療の継続を要し、医療依存度の高い患者も次々と退院していくこの時代にあって、疾患別病態変化と、それに付随する生活問題の理解は不可欠である。例えば4週間後に退院または転院の目標設定がされたとしよう。その時

点での患者の病態予測ができなければ、転院先の病院の医療ケア内容を選別し予約をすることができないであろう。

またリハビリテーション過程でADLの変化に伴い、次々と必要とされる補助具や医療機器、福祉機器それに住宅改修に至るまでの知識に欠けていると、カンファレンスの協議に加われまい。現場でその事例等で他のスタッフから学び盗む努力がされている。しかし、危ぶまれるのは、近年のMSWの雇用はそうした現場での学習の時間を持てないくらい、明確な需要から生じている。就職後即戦力としてチーム医療に放り込まれるMSWのこれらの知識を、養成課程において社会福祉士の受験科目である「医学一般」のみに求めるのは、あまりにも無理がある。

4）交渉・説得力

福祉サービスは一方的に供給される措置制度から、選択し購入する時代に移行した。従来は、公（役所）から良くも悪くも一律に提供される介護サービスを活用援助すればこと足りていた。しかし、2000（平成12）年4月からは市場原理の下、利害関係が拮抗する民間サービス機関をそれぞれ調整したうえで、利用者に介護サービスを届けるという業務に変化したのである。利害関係の調整役という従来とは異なる役割も加わったのである。ユーザーの利益を守りつつ関係各機関の利益との調整を果たす役割も加わり、より一層「交渉と説得の方略」などをバックボーンとする戦略的なスキルが必要となった。

5）所属病院の地域での位置、役割、機能を認識する力

MSWは在宅療養者のニーズをキャッチする好ポジションにいる。時代が「居る」ことを担わせている。施設医療から在宅医療への転換期に居合わせたMSWは、病院経営者に在宅医療サービス受給者の要望に沿った経営戦略を提起することもその役割として加えられると考える。そのためには、「医療経営」の知識も要するであろうし、医療・福祉の動向を読み取る力が必要である。当然のことながら、病院にとっての収入源である診療報酬の知識が不可欠である。それを読み解き、その動向と所属機関への影響、MSW部門として今後の戦略を立てられるくらい精通していることが必要である。しかし、残念ながらこれも社会福祉士養成課程ではその講座は用意されていない。

転換期における組織改革に関与するには、「組織管理」のスキルも要すると

考えられよう。

6）スーパービジョン

　介護保険時代に入り、医療機関が在宅医療に関する事業展開を進めている。これらの医療機関では、MSWの人員配置が進んでいる。その場合、先輩にとって後輩をMSWとして教育し、またMSW部門のリーダーとして後輩の業務を管理していくスキルである「スーパービジョン」を修得することは切実な課題となる。ことに、病院所属、居宅介護支援センター所属、老人保健施設所属、援護寮所属など、設置場所も異なり、色あいも異なった関連施設のMSWたちを同一法人であるとの理由で一括してMSW部門として管理する体制も現れている。

　このような組織体では組織の体系化が確立しておらず、過渡期の混乱状態も見受けられる。そこでは組織管理にまつわる、指示・命令系統を明確にすることを併せもったスーパービジョンの必要性が高まっている。この分野の新しい研究と研修が課題になっているといえよう。

　いずれにしても、1対1の個別ケースワークのみではない、1対複数、1対グループ、1対組織などとの、関係調整に対応したスキルを要する時代に入ったのである。このような時代にあっては、社会福祉援助技術に加えて「経営学」「組織論」「社会心理学」など他の学問分野の知識や技術をも幅広く取り込んでいかねば、新しい時代のMSWとして生き残っていくことは不可能であろう。

第2節　医療ソーシャルワークにおけるライフストーリーアプローチ

　医療ソーシャルワークにおいて利用者が抱えている課題を理解していく、その接近法として縦軸と横軸の視点が必要であると考える。縦軸は時系列的理解でその方法としては病歴、職歴、精神史を含むトータルとしての生活史把握である。横軸は家族関係や地域の社会資源を含むネットワーキングの視点である。

　この2方向の視点の実際を原子爆弾被害者へのソーシャルワーク実践において例示してみたい。

この接近法は難病患者、精神障害者など、慢性の病や障害と共に生きる人びとへの医療ソーシャルワークの課題を整理する方法として援用できると考える。

＜縦軸＞原爆被爆者のライフストーリー把握の意味
1）原爆被爆者のライフストーリー

　　川本美代子（仮名）さんの場合

　　1927（昭和2）年7月4日生まれの美代子さんは、広島市三篠町3丁目の箔押製造工場内（爆心より2km）で作業中に被爆した。被爆時の家族構成は父と姉妹3人であった。母は1937（昭和12）年、美代子さんが10歳の時、病死していた。彼女が母親代わりを務めて、一家の切り盛りをしていたのである。

　　1945（昭和20）年8月6日8時15分、工場の窓際にいたため、ガラス片をまともに顔に浴び、左顔面に深い切傷、両眼の失明という被害を受けた。同じ室内にいた父は大きな戸の陰で無傷だった。すぐ下の妹は勤務先の八丁堀あたりで被爆死したらしく骨も見つからず、末の妹は、爆心1kmの寺町で被爆し、激しい急性症状に見まわれた。父はこの2人の姉妹の看病につきっきりにならざるを得なかった。

　　川本さんの原爆被害の特徴は、こうした家族全員の近距離被爆と、さらに丸裸同然といえる「財」の被害である。自宅は全焼失。田んぼの中の倉庫だからと安心していた疎開荷物も全焼失。親戚も爆心よりおおむね2km以内に居住していた人たちばかりだったので全滅。その財も全焼失という被害であった。

　　大芝国民学校救護所に収容された被災者は死亡し姿を消す人も多かったが、生き残った被爆者はそれぞれの親戚を頼って避難していった。しかし、川本さんの家族3人はどこにも頼りようがなく、最後まで救護所にとどまっていた。同町内のキリスト教会の計らいで逓信病院に入院できたのは、やっと翌年の春、1946（昭和21）年4月になってからである。1カ月間の入院で、眼の治療を初めて受けることができたが、全身状態の激しい衰弱のため応急的なものにとどまった。

　　「戦時災害保護法」はすでに被爆後2カ月目の1945（昭和20）年10月5日で期限切れになっていた。他方GHQは1945（昭和20）年9月12日に「広島・

長崎では原爆症で死ぬべきものは死んでしまい、原爆放射能のため苦しんでいるものは皆無だ」といち早く公式発表し、原爆の持続的影響を否定している。しかし事実は、家を失い、親戚も職場も失った被爆者は行き場もなく、医療、食糧のないままに放置されていたのである。

姉妹が1カ月間「お慈悲で」逓信病院に入院させてもらっている間に、父親の手で3畳ほどのバラックがようやく建てられた。住居だけは確保されたが、飲まず食わずの生活は相変わらずであった。3畳のバラック生活は、日本が朝鮮戦争の特需景気で急速に復興への道を歩みだす1950（昭和25）年ごろまで続いたのである。

父が元の工場に復帰した後は、身の回りの介護は中学生の妹に世話になる生活が続いた。

こうした被爆者の生活実態は占領下のプレスコードの下、広く国民に明らかにされることは禁じられていた。1952（昭和27）年、講和条約発効を前にいち早く軍人軍属に対しては「戦傷病者戦没者遺族等援護法」の制定をみた。戦後処理の問題が緊急政治課題となったとき、広島市においても被爆者の調査に手をつけなければならない状況に至った。この1952（昭和27）年1月の調査結果によれば、美代子さんのような視力障害者は132名である。講和条約発効とともに、アサヒグラフ「原爆被害の初公開」に代表されるように被爆者の実態が全国にキャンペーンされた。1953（昭和28）年1月「広島市原爆障害者治療対策協議会」が発足し、全国からの募金や県・市の助成金等により、被爆者の治療がやっと開始されたのである。

幸運にも美代子さんは治療対象者に選ばれ、1953（昭和28）年、1954（昭和29）年と2度にわたり、広島日赤病院で眼の手術を受けることができた。「地獄の穴からやっとはい出した気分でした」と語るように、それは「生きているか死んでいるかわからないような8年間」の末に得た薄明かりだった。

店先に並んだ食料品をぼんやり見分けられるようになり、美代子さんの立ち上がりが始まった。それは、妹が結婚の適齢期にさしかかって美代子さんにとって、自立へのタイムリミットの時期でもあった。妹の結婚と同時に社会復帰を目ざし、神戸の視力障害者更生施設に入所したのは、1957（昭和32）年4月であった。30歳の遅い青春の再スタートである。被爆し長期間栄養失

調状態にあった美代子さんの身体は、通常の視力障害者と互しての勉学はつらいものだった。1年間自宅療養で中断しながらも、寮友の点訳本を横になった胸の上に置いて勉学を続け、「死にもの狂い」で得た修了証明書であった。

広島に帰ってからは、特別被爆者手帳（当時）の交付を受け、医療の保障は得たものの、生活のために無理のきかない身で働かねばならない被爆者の一般状況は、美代子さんの場合にもあった。針灸マッサージ師のクラブに属し働けたのは、3年間ほどでしかない。40年間の生活史を聴く中で、つかの間のこの自立の時期だけが明るい色彩を漂わせて語られた。

1963（昭和38）年、原爆訴訟の東京地裁判決が出たころ、残念なことに慢性肝障害での通院生活が始まり、再び父の扶養に逆もどりしたのである。このように、障害福祉年金だけを唯一の収入としていた美代子さんにとって、被爆23年後の金銭給付である「原子爆弾被爆者に対する特別措置に関する法律」（以下、「特別措置法」）への期待は大きかった。その時期は、美代子さんが41歳、すでに父は75歳を過ぎ、ライフサイクルのうえで、世代交代がなされるべき年代にさしかかってもいた。

1969（昭和44）年、白い杖を手に、原爆手当申請手続きのために広島日赤病院を訪れた美代子さんは、眼科医師から「わしが手術したんじゃないんだから、そんなん知らん」と怒られ、拒絶された。

特別手当（当時1万円）の場合、認定被爆者で、治療中であるとの条件が必要で、手術後の美代子さんの場合、該当しないと眼科の医師は判断したのである。肝機能障害で健康管理手当（当時3,000円）申請の手だても残されていたのだが、その方法を助言してくれる援助者はいなかった。

「頭ごなしに叱られて、怒られた拍子に、私、頭にあがっちゃって、おかしくなったんです。わたし（眼のこと）原爆だと思っているでしょ。だから一瞬、カッときて死んでやろうかと思った。眼のことを認めてくれなかった、それがどうしても心にひっかかって」。

それ以来、胸痛のため眠れぬ夜が続き、広島市民病院の神経科受診に至

っている。こうした美代子さんの様子を見かねた友人が「とにかく諦めることじゃ。あんたの運命じゃ思うて。神様に連れて参ってあげよう」と、誘ってくれた。宗教の力を借りてただただ諦めることにより、やっと精神のバランスをとりもどせたくらいの深い衝撃を美代子さんはこうむったのである。もともと出不精の美代子さんは、ますますその度を増した生活を続けるようになった。

　肝硬変で何度かの入退院を繰り返した後、1984（昭和59）年多量の吐血をし、救急車で入院となり、手術に至った。この時、主治医の「被爆状況により当疾患と原爆による放射能被爆との関係があると考える」との意見書を添え、原爆認定申請手続きをしたが、結果は却下であった。厚生省保健医療局長名による却下の理由は「申請に係るあなたの疾病は、原爆放射能に起因する可能性は否定できると考えられる」と記されてあった。

　MSWが美代子さんと出会ったのは却下通知を受け取り、60日間の不服申立ての期間も過ぎた後だった。

2）ライフストーリーを聴く際の個人史年表作りの意味

　美代子さんのライフストーリーを個人史年表に表すと（表5-2）となる。

　戦後の社会史と川本美代子さんの病歴、生活史を重ねて表した。この個人史作りの意味は3点に要約することができる。

　第1点目は聴く人にとっての意味、第2点目は語る人にとっての意味であり、第3点目は政策検証の資料としての意味である。

①聴く人にとっての意味

　被爆生活史年表作りの聴く人にとっての意味は聴く側、つまりMSWが被爆者の生きざまを理解する過程となることである。MSWは美代子さんの人生の節目節目を、自らの言葉で語ってくれたそのままの表現で個人史年表の欄の隣に証言として記入していった。それはMSWにとって美代子さんのライフストーリーをあたかも追体験する過程となったのである。

　例えば次のような「証言」がある。

　美代子さんは18歳で被爆し、「人生の華」の時期を一言「寝てましたよ」とほほ笑みながら答えるだけで、なかなか語ってはくれなかった。MSWとして関わりをもち始めて半年後、家庭訪問をした時に初めて次のように語ってくれた。

第5章 医療ソーシャルワークにおけるスキル　125

表5-2　川本美代子さん（仮名）被爆生活史年表

社会史				個人史		
昭和	年齢	被爆者関連年表	病歴	生活史	証言
2	0		(記号)	昭♂ ♀ 12 55 没 歳 ♀ ♀ ♀ 13 15 18 歳 歳 歳	
3	1				
4					
5					
6					
7	5		■		
8			入院		
9			〜		
10			〜	寺 八 三 町 丁 條 （行 堀 本 方 町 不 明）	
11			〜		
12	10		通院治療 自宅療養		表に出ますと人がこ わがるんです。髪が
13					ね……お風呂に入れ
14					ないから爆風でふあ
15		国民徴用令		1.0 0.8 2.0 K K K	っとあがったままで
16		戦時災害保護法			……子どもたちが言
17	15	戦争死亡障害保険法			うているのが聞こえ
18					るんです。「お化け
19		原爆被爆、敗戦	■ 被爆失明出血	自宅焼失	がでる」言うて。
20	18	75年間不毛説 連合軍占領下新聞規制	多量急性症状 眼の応急手術	疎開荷物も焼 失 父職場復帰	
21	19	軍人恩給停止 生活保護法	〜 視力傷害と栄 〜 養失調のため 〜 寝たり起きた	3畳のバラッ ク生活、身の 回りのこと 妹・父の世話	
22	20	日本国憲法 米国原爆傷害調査委員 会　ABCC	〜 りの生活が続 〜 く	になる生活が 続く	私は死んだほうがい いと思った。 私は死んだほうがい いとばかり思った。 物も言わず文句も言 わず。
23	21	傷痍婦人協力大会	顔面全体に湿		
24	22	広島平和記念都市建設 法 身体障害者福祉法	疹、貧困のた め治療を受け ることができ なかった	身体障害者手 帳1級交付	
25	23	生活保護法・全面改正 朝鮮戦争・平和祭中止 原爆被爆生存者調査			
26	24	広島原爆障害者更正会			
27	25	戦傷病者戦没者遺族 等援護法　講和条約 日米安全保障条約			
28	26	広島市原爆障害者治療 対策協議会（原対協） 軍人恩給関係復活	■ 日赤病院白内 障手術 　左3回 　右1回	薄明かりを 得、自分で買 い物が可能に なる	
29	27	ビキニ水爆実験・被災			

30	28	原爆乙女治療渡米原水爆禁止世界大会（第1回）	〜	吐血 施設生活についていけず1年間自宅療養	妹結婚「神戸光明寮」入所
31	29	日本原水爆被害者団体協議会			
32	30	広島原爆病院			
33	31	「原子爆弾被爆者の医療等に関する法律（原爆医療法）」			1年間休学 復学寮友に助けられて修了帰広、原爆特別手帳結婚の申し込みあり
34	32	原爆の子の像建立			
35	33	原子爆弾後傷害研究会			
36	34	原爆医療法一部改正 原爆被害者福祉センター開設			
37	35				
38	36	原爆医療法一部改正 戦傷病者特別援護法 「原爆」東京地裁判決		慢性肝障害 顔面整形手術	
39	37	原水禁世界大会・分裂			
40	38	原爆被害者実態調査・厚生省			
41	39	原爆被害の特質と援護法の要求・日本被団協発表		■極端な貧血 ■精密検査入院	
42	40	広島平和文化センター			
43	41	「原子爆弾被爆者に対する特別措置に関する法律（特別措置法）」			手当申請を試み一喝される
44	42			■肝硬変入院	健康管理手当の申請を勧められても手続きせず
45	43	広島原爆養護ホーム開所		■肝硬変	
46	44				
47	45	原爆孤老実態調査			
48	46	原爆被害者援護法案・日本被団協		肝硬変	
49	47	原爆医療法一部改正・手帳統合			
50	48	特別措置法一部改正 原爆被害者実態調査・厚生省		食道静脈瘤破裂入院	健康管理手当受給開始
51	49	「石田原爆訴訟」広島地裁判決			
52	50	NGO被爆問題シンポジウム			
53	51				
54	52				
55	53	原爆被爆者対策基本問題懇談会・意見書			
56	54			胃食道静脈瘤	
57	55	平和のためのヒロシマ行動			父脳溢血にて4カ月入院死没 遺族年金受給認定申請するも却下
58	56			■食道離断術・摘脾術	
59	57				
60	58	原爆被害者実態調査・厚生省		■肝硬変入院	再度認定申請中
61	59	国際平和都市			

吹き出し:
- もうしんどくてしんどくて座っていられないので……おまけで卒業させてもらったんですよ。
- 結婚できなかった。そういう意識のほうが強い。……私の場合そこまで立ち直ってないのかな。生きる希望とか望みとかないみたいだから……。
- 頭ごなしに叱られて怒られた拍子に、私頭にあがっちゃって。おかしくなったんです。私（視力障害のこと）原爆だと思っているでしょ。だから、一瞬、カッときて死んでやろうと思った。
- 私はダメだからと言ったのに妹が出して……。もう……がっかりしたり、怒ったりするの通り越しちゃって。

「目が見えないからどこにも出られない。バラックの入り口から雨の日なんか降り込みますし……一番奥にムシロ敷いて寝てただけです。起き上がるのはトタン屋根の外のトイレだけです。食糧もありませんし、生きていたのが不思議みたいです。表に出ますと、人が怖がるんです。髪がねえ……お風呂に入れないから爆風でファーとあがったままで、服はボロボロでしょう……冬も夏も同じ服で……子供たちがゆうてるのが聞こえるんです『おばけが出る』ゆうて……。眼が見えないからソロリ、ソロリ歩くでしょ……それで……ハタチのころですよ……一番キレイな時ですよ……」。

「わたし死んだ方がいいと思った。私は死んだ方がいいとばかり思ってた。誰もお見舞いに来てくれるでないし…だからものも言わず、文句も言うわけでなし……もう口では言えませんね。原爆の時だけの被害ではないのだから……今までずっと……それは……」。

　MSWは少しウェーブがあるつややかな白髪をショートカットにした美代子さんの18歳を想った。そして今まで聞いたり、読んだりした被爆体験や敗戦直後の日本人の暮らしなど自分の知識を総動員してその時代を生きた小柄な乙女の姿を想った。それから可能性を夢みていた自分の18歳の頃の記憶を重ねてみた。また美代子さんは、病弱な身をおして、視力障害者更生施設へ入所し、30歳で遅い自立への旅立ちを始めている。MSWである私の30歳は、共働きで出産と育児に一番あわただしく活力に満ちた時代だった。

　一枚の年表を広げて、共に生きた戦後の時代と川本美代子さんの「生の道のり」を重ね、さらにMSW自身の生活史にも引きつけて想いをめぐらし、感じ、記憶していく過程であった。その末にやっと美代子さんの生きざまをMSWの胸に落とすことができたのである。

②語る人にとっての意味

　個人史年表作りの2点目の語る人にとっての意味は、自らのアイデンティティー獲得過程としての意味である。表5-3は山崎静子さん親子の被爆個人史年表である。この年表は静子さんが受給中の「戦争傷病者戦没者遺族等援護法」において、重度障害者である息子さんの加給年金申請援助過程で必要に迫られて作ったものである。山崎さん親子は爆心1.7kmで被爆し、当時3歳

表5－3　山崎静子さん親子の生活史

昭和	被爆者関連年表	静子さん 年齢	静子さん 病歴	息子さん 年齢	息子さん 病歴	生　活　史	証　言
15年	国民徴用令	23歳	（記号			静子さん大正5年京都にて出生陸軍運輸部機関員と結婚	
16		24	Ｉ	年齢	病歴		
17		25	入院期間	0		夫南方へ出征後長男出生	
18		26	〜	1歳		夫帰郷後の通勤の便を思い疎開せず	
19		27	通院期間）	2			
20	原爆被爆 敗戦 75年間不毛説	28		3		爆心1.7kmで被爆母子ともに外傷・急性症状あり夫の戦死を知る	家はペシャンコ、お腹の下にかばっていた子供を引っぱり出し火の手をのがれて川土手に逃げました。その時の死臭が忘れられず、今でも焼魚は食べられない。
21		29	悪性貧血	4	慢性腸カタル	カツギ屋・ヤミ屋・仕立物等	
22	日本国憲法・ABCC	30		5			
23		31		6			
24		32		7		（息子小学校入学）	子供のそばにいてやれる仕事をと思い、収入は減りましたが、必死で勉強しました。
25	生活保護法改正	33		8		編み物教師免状修得編み物仕立で生計をたてる	
26		34		9			
27	戦傷病者、戦没者遺族等援護法	35		10	原爆白内障手術		
28		36		11		両眼10万円の手術費は父から借金する	厚さ1cmの重いメガネをかけて両手でそれをかかえてましたが、よく耳が切れて痛がってました。
29	ビキニ水爆実験	37		12			
30	原水爆禁止世界大会第1回	38		13	再手術	（息子盲学校へ編入学）	
31	被団協発足・原爆病院	39	子宮筋腫手術	14		手術のため医療扶助を受ける	
☆32	原子爆弾被爆者の医療等に関する法律	40		15		昼＝石油コンロ工場溶接工夕方＝編み物教室教師夜＝編み物仕立て等	生活保護のお金では足らんのです。子供には知らされんし、食べるもんも買ってやれん。いちばんつらかった。
33		41		16			
34		42		17			
35		43		18	悪性貧血	（息子盲学校卒業）	
36		44		19		息子見習いに出るも病弱のため、長続きせず働けない	
37		45		20			

第5章 医療ソーシャルワークにおけるスキル　129

昭和	被爆者関連年表	静子さん	厚實さん		生活史	証言
38年		46歳	21歳	悪性貧血	朝＝牛乳配達 昼＝フトン店店員 夕方＝編み物教室教師 夜＝編み物仕立て等	朝、目があいたらスケジュールどおりに機械のように働きました。身をけずるだけ働いても私の身体が弱るころには、この子が力になってくれるゆうのを頭においてガムシャラでした。
39	厚生省被爆者実態調査	47	22			
40		48	23			
41		49	24			
42		50	25		息子、マッサージ師として収入を得始める	
43 ☆	原子爆弾被爆者に対する特別措置に関する法律	51	26			
44		52	27		弟の小料理店経営。入院中店の借金がかさむ	
45		53	28	肝硬変		
46		54	29		（息子、転びやすさが著しくなる）	
47		55	30	小脳失調症		息子の診断の時、命も期限切られて、夜、家に帰りつくと生きてテレビを見ている息子の姿を見てヘタヘタと座り込む毎日ですよ。1日1日がホント精いっぱい。
48		56	31		（息子、小脳失調症と診断される）	
49		57	32		（息子、結婚、四肢の脱力のため労務不能）	
50	厚生省被爆者実態調査	58	33	リンパ腫瘍手術	事務員をし、一家3人の生計をたてる	
51		59	34			
52		60	35		過労のため労務不能となり生活保護受給	
53		61	36			
54		62	37	心臓病	パチンコ店でまかない、便所、ふろ、店の掃除、12時間労働を続ける	
55	原爆被爆者対策基本問題懇談会・意見書	63	38			
56	原爆被爆者相談の会発足	64	39			
57		65	40			夜も昼も働いちゃあひっくりかえって倒れる。病院にかけ込む、その都度生活保護。かっこ悪いねぇ、こんなん。
58		66	41	自律神経失調症・関節炎	過労のため労務不能となり生活保護受給	
59		67	42	胃潰瘍手術		
60	厚生省被爆者実態調査	68	43		家政婦・マッサージ治療院の受付など働き続ける	
61	被団協、原爆被害者調査	69	44			
62		70	45		時折、修学旅行生に証言をする	
63		71	46			

であった息子さんは8年後原爆白内障の発症にみまわれ、以後視力障害1級の身体障害者である。申請には戦後の病歴、生活歴を詳しく申し立てねばならない。静子さんの記憶力の確かさは天性のものがあり、生活場面、場面が目の前のスクリーンに映し出せるくらいにリアルさに富んでいた。その生活史は起伏に豊み、失礼ながら話は流れ流れて本流が見えなくなることもしばしばで長時間を要した。（ここでは詳細にふれない。）

静子さんは、広島のMSWを中心にしたボランティア活動である「原爆被害者相談員の会」「原爆被害者証言のつどい」に加わり、活発に証言活動を始めた。その際、この被爆生活史年表は常に携帯され、証言の柱と骨組みを示すことになって、好評であった。年を重ね、大きな手術も乗り越えた静子さんは被爆者証言のために体力を整えることを最優先させる生活に切り替えた。静子さんはまた自ら慢性関節リウマチによる手首の痛みに耐えながら、この被爆個人史年表を基に自分史を書き上げるに至った。それは証言を聞いた全国の若者たち、修学旅行生たちの反応の確かさが育んだものである。「私の証言には意味がある」、自分の使命、つまり被爆者としての使命を自覚するに至ったからである。

③政策検証の資料としての意味

その第3点は、被爆者援護策における政策論的検証の方法になることである。この場合、被爆者の医療福祉課題に国の施策がどのように対応してきたか、を跡づけることができる。つまり被爆者が切実に医療を求めたころ、医療保障は被爆者のもとに届かず、被爆12年後に「原子爆弾被爆者の医療等に関する法律」（以下「原爆医療法」）の制定をみている。このため美代子さんのように日常生活に支障をきたすような被害をこうむった被爆者は国の施策を待たず、自助努力や全国からの義援金または生活保護で治療費をまかなわざるを得なかった。しかし、被爆23年後に金銭給付を含んだ「特別措置法」が制定された際、給付条件に「原爆医療法」の治療を要することを条件とした認定制度を踏襲したため、同法制定を待てずに治療した被爆者は「特別措置法」の認定被爆者の手当は受給できないという矛盾点が派生した。

当初は認定のことを話題にすると美代子さんは「もういいです。もう私は

とっくに諦めているのですから」の一点張りだった。認定制度の矛盾点など話し合う中で、再度申請するまでこぎつけ、1985（昭和60）年7月、記念病院眼科から、右後発白内障、瞳孔偏位という病名で申請した。
＜認定被爆者問題＞
　ここで認定制度の矛盾点にふれておきたい。
『原子爆弾被爆者の医療等に関する法律』（医療の給付）
第七条　厚生大臣は、原子爆弾の傷害作用に起因して負傷し、又は疾病にかかり、現に医療を要する状態にある被爆者に対し、必要な医療の給付を行う。ただし当該負傷又は疾病が原子爆弾の放射能に起因するものでないときは、その者の治癒能力が原子爆弾の放射能の影響をうけているため現に医療を要する状態にある場合に限る。
　つまり、認定とは、その病気が原爆のせいで、しかも原爆放射能のせいで発病し（起因性）、医療を要する状態にある（要医療性）という2つの条件を満たしていなければならない。
　美代子さんの場合、1984（昭和59）年、肝硬変での申請は起因性を否定されている。白内障での申請で、もし起因性が認められたとしても、要医療の条件を満たすため、手術をした時点で認定するとの条件付き認定（仮認定）となるはずである。傷つき、病に倒れ、どん底の被爆者が、医療法を待たずに自力で、また生活保護で、またはカンパで治療した場合、認定のワクから除外され、したがって、手当受給からもはずされているという矛盾がある。
　美代子さんの生活史とこの認定問題を考え合わせると、いくら金銭給付、現物給付の援護立法があっても、それを必要としている被爆者のもとに結びつけるためには、きめ細かい人的サービスがなければ、無に等しいことをMSWとして強調しておきたい。
　美代子さんのライフストーリーの中で、少なくとも3度は認定申請のチャンスがあったのに、適切な相談援助がなかったために生活上も緊迫した今を迎えるに至っている。その3度は、1965（昭和40）年顔面整形手術の時、1966（昭和41）年極度の貧血にみまわれた時、そして1970（昭和45）年肝硬変症で入退院を繰り返していたころと考えられる。被爆関連年表と病歴、生活歴を追っていけば、被爆者援護策における矛盾点を明示できるであろう。そして

この矛盾点は、被爆49年後に制定された「原子爆弾被爆者に対する援護に関する法律」にも踏襲されたのである。

第3節　社会資源活用の実際

社会資源活用に際して、制度それぞれの適用条件を熟知し、利用者の状況がその条件をクリアしているか、ひとつひとつ確認する作業を要する。

(1) 多問題家族の生活保護申請
原爆小頭症患者・木田さん（仮名）の場合

1985（昭和60）年の梅雨の合間の蒸し暑い夕暮れに、私たち3人は市営アパートの並ぶ急な坂道を上っていった。

「きのこ会」（原爆小頭症患者とその親の会）の総会の席上耳にした長岡千鶴野会長の言葉が気になり、事務局の大牟田稔さんに案内してもらい家庭訪問に出かけたのである。もう1人の同伴者は、「原爆被害者相談員の会」の「ボランティア講座OB会」の肥後さんである。

総会への欠席を知らせてきた木田孝子さん（仮名）の電話の声が弱々しくて、疲れ切っている様子だったという長岡会長の報告であった。会長に家族状況など質問してもはっきりしない。「御主人が長い間入院しとっちゃったらしい」という一言に、「何か問題をかかえて困っているのではないだろうか、疲れ切った声は、SOSのサインではないだろうか」と思われた。多忙な大牟田さんに都合をつけてもらって木田さん宅に訪問予約の電話を入れてもらい、引き合わせてもらうことにしたのである。

「きのこ会」の20名のメンバーのうち、大多数の会員は「近距離早期胎内被爆症候群」認定申請の過程から関わりを持ち合っており、これらの人々の家族状況、問題点については、事務局の大牟田さんや会長のところで把握されている。木田孝子さんは、3年前という最近の入会で、しかも認定後入会という場合は稀とのことである。

古い造りの棟続きの市営住宅の玄関先で声をかけるとすぐに、小柄な孝子さん

が迎え入れてくれた。一歩入ると、4畳くらいの板場にキッチン、流し、冷蔵庫、テレビ、食器棚がぐるりと配置されている。一瞬、一体どこに座ろうかと戸惑ったが、こんな時には「どうも、どうも」と言って座り込むことにしている。

広島市民病院の医療ソーシャルワーカーの名刺を出し、簡単な自己紹介の後に、私はどんどん木田さんの生活に入り込む質問を続けていった。休暇をとって、長時間バスにゆられて度々家庭訪問をすることは困難だと思われたので、初回の面接で問題点を明らかにし、方針を立てるまでにしておきたいと考えたからである。

ご主人も小さなテーブルを囲んではいるが、時々合づちを入れてくれる程度で、主には孝子さん自身がゆっくり言葉を選びながら話してくれた。

＜木田さんの経済生活環境＞

①家族構成

　本人　39歳　低血圧・頭痛にて内科受診中

　夫　　46歳　精神科受診中

　長男　中学1年

　長女　小学4年

②孝子さんの生活歴

　昭和21年3月、3人姉妹の末っ子として出生。母は爆心より1.2kmの田中町にて被爆。家業がクリーニング店だったのでアイロンがけの作業中、柱の下敷きになったが、外傷はあまりなく、逃げのびる。父は警防団で出勤し、竹屋小学校にて爆死。実家の三次（広島県北）で七カ月後に生まれたのが孝子さんである。

　出生時「とにかく、こまい（小さい）子で、親にも似とらん子じゃ」と言われていた。歩み始めても足の運びが変なので小児麻痺だろうと思われていたが、広島日赤病院で診てもらったら股関節脱臼とわかり半年間ギプスをはめていた。その後も中学校の遠足の時に急に足が立たなくなって、脱臼の牽引のために入院しなければならなかった。

　中学卒業後は集団就職で広島市に働きに出たが「つらい目にあって」長続きせず、三次に帰った。そのうち、近所のスナックでレコード係として手伝いをしていたが、20歳を過ぎる頃より手がしびれ始め、原爆病院に入院した。

手術予定日を前に心臓発作を起こし、中断する。心臓の状態が回復し、退院後自宅療養中だったが、激しい頭痛にみまわれ「ヒス（発作）がおきたから」と、精神病院へ入院となった。3～4年間の入院生活で「すっかり病院に居る方が良くなって、退院許可が出てもぐずりぐずりしよった」。そのころ、患者同志ということで病棟婦長に紹介されたのが縁で結婚した。院長先生も推薦してくれた夫は調理師で7歳年上のひとである。夫の勤務先の関係で三次からまた広島に出てきたのは昭和46年だった。

孝子さんの原爆手帳を見せてもらうと、昭和43年12月2日付で認定被爆者となっているが、孝子さん自身は4～5年前まで、股関節が悪いので認定されているのだろうと思っていた。原爆対策課の保健婦から「原爆小頭症」として認定されていること、また患者の会の「きのこ会」の存在も初めて知らされた。後日、認定の手続きをどのようにしたのか三次市在住の母親に電話で尋ねたが、「はあ、私も物忘れがひどうて、よう覚えておりませんが……」という返事だった。

③現在の問題

一家の柱である夫が昭和59年2月末、眠れないことを契機として再発。今までも「何かと親の援助」で保ってきた一家の経済生活は、たちまち崩れ始めた。

夫は昭和59年3月から1年余り入院した。この間、孝子さんも心労のため倒れ、一時、かかりつけの内科に入院という事態もあり、子供たちの世話、経済生活面での行き詰まりなど、大きな嵐が吹き荒れたようだ。

現在の収入
1） 傷病手当（夫）　　　　　　12万4,062円／月
2） 医療特別手当（本人）　　　10万8,000円／月
3） 原子爆弾小頭症手当（本人）　3万7,100円／月
　　合　計　　　　　　　　　　26万9,162円／月

現在の支出
1） 生活費
2） 健康保険任意継続保険料　　1万7,000円
3） 夫、外来医療費および交通費等

＜当面の方針＞

以上の情報から、私は次の5つの計画を木田さん夫婦に提案した。
①金銭面については、生活保護の申請をしてみてはどうだろうか。
②傷病手当受給期限切れ以降は障害年金の申請が可能と思われるので、その時には手助けをしましよう。
③孝子さんの家事の負担を軽減させる（股関節を主として足腰の痛み、頭痛、疲労感が強いため）目的として、ホームヘルパーを要請してみてはどうだろうか。
④ご主人の社会復帰に向けて、担当保健婦さんと話し合って何かプログラムを考えてみましょう。
⑤孝子さんの精神的支えとして、「ボランティア講座OB会」のメンバーが話し相手になりましょう（生活のあれこれを1人で考えていると情緒不安定になるので）。

生活保護申請に関しては、1年くらい前に「福祉の人が来て『ちょっとしか出されん』いうて帰えられてそのまま」とのこと。改めて木田さん夫婦の生活保護申請の意志を確認した。

ヘルパー要請に関しては「どうも気がねで」と申請しないことにし、他の項目については、ほぼ了解をとった。初回面接でボランティア講座の人々との関わりが受け入れられたのは、肥後さんが「気持ちが一杯になった時などお電話して下されば、お話相手くらいにはなれますよ」と電話番号を書き渡して、物静かな口調で語りかけてくださったのが大きく作用している。

帰路、小雨が降り始め、小走りする私たちを両手に傘をかかえ孝子さんが追いかけてきた。断って帰る私たちの姿が角を曲がるまで、同じ姿勢のまま見送ってくれた。3本の傘の下で隠れそうになって佇んでいる彼女の小さな影に、頼られていることを感じた。

翌日、筆者は生活保護基準を計算して、生活保護申請が可能であることを孝子さんに電話した。

①生活保護基準（支出の部）（1985（昭和60）年当時）

一家4人分食費等	12万8,810円
一家4人分光熱費等	3万9,690円
住宅扶助	3万2,100円

放射線障害者加算	3万4,100円
教育扶助	8,260円
合　計	24万2,960円

②生活保護上の収入認定（収入の部）

| 傷病手当 | 12万4,062円 |
| 原爆手当 | 7万9,500円 |

（算出方法　医療特別手当－健康管理手当－2,000円）

| 合　計 | 20万3,562円 |

①－②＝3万9,398円

　生活保護基準よりも木田家の収入は少ないので、この世帯は生活保護対象世帯ということになる。

　ケース照会のため、福祉事務所担当者に連絡すると、担当者は1年前の経過をよく覚えていた。「ああ、あそこには、原爆対策課の方から連絡があったんで、行ってみましたけど、いっぱい借金して、毛皮とか高価なものを買っとっちゃったんですよねー。あの品々はどうなりましたかねー」。

　「そんなものは、業者に返品して相殺してもらってるからないわよ」と筆者。

　「それに、生命保険にもいっぱい入っとっちゃったんですよ。解約してもらわにゃあいけんのんですが……」。

　生命保険について確認していなかった筆者の失敗である。孝子さんに電話で尋ねても契約内容がはっきりしないので、生命保険会社の担当者から直接聞いてみると、毎月の掛金は相当な金額に上っていた。生活保護法の運用上、生命保険は貯蓄とみなされ、解約し、返還金を生活費に充てるように指導される。

　孝子さんは、「私たち夫婦は病気持ちだから、一度解約したら二度と生命保険に入れんので」と解約の決心がつかない。そのうち、夫が再就職してくれればという期待も含まれていたのであろう。

　日頃のソーシャルワークのプロセスで生活保護申請援助の際、よくネックになるのがこの生命保険の問題である。庶民の生活防衛の手だてのため、無理をして掛金を支払っていても、解約となると返還金はごく少額でしかないし大変不利な目にあう。

　傷病手当が切れる昭和60年11月3日までに再考することにし、7月時点での

生活保護申請は見送った。

　この後、1週間ほどした7月下旬、夫から突然電話が入った。孝子さんが「寝てしもうて、どうにもならん。すぐ来て下さい」と電話口で繰り返すばかりだ。「すぐ来て下さいと言われても困るなあ」と思いながらも、その電話口の緊迫した様子に一応、昼休み時間に車を飛ばしてみることにした。

　ボランティア講座OB会の人たちに次々に電話をして、都合のついた志満さんとかけつけてみると、孝子さんは横になったまま起き上がれない。筆者は薬袋を片手に、かかりつけの内科医院にダイヤルを回した。入院ができないだろうかと問い合わせると、「夏バテですよ。この暑い盛りに三次に墓参りに出かけてぐるぐる動き回ったようです。僕は行くことに反対したのになあ」と親戚のように事情がわかっている様子の主治医の声にホッとした。病状的に問題がなければ、安静がとれるように手だてをすればよいとわかり、筆者はその場で、ホームヘルパー要請の電話をし、当面の家事の手伝いを志満さんにまかせて、職場にトンボ帰りした。

　それからの3ヵ月間に、孝子さんの市民病院神経科への転医相談、夫の傷病手当が切れた後の障害年金または若年老令年金の申請援助などの関わりがあった。11月15日、早朝から孝子さんが「こんなになってしまったの」と、市民病院の相談室に飛び込んできた。見ると顔が斜めに曲がっている。顔面神経痛だ。耳鼻科医師は、深い心身のストレスが原因だろうと診断し、以来、日曜日も通して継続した点滴注射の指示を出した。孝子さんのストレスを少しでも軽減させるため急きょ、夫を三次市の精神科に入院へと調整した。その翌朝、目を腫らせ、ますます曲がった顔で来室した孝子さんは「きのう、夕飯時につい鏡を見てしもうたん。そしたら、口の端から御飯がポロポロこぼれるし、あんまりみじめなかっこうなんで……。なんで私ばっかりこんな目にあわにゃあならんのかと思うと涙が出てきて一晩中泣き明かして……」と曲がった口元をマスクで覆っているため、か細い声がますます消えそうに語った。その声に、目の前の生活保護申請、そして夫の社会復帰に向けての取り組み等と、これからの長い援助過程が予見されたのである。

(2) 障害年金の遡及申請

原爆小頭症患者　木山昌史（仮名）さんの場合

＜プロフィール＞

　　生年月日　昭和21年3月
　　住　所　　広島市中区
　　被爆地　　広瀬北町　1.0km

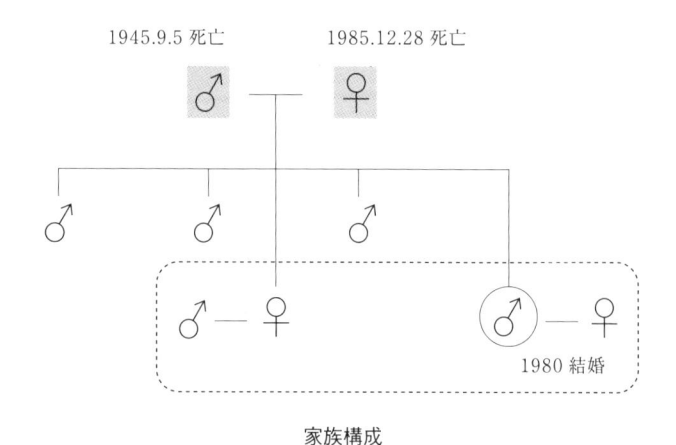

家族構成

1945.9.5 死亡　　1985.12.28 死亡

1980 結婚

＜経過＞

　　昭和59年6月　「きのこ会」総会で姉の木山和代（仮名）さんと出会う。
　　　　　　　　　療育手帳が未申請であったため申請援助を行った。
　　昭和59年7月　療育手帳B判定を得る。

＜問題受理＞

　　1995年「きのこ会」会員の医療福祉調査を行った。
「原子爆弾被爆者に対する援護に関する法律」では、
　　医療特別手当、原爆小頭症手当　受給中
　　　介護手当　未申請
　　　療育手帳　B
　　　障害年金　未申請
であった。

5月の夕暮れどき、筆者は仕出し弁当製造の仕事場で昌史さんと10年ぶりに再会した。若々しく健康的で人なつっこい笑顔である。たわいのない会話をしているまもなく、帰宅した姉の和代さんの姿に、一瞬、筆者は緊張した。疲れと苛立ちと緊迫感とが混合したような空気が伝わってきたからである。「問題あり」のサインだ。聞けば1年前に交通事故に遭い九死に一生を得たが、頭部外傷のため、物忘れがひどく、集中力に欠け、めまいもするとのこと。昌史さんの唯一のつっかい棒の和代さんの衰弱は、家庭内ケアの崩壊を意味する。手だてを急がねばならない。

＜障害基礎年金申請＞

まず障害基礎年金の申請に着手した。知的発達遅滞は出生までさかのぼる障害である。しかし、受給できるのは時効救済部分の5年間のみである。5年間分でも家業衰退を目前にしてまとまった現金は価値あるものであろう。診断のため、広島市立安佐市民病院神経科に受診してもらった。昌史さんの妻も10年前に療育手帳Bの判定を得ているので、夫婦2人分の障害基礎年金申請手続きに入ったのである。10年前は療育手帳Bであれば障害年金非該当が一般的だったので、申請にはチャレンジしていなかった。しかし、その後の障害者団体などの運動の結果、療育手帳がB判定であっても障害基礎年金2級に該当する場合もあり得る状況に改善されていた。手順は以下のごとくである。

（あ）起床から就寝までの行動で、いかにケア（口頭での指示も含む）を要するか記録し、医師の診断書作成のための資料を作る。
（い）病歴、日常生活状況の代筆のため、生活史を聴き取る。
（う）中学校から特殊学級在籍証明を取り寄せる。
（え）過去5年分の源泉徴収票を用意する。

和代さんの話は以前と比しまとまりを欠き、この作業は長時間を要した。

＜療育手帳は仏壇の中に＞

結果、診断書（資料①）も病歴書（資料②）もでき、いよいよ時効救済部分の5年間の年金申請という段階で、思いがけない事実を知らされた。所得制限に引っかかっていたのである。障害のある子を遺して逝った母は、昌史さん名義の家とアパートを遺していた。家賃収入と姉夫婦が経営する弁当製造従業員としての給与で所得制限枠をオーバーしていたのである。療育手帳

資料① 診断書

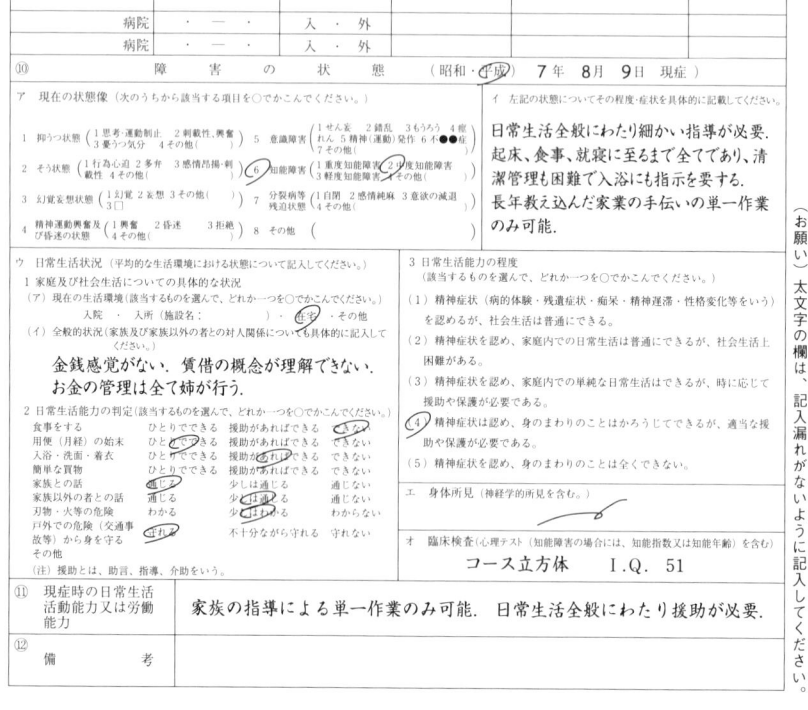

病院	・ー・	入・外			
病院	・ー・	入・外			

⑩ 障害の状態 (昭和・平成) 7 年 8 月 9 日 現症

ア 現在の状態像 (次のうちから該当する項目を〇でかこんでください。)

1 抑うつ状態 (1思考・運動制止 2刺激性・興奮 3憂うつ気分 4その他)
2 そう状態 (1行為心迫 2多弁 3感情昂揚・刺激性 4その他)
3 幻覚妄想状態 (1幻覚 2妄想 3その他)
4 精神運動興奮及び昏迷の状態 (1興奮 2昏迷 3拒絶 4その他)
5 意識障害 (1せん妄 2錯乱 3もうろう 4夢幻様 5精神(運動)発作 6不●●症 7その他)
6 知能障害 (1軽度知能障害 2中度知能障害 **3重度知能障害** 4最重度知能障害 5その他)
7 分裂病等残遺状態 (1自閉 2感情純麻 3意欲の減退 4その他)
8 その他 ( )

イ 左記の状態についてその程度・症状を具体的に記載してください。

日常生活全般にわたり細かい指導が必要.
起床、食事、就寝に至るまで全てであり、清潔管理も困難で入浴にも指示を要する.
長年教え込んだ家業の手伝いの単一作業のみ可能.

ウ 日常生活状況 (平均的な生活環境における状態について記入してください。)
1 家庭及び社会生活についての具体的な状況
(ア) 現在の生活環境 (該当するものを選んで、どれか一つを〇でかこんでください。)
入院 ・ 入所 (施設名:) ・ **在宅** ・ その他
(イ) 全般的状況 (家族及び家族以外の者との対人関係についても具体的に記入してください。)

金銭感覚がない. 賃借の概念が理解できない.
お金の管理は全て姉が行う.

2 日常生活能力の判定 (該当するものを選んで、どれか一つを〇でかこんでください。)

食事をする	ひとりでできる	**援助があればできる**	できない
用便(月経)の始末	ひとりでできる	**援助があればできる**	できない
入浴・洗面・着衣	ひとりでできる	**援助があればできる**	できない
簡単な買物	ひとりでできる	援助があればできる	**できない**
家族との話	**通じる**	少し通じる	通じない
家族以外の者との話	通じる	**少し通じる**	通じない
刃物・火事の危険	わかる	**少しわかる**	わからない
戸外での危険(交通事故等)から身を守る	**守れる**	不十分ながら守れる	守れない
その他			

(注) 援助とは、助言、指導、介助をいう.

3 日常生活能力の程度 (該当する6のを選んで、どれか一つを〇でかこんでください。)
(1) 精神症状(病的体験・残遺症状・痴呆・精神遅滞・性格変化等をいう)を認めるが、社会生活は普通にできる.
(2) 精神症状を認め、家庭内での日常生活は普通にできるが、社会生活上困難がある.
(3) 精神症状を認め、家庭内での単純な日常生活はできるが、時に応じて援助や保護が必要である.
(4) 精神症状を認め、身のまわりのことはかろうじてできるが、適当な援助や保護が必要である.
(5) 精神症状を認め、身のまわりのことは全くできない.

エ 身体所見(神経学的所見を含む.)
　なし

オ 臨床検査(心理テスト(知能障害の場合には、知能指数又は知能年齢を含む))
　コース立方体　I.Q. 51

(お願い) 太文字の欄は、記入漏れがないように記入してください.

⑪ 現症時の日常生活活動能力又は労働能力 — 家族の指導による単一作業のみ可能. 日常生活全般にわたり援助が必要.

⑫ 備考

第5章 医療ソーシャルワークにおけるスキル　141

資料②　病歴書

1	発病したときの状態と発病から初診までの間の状態について記入してください。	症状（障害の原因（誘因）となった傷病の原因、症状など） 母は爆心1kmで原爆被爆し、本人は近距離早期胎内被爆した。正常分娩であったが、両手の中にすっぽり入るぐらい小さい子供で出生した。 発病から初診までの症状の経過 （発病から初診まで期間があいている時、その間の症状、理由など） 発語、歩行開始は遅れていたが、就学した。勉学の遅れもみられたが、母も病弱で生活に追われており、相談したり、受診する精神的、経済的ゆとりは無かった。
	受　診　状　況	症状及び日常生活の状況
3	昭・平　年　月　日から 昭・平　年　月　日まで 受診　した　・　していない （治療を受けた病院の所在地・名称） 所在地 名称 病名	ABCCより定期的に迎えに来ては、検査をされていたが、その理由や結果について何も報告は無かった。小学6年時に担任の先生より、中学校は特殊学級へ進学するように勧められ、バカ扱いにされた思いで、腹立たしくもあったが、指導に従った。 その後、ABCCはモルモットにするだけだと聞いて、迎えに来る検査も断った。
4	昭・平 41年　月　日から 昭・平　年　月　日まで 受診　した　・　していない （治療を受けた病院の所在地・名称） 所在地 名称　広島大学医学部付属病院 病名　胎内被爆小頭症	昭和39年ころ、RCCのジャーナリストの訪問をうけ、原爆小頭症との話を初めて聞かされた。 昭和41年広島大学医学部付属病院に入院し、精密検査をうけ、原爆小頭症と診断された。
5	昭・平　年　月　日から 昭・平　年　月　日まで 受診　した　・　していない （治療を受けた病院の所在地・名称） 所在地 名称 病名	上記精密検査で、精神発達遅滞と診断され、昭和43年7月8日、「近距離早期胎内被爆症候群」として原爆医療法の認定をうけた。 中学卒業後は、給食センターで単純作業の就労をさせたが、適応出来ず、すぐに離職した。以後、家族が、つきっきりで介助、指導し、家業の食品製造業の手伝いをさせて、現在に至っている。
6	昭・平　年　月　日から 昭・平　年　月　日まで 受診　した　・　していない （治療を受けた病院の所在地・名称） 所在地 名称 病名	現在の日常生活の状況。 生活時間の組み立てが出来ないので、起床、食事、就寝などの時間を、ひとつひとつ指示しなければならない。 貸借の概念を理解していないので、相手かまわず借金をし買いたいものを買っては、返済しないことをくり返すので、お金の管理は全て姉がしている。

による所得税障害者控除制度を利用していなかった。過去にさかのぼって、税金の還付を受ける手続きをするとき、療育手帳の更新もされていないことがわかった。「エッ、どうしてこんなことに？」と筆者。「村上さんは、『それ（療育手帳）は大切にして下さい』と言われたでしょ、だから仏壇の引き出しに、大切に大切に収めておきました」と姉。説明不足の失敗である。

＜「原子爆弾被爆者に対する援護に関する法律」による介護手当申請＞

「原子爆弾被爆者に対する援護に関する法律」による介護手当は、障害基礎年金2級状態であれば家族介護は不支給で、他人介護の場合のみ支給される。昌史さんのアパートの上階に住む人に、月々費用を支払って掃除などしてもらっているという事実があるので、他人介護手当を申請し、こちらは受給できた。

＜施設入所へ＞

平成8年3月、「きのこ会」主催の満50歳の誕生日会の会場に姉と昌史さん夫婦の姿があった。会場に展示された写真パネルの中に母を見つけた和代さんは、「あの世で顔を合わせた時に『頼まれた昌史のこと、私なりに懸命にみてきましたよ』と言えるように頑張ってきました」と涙を拭っていた。しかし、5月末には体力の衰えを理由に家業の仕出し店を廃業するに至った。そして働き盛りの昌史さんの行き場の問題が生まれた。

姉夫婦が廃業の残務整理に追われている間に、事件は起こった。昌史さんがふっと姿を消したのである。捜し回って迎えに出かけたが、その1週間の間にパチンコのための借金を重ねていた。収入も途絶えた今後、このままでは借金地獄に陥るとお姉さんの不安は頂点に達した。私は弁護士を紹介し相談を促した。また、「きのこ会」の会員がすでに通所している作業所を紹介し、行き場づくりをした。

作業所の所長の配慮もあり、夫婦は嬉々として通所を続けていたが、姉夫婦の体力の衰えや、「若い順応性のあるうちに」という役所の勧めもあり、施設入所することになった。知的障害者授産施設への入所が決まった直後、また昌史さんのやんちゃ事件が起きた。姉の和代さんの失意と怒りの爆発があった。そして妻は実家に帰ってしまうという事態となった。昌史さん1人の施設入所に至っている。

第4節　医療ソーシャルワークとケアマネジメント

トータルな視野で調整を

1) 介護保険におけるケアマジメントをどう理解するか

　「郷里のオヤジが脳卒中で倒れた。オフクロもリウマチで身体障害者なのに、手術が終わったその日に医者から退院の話が出た。俺は毎日残業だし、女房は住宅ローンと息子の学資稼ぎでパートに出てて介護に帰れない。はてさて、どうしたものか」。

　日本全国どこでも、誰の身にも起こり得る突発的事態だ。

　病院にMSWがいれば医師は、このサラリーマン氏をMSWに紹介するだろう。そして彼は郷里と彼の居住地との両方の病院や施設および在宅サービスの社会資源情報を得るだろう。さらに両親と彼らが、どこで、どのような生活を組み立てられるか、MSWと共に検討することができるだろう。

　病院のMSWの業務の範囲で、この例のような、お世話（介護問題）を含んだくらしの場面の相談が、近年急増している。「医療ソーシャルワーカー業務指針」の退院援助の相談である。

　MSWは従来から、患者さんの社会復帰、自立支援を目的として業務を進めてきた。その業務過程は以下のようにまとめられる。「まず問題の傾聴、発見、整理をする。社会資源、諸制度の活用を図ったり、院内スタッフおよび関係機関への連絡、紹介、交渉を重ねる中で問題の解決の手だてを進めていく。また治療への意欲づけや障害受容へのサポート、家庭内の人間関係の調整など心理的援助も含む。退院後の職場復帰、家庭復帰への調整役も担う」。

　ゆえに、ケアマネジメントはソーシャルワークの一部と解する。また、介護保険給付の①ホームヘルプ、②デイサービス、③リハビリテーションサービスなど11項目の在宅サービスをマネジメントする業務はそのまた一部と解する。

2) ケアマネジャーに求められる資質とは

　①トータルな視野

　要介護者、要支援者とその家族を、この世の中で自立して社会生活していく人としてとらえることができること。「人として」とは全人的理解の意である。利用者の側に立ってトータルに見渡せる視野の広さが必要だ。病者、障害者、

高齢者というカテゴリーとしての「対象者」としてではなく、同じ時代にともに生きている人や家族、そして社会の一員としてとらえる視野である。
②調整能力
　マネジャーは、どの分野でも黒子の存在のはずだ。利用者に介護保険の支給限度額内で、サービスを最大限有効利用していただくために、マネジャーたるもの、サポート機関の機能や特性をきちんとつかんでおくべきは、最低限の知識だ。
　しかし、知っているだけでは役に立たない。多数の機関のサービスを一人の人に結びつける調整能力が問われる。「ウチのやり方がある」とか「アソコとは折り合いが悪いんだ」とか機関同士の競合と摩擦だってある。利用者と派遣されたヘルパーや訪問看護婦などとのミスマッチのトラブルは、たびたび経験するところだ。双方の思いを聴いてプライドを傷つけないように、やんわりと利用者の意向に合うよう調整してゆくには、不謹慎ながら少々手練・手管を要する。しかも誠意をもって、である。
　「智に働けば角が立つ。情に棹させば流される。意地を通せば……ケアマネジメントは水の泡」。ものごと、教えてやろうと引っぱってゆくタイプの人は主演者に適役で、マネジャーには不向きだ。自己主張の強い人はこの仕事の資質に欠けるといえよう。
③待つ能力
　誰のためのケアマネジメントか。言うまでもなく、ケアマネジメントの中心は利用者である。ケアマネジャーは当然のことながら最善のケアプラン作成に努める。自分たちが提示したプランに自信をもつ。しかし、そのプランが利用者に受け入れられるとは限らない。拒否されると「専門家の私たちが一所懸命あなたのために考えたのに」と落胆し不機嫌になりがちだ。
　利用者の自己決定を尊重し、いったん身を引き、「待つ力」がいる。しかも、ただ漫然と待つのではなく「それとなく促しながら」待つ能力がいる。この時、専門職としてのこだわりはむしろ障壁になるだろう。否、サポートする専門職であれば本領発揮の場面といえる。
④リスク感知能力
　在宅療養生活にはさまざまな危険が伴う。身を引いて待つには利用者のこ

れらの「危険性を感知した上で」という条件がつく。リスク感知能力にこそ、それぞれの分野の専門性が発揮されねばならない。

　ターミナルを在宅で生きる。四肢麻痺で、また、人工呼吸器装着で、また、重度痴呆だが在宅で暮らす。それは利用者とその家旅の生き方の選択だ。家族の「頑張ってみます」という言葉を頼りに、MSWはハラハラしながら在宅へ送り出す。その時「いのち、くらし、こころ」全般にわたってのリスクを思んばかる。いのちは、医療面の安全性、緊急時の対応等の準備、くらしは、社会経済生活上の負担（介護保険給付限度額を超えるサービス利用の提示も含む）、こころは、家族間、人間関係を含む精神的ストレスに耐え得る限界などである。ケアカンファレンスでの各専門職種の知識と技能がチームとして発揮されねばならない意味合いがここにある。

（注）
古跡博美　看護学雑誌61（4）、pp. 324-329、2000年

参考文献
1）　村上須賀子『医療ソーシャルワーク論』宇部フロンティア大学出版会、2003年。
2）　古川孝順　他編『現代社会福祉の争点（下）、社会福祉の利用と権利』中央法規出版、2003年。
3）　原水爆禁止日本協会『原水爆被害白書』日本評論社、1961年。
4）　『広島原爆医療史』広島原爆障害対策協議会、1961年。
5）　庄野直美・飯島宗一『核放射線と原爆症』日本放送出版会、1975年。
6）　『「原爆が遺した子ら」胎内被爆小頭症の記録』きのこ会、1977年。
7）　広島原爆被害者問題ケースワーカー研究会編『35年目の被爆者』労働教育センター、1979年。
8）　「ヒバクシャと現代」『地域と科学者』第8号、日本科学者会議広島支部、1986年。
9）　栗原淑江『被爆者たちの戦後50年』岩波ブックレットNo.376、岩波書店、1995年。
10）　「生きる―被爆者の自分史」被爆者の自分史編集委員会、1995年。
11）　原爆被害者相談員の会編『被爆者とともに』中国新聞社、1995年。
12）　渡部律子『高齢者援助における相談面接の理論と実際』医歯薬出版、1999年。
13）　病院経営研究所編『保険診療報酬ガイドブック』中央法規、2001年。
14）　飯田修平編著『病院早わかり読本』第2版、医学書院、2002年。

第6章

患者学

第1節　医療ソーシャルワークを必要とする人びと

(1) 現代社会の医療福祉の諸問題

　医療ソーシャルワークを必要とする人びととは、どのよう人びとであろうか。疾病を抱えたり、障害を抱えるに至った人びとすべてが、医療ソーシャルワークを必要とする人びととはいえない。これらの人びとが、何らかの生活問題上のニーズを抱えた時、医療ソーシャルワークが求められる。

　この医療福祉の生活問題上のニーズは、社会の変化に応じて歴史的に変遷してきた。戦後、治療薬として抗生物質が登場し、わが国の疾病構造は、感染症から成人病、生活習慣病へと大きく転換した。このことは、医療ソーシャルワークのありようの転換をも意味している。つまり、感染症に対しては治療の場が提供され、その費用が保障されれば患者は回復者となり、やがて元の生活に復帰するといった問題解決方法で良しとされていた。しかし今日では、病と共に生活する人びとが、生活問題上のニーズを発生させるとその都度対応するといった長い経過を伴った医療福祉援助過程に変わったのである。

　1970年代から進められた医療機器の開発、普及は疾患部分の診断技術を飛躍的に向上させ、さらに、人工透析医療をはじめとする延命技術も大きく進歩した。このような延命、救命救急技術の向上は多くの人びとの命を救った反面、長期に介護と療養生活を要する重度障害状態の人びとを生むことになり、新たな生活問題を生起させた。とりわけ寝たきり老人と称される要介護高齢者問題を顕在化させた。また、産業振興優先の高度経済成長政策の下、公害の発生や、

第6章 患者学

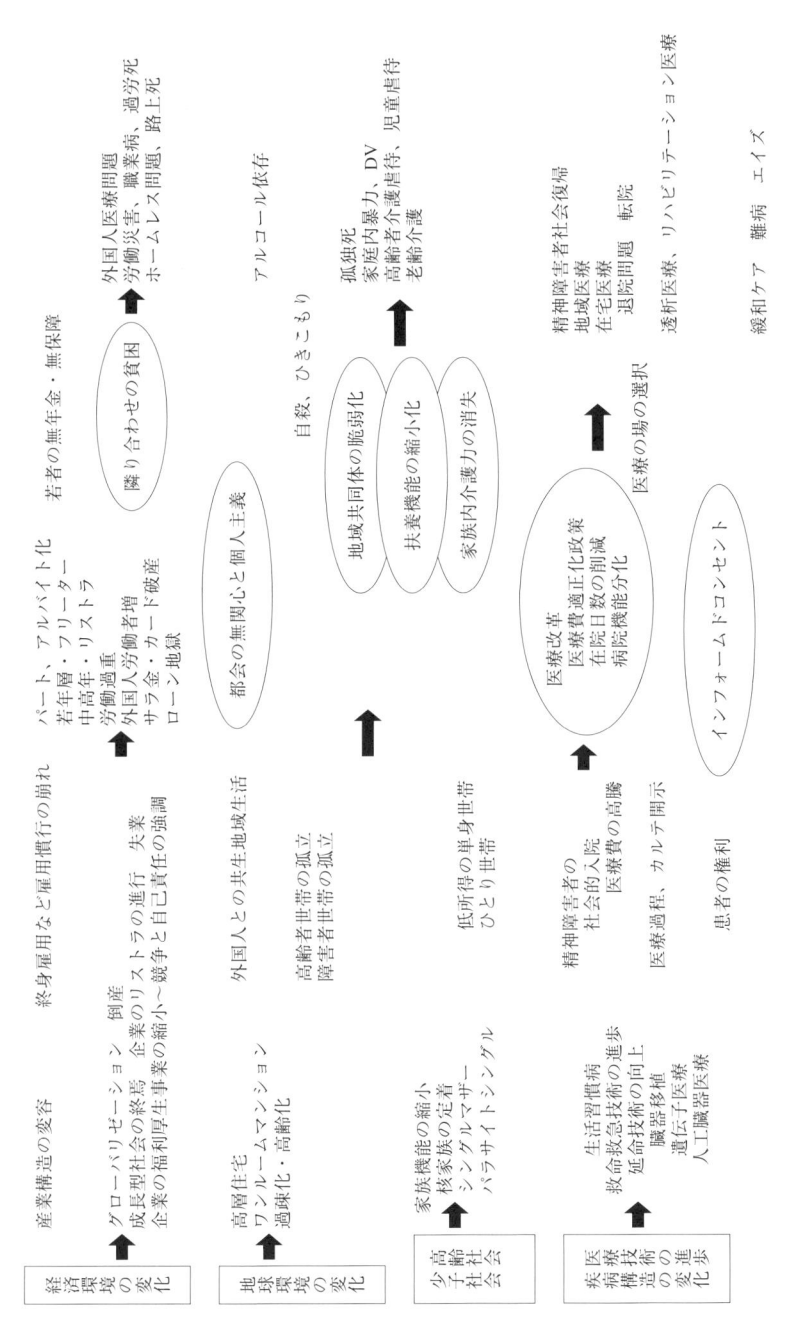

図6-1 現代社会の医療福祉の諸課題

【経済環境の変化】
- 産業構造の変容
- グローバリゼーション 倒産
- 終身雇用など雇用慣行の崩れ
- 成長型社会の終焉 企業のリストラの進行 失業
- 企業の福利厚生事業の縮小〜競争と自己責任の強調

→ パート、アルバイト化
  若年層・フリーター
  中高年・リストラ
  労働過重
  外国人労働者増
  サラ金・カード破産
  ローン地獄

→ 外国人医療問題
  若者の無年金・無保障
  労働災害、職業病、過労死
  ホームレス問題、路上死

隣り合わせの貧困

【地球環境の変化】
- 高層住宅
- ワンルームマンション
- 過疎化・高齢化
- 外国人との共生地域生活
- 高齢者世帯の孤立
- 障害者世帯の孤立

→ 都会の無関心と個人主義

→ アルコール依存

【少子高齢社会】
- 家族機能の縮小
- 核家族の定着
- シングルマザー
- パラサイトシングル
- 低所得の単身世帯
- ひとり世帯

→ 自殺、ひきこもり
  地域共同体の脆弱化
  扶養機能の縮小化
  家族内介護力の分化

→ 孤独死
  家庭内暴力、DV
  高齢者介護虐待、児童虐待
  老齢者介護

【疾病構造の変化】【医療技術の進歩】
- 生活習慣病
- 救命救急技術の進歩
- 延命技術の向上
- 臓器移植
- 遺伝子医療
- 人工臓器医療
- 精神障害者の社会的入院
- 医療費の高騰
- 医療過誤、カルテ開示

→ 医療改革
  医療費適正化政策
  在院日数の削減
  病院機能分化

→ 精神障害者社会復帰
  地域医療
  在宅医療
  退院問題　転院
  透析医療、リハビリテーション医療
  緩和ケア　難病　エイズ

医療の場の選択

インフォームドコンセント
患者の権利

薬害被害患者や労働災害、職業病患者など社会のひずみから表出する患者群は拡大した。特に難病患者の出現は生活問題を内包した患者群の拡大を深刻なものにした。このような社会環境と疾病との関係性を現代の社会構造の中に概観すれば図のように表すことができよう（図6-1）。

　われわれは医療技術の進歩による恩恵を受ける権利と機会を原則的には等しく有している。しかし、国は、膨張を続ける医療費の高騰への対応を重要課題とし、医療費適正化政策の名の下に、在院日数の削減と病院機能分化を図った。加えて、抜本的な医療改革の推進として、老人医療費をはじめとし、医療費の自己負担を増やし、医療へのアクセスを抑制させようとした。

　結果、何が起こっているか。

　いわゆる「退院問題」の浮上と医療費の支払い困難層の広がりである。

　「退院問題」とは、適切な療養の場の確保に困難をきたす人々の問題である。家族の扶養機能の縮小や家庭内介護力の消失が見られ、なおかつ、家庭を取り巻く地域環境は、都会にあっては無関心と個人主義、山間島嶼部にあっては過疎化、高齢化が著しい今日である。「地域医療」「在宅医療」と言葉だけは先行するものの、その実現には医療福祉の強力な援助体制の整備が求められている。

　また、医療費の自己負担増加の問題を考えるとき、倒産、失業が増加し、中高齢者のリストラや若年層のフリーターが広がりを見せる今日、国民各層が「隣り合わせの貧困」の危険性をはらんでいる状況下では、この経済的問題は医療福祉の援助の核的問題として認識する必要があるだろう。

(2) 医療福祉の生活問題上のニーズ

　医療福祉の生活問題上のニーズを以下のようにまとめることができるであろう。

　第1は、医療を必要としているにもかかわらず、経済的理由から医療を受けられない人びとの問題である。これらの人びとに対しては経済的支援が必要である。社会福祉が伝統的に基本命題としてきた「貧困問題」は、時代が移り変わろうと不変である。しかし、前述したように、今日の貧困の現われ方は、旧来の、貧困層とその周辺に限って固定的に表出するものとは異なっている。今日、極めて不安定な経済基盤上で営まれている消費生活において、発病、事故など突然に医療を必要とする状況に至った場合、即、困窮に陥ってしまう。今

日の貧困とは流動的で「隣り合わせの貧困」または「豊かさのなかの貧困」ともいえるものである。帰属意識としては中産階級に属している人びとが圧倒的に多数である。しかし、この中産階級の彼らが、例えばブランド品で身を包み高級車で通勤する無保険のフリーターや派遣社員など、病気になった場合、たちまちカード破産し医療費の支払いに困窮するといった事例はその典型である。

第2は、生活習慣病や要介護高齢者、重度障害者など、療養が長期にわたるため、医療と介護が一体となったサービスが必要な人びとの問題である。それらのサービスの供給を可能にする場の提供、整備が必要である。

その場が「在宅医療」の場合の例は、人工呼吸器を装着して四肢麻痺の重度障害を負った人びとや、癌やエイズなど緩和ケアを自宅で受けようとする人びとの療養生活環境のコーディネートである。また「施設医療」の場合の例は、病状や要介護度、自宅からの距離などを踏まえ、転医先の医療、介護サービス内容や質をも考慮に入れた医療機関の選択に関する支援などである。

第3は疾病・障害ゆえに、職を失い、帰るべき家を失い、家庭生活を営むべき家族を失ったなど、元の生活基盤を失った人びとの問題である。これらの人びとには自立を支援するための相談援助が最も重要な課題となる。

第4は、疾病・障害に付随して生起する役割機能の転換に関わる問題である。人は誰でもある一定の役割を担って生活をしている。家庭で、職場で、友人関係で、近隣社会で、サークル活動などの小集団も加えれば、多くの役割を遂行して生きている。疾病・障害ゆえに、この役割を担うことが困難になったとき、役割の転換や代替えを整えたり、人間関係の調整などの援助が必要である。

(3) 病の過程と医療福祉の生活問題上のニーズ──リウマチ患者の場合を例に

長期間、病とともに生活する人びとの生活問題上のニーズを、リウマチ患者の場合を例に考えてみた。

まず、病状の変化、ADLの変化がその人のライフコースのなかで、どのような意味を持ち、その時、医療福祉の生活問題上のニーズはどのように表出するであろうか。

寿命の延び、出産児数の減少により日本人の家族サイクルモデルに変化が生じている。核家族の定着と日本人家庭が伝統的に継承してきた家庭内の性別分

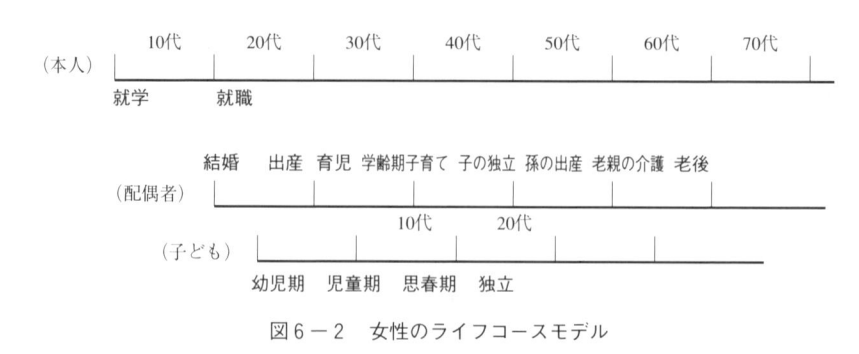

```
(本人) ├──10代──20代──30代──40代──50代──60代──70代──┤
          就学  就職

(配偶者)      ├─結婚─出産─育児─学齢期子育て─子の独立─孫の出産─老親の介護─老後─┤
                                  10代    20代
(子ども)                         ├─────────────────┤
                              幼児期 児童期 思春期 独立
```

図6-2　女性のライフコースモデル

業（夫は外で働き、妻は家庭を守る）のあり方を加味したとき、リウマチ患者のように病と障害を共にした療養生活のライフコースはどのような生活問題を含むであろうか（図6-2）。

1）リウマチ患者の特質と女性のライフコースモデル

①出産、育児期

この時期は関節の痛みのためわが子が抱けない、子どもの活発な動きに体力的に対応できないなどの問題があり、家庭内の役割分担の調整や保育所の利用など、社会資源の利用を必要とする場合もみられる。

②学齢期、子育て期

PTA活動、地域子ども会活動には案外に体力を要する。子どもを介しての地域社会の交流に加われない悩みを持つ人もいる。また、受験戦争とも評されるこの学齢期に、家事手伝いをさせてしまったという母親の負い目が思春期に至った子どもとの葛藤として表出する例もある。疾患の理解を促す教育を子どもを含めた家族全体に行うことが望まれる。

③老親介護期

介護保険が施行され、介護の社会化が声高に唱えられているが、いまだに老親介護の担い手は、妻、嫁、娘の役割とする、伝統的な役割分担の価値観が根強い。介護サービスを導入し、介護負担の軽減を図る一方、周囲の批判がましい視線に耐え得るための精神的な支援も必要である。

このように年代に応じて果たすべき役割が変化していくなかで、リウマチ療養が家族内の役割遂行上いかなる問題を引き起こすか、その都度、生活のあり方を調整していくMSW援助が必要であろう。

2) リウマチの進行モデルとMSWサポートモデル

　もう1つの指標はリウマチの病態の変化が、医療福祉の生活問題上のニーズに、どう影響するかという視点である。

　リウマチの病態の変化としては発病、診断、再燃、そして関節の変形の進行という過程を想定し、その変化に対応する心の変化を曲線で表してみた（図6-3）。

①発病、診断、精神的落ち込み

　外来でリウマチと診断された時期、一様に体験される心の軌跡は「なぜ自分だけがこういう病にとりつかれたのだろうか」という怒りである。次に「私もあのような障害者になるのだろうか」と外来患者を観察して自分の将来を悲観する抑うつ状態であろう。この時期、ドクターショッピングをしたり、書物により知識を得たりして病を確認する過程がある。

　「リウマチ友の会」を紹介しても、病の受容がなされていない時期には、集団所属には拒否反応がある。

②病の受容

　徐々に、病を伴った生活の受容がなされると、他の患者さんの生活スタイルを学ぶ過程がある。「リウマチ友の会」が開催する療養相談会もその参考に

リウマチの進行	発病 診断 強烈な痛み 再燃 再燃 変形の進行		
こころ	ショック　　病の受容　☆克服の反復学習　ショック　☆病の社会性の学習　軽度身体障害　障害の受容　ショック　重度身体障害者		
	病を伴った生活の受容	障害を伴った生活の受容	
	将来への不安 自分だけが…という怒り	自己像の拒否 自閉的・抑うつ的	自閉的・抑うつ的 感情閉鎖
くらし	病院ショッピング	家庭内の役割（妻・母親・嫁）遂行上の困難 交際範囲の減少	介護者の問題 介護用品の問題
お金	通院（入院）医療費の問題	失職・生活費の問題　通院交通費の問題	介護費用の問題
サポート	リウマチ一般についての学習 他の患者さんを紹介し生活スタイルを学んでもらう リウマチ友の会の紹介	本人および家族への面接 身体障害者手帳および等級変更 障害年金 補装具・自助具の紹介	介護用住宅改造 介護者（ヘルパーなど） 療養型病院紹介 施設紹介

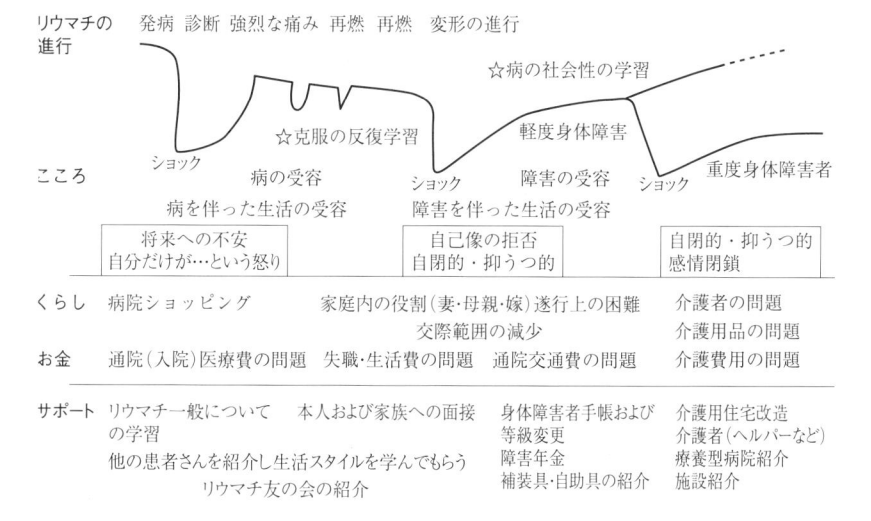

図6-3　リウマチの病態と社会福祉援助

なっている。

　この時期、医療福祉の生活問題上のニーズは通院医療費の自己負担の問題である。悪性関節リウマチに認定されたり、重度障害者になった時点からは、医療費負担制度がある。しかし、進行、悪化を避けるために初期からの継続的治療が必要であるにもかかわらず、その医療費、交通費への援助がないため家計に気兼ねして治療を中断する人もおり、リウマチ対策として重要な課題であると思われる。

③障害の受容

　リウマチが再燃し、その都度、病の克服を反復学習することが繰り返されるが、関節の変形が進行し障害が加わってくるとまた大きな精神的落ち込みを経験する。女性にとって、"曲がった指"は受け入れ難いもので、変形していく自己像を拒否したい、晒したくない心理から、自閉的、抑うつ的になりがちである。

　この時期MSW援助としては、家庭内の役割分担の調整や精神的援助を目的とする面接や、「リウマチ友の会」への参加を働きかけるなど、濃厚な援助を展開する必要がある。そして身体障害者手帳の申請や障害年金の申請援助をタイムリーに運ばなければならない。

　例えば、障害年金を受給することにより、肩身の狭い無収入者から脱して、家庭内の位置を獲得し、夫婦の関係も改善した例も多く、収入面への手だては重要である。

④病の社会性の学習

　リウマチと巧みに付き合いながら意欲的にライフスタイルを編み出していく力強さが患者さんたちにはある。ことに各県支部の「リウマチ友の会」の役員を引き受け活動している人びとにはそれが顕著である。

　障害や痛みは自分だけではないのだという"気付き"、そして他の患者の痛みや悩みに思いを馳せる目配り気配りなど、"病の社会性の学習"と表現してみた。

　友の会の役員会での一こまである。「身体障害者手帳を手に入れて、身体障害者センターに通えるようになった。片麻痺の患者さんたちに接するうちに、リウマチほど辛い病気はこの世にないと思っていたけど、片麻痺の人も大変

な問題を抱えているのがわかった」と、ある役員が発言すると、メンバーは一様に肯いていた。患者の会での親睦交流の中で、闘病の励ましを得るという受け身の姿勢にとどまらず、同病者のためや他の障害者のために何かをするという積極的な闘病姿勢に変化している。このように他者への援助関係にまで発展させる力をこれら患者会や当事者グループの活動は内含している。こうした当事者グループの活動を支援することは、疾病・障害を抱えた人やその家族のエンパワメントの機会を保障することに繋がり、重要なソーシャルワーク分野といえる。

第2節　慢性疾患患者の生活と療養の理解

(1) 慢性疾患患者の生活と療養の理解

　慢性疾患患者理解の視点としては、横軸と縦軸の二方向が必要である。横軸は、「今」という時代を切り取り、目の前の慢性疾患患者を、現代社会における医療福祉の諸問題との関わりの中で、捉えていく方向である。縦軸は、病態の変化、生活史・職歴と家族史をライフサイクルとの関わりで、いわば縦糸をつむぐ手法で捉えていく方向である。

1）社会環境の理解（横軸の理解）

　　今という時代の社会環境を概観すれば、成長型社会が終焉し、終身雇用制も崩れ、誰もが陥りかねない「隣り合わせの貧困」の時代にあるといえよう。また、地域共同体の脆弱化が進む中、家族機能は縮小し家庭内介護力は消失しつつある。とりわけ、慢性疾患患者の場合、医療の場における環境の変化はそのSQLにおいて、重要な要素である。

　医療費適正化政策の下、在院日数の削減が図られ、2002年4月より、原則6カ月以上の医療保険上での継続した入院が不可能になった。また病院機能分化により、一医療機関で治療が完結することはなく、その病態に則した医療機関を選択しなければならない事態となっている。このことは、慢性疾患患者の療養生活を様々なかたちで規制している（図6-4）。

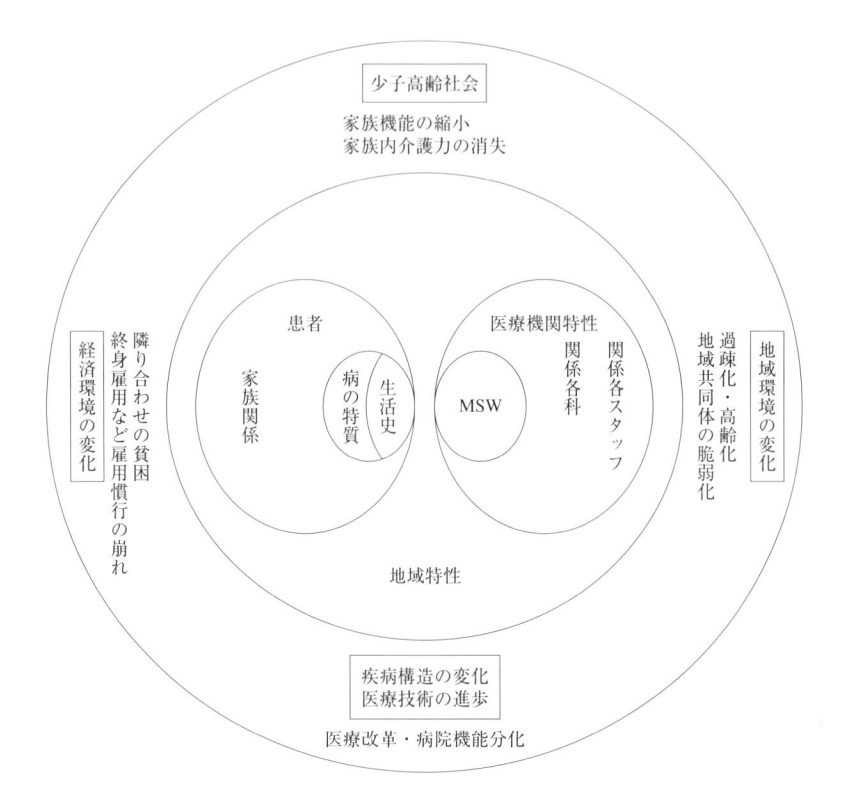

図6-4　現代社会における慢性疾患患者の環境図

2) 病態の変化に伴う生活問題の理解

　こうした現代社会において病を得るとは、どのような苦悩と困難が伴う人生になるのだろうか。それを数々の闘病記や介護体験記が教えてくれる。ここでは慢性関節リウマチ患者の中田明美さんの場合を取り上げてみる。(注1)

　中田さんは27歳で発病した。診断を受けたその日の病院帰りの一こまを、20数年経てもはっきりと覚えていた。「地下鉄の構内は、メーデー帰りの人でざわついていた。そんな人の動きが、ただ疎ましかった」と記している。やっかいな病の診断を受けたとき、人が一様にたどる心の軌跡は「なぜ自分だけが……」という怒りである。

　その次にやってくるのは、病とともに暮らす新たな生活への戸惑い、将来への不安・悲観そして抑うつ状態であろう。「仕事を休まなければならない状

況に慣れず、何かあるとすぐホロホロ涙をこぼした。口では『がんばります』と言い、自分でもそう思っていたが、本当のところどうしていいかわからなかったのだ。すっかり悲劇のヒロインになってしまっていた」「それから20年以上リウマチとつきあうなかで、さまざまな山とぶつかった。しかしどの山も、この発病時の不安と比べることはできない」。

慢性疾患患者の初期のこうした危機に対するサポートのありようが、その後の病を伴った生活の再構築に大きく影響する。中田さんの場合、温泉病院に入院することが、病の学びのスタートになった。「入院した時、先生はリウマチについて簡単に説明をし、こう付け加えた。『病気について自分で勉強しなさい』この言葉は、私の気持ちをひきしめた」「同病の人に会うのは初めてだったので、いろいろと話を聞かせてもらった。リウマチについての本も紹介してもらった」「彼女たちは皆明るくてたくましく、その姿に私は圧倒された」と新たな生活の受容がなされていく。

しかし、復職し再悪化、休職、そして復職、ついに退職と、病態の変化、ADLの変化に伴って生活問題も大きく変化していく。「私の病状はどんどん悪化し、体のあちこちの関節の変形が進んだ。両膝の屈曲に始まり、無理な姿勢で歩くことから足指が変形し、やがて肩が上がらなくなった。といっている間に、肘、手指の変形が進んだ。そのため日常生活にも不便を感じるようになり、生活の仕方を大幅に見直し、変更した。ベッドと椅子の生活に切り替え、タクシー通勤をするようになった」とある。こうしたリウマチの病態変化に伴う生活問題の変化に対応する支援策が、タイムリーに届くようなソーシャルワークが必要である。

しかし、この長い過程で、慢性疾患患者は単に支援を求めている存在であるだけではなく、苦難を克服して強さを体得していく人々でもある。中田さんも「(リウマチと) いっしょに歩くようになって、『強さ』はその後何度も試されることになった」「つらさが私を鍛えてくれた。私のひとつの転機だったのかもしれない」と結んでいる。

(2) 解決課題把握のための視点

慢性疾患患者へのソーシャルワーク実践の基本的な視点は以下の点が挙げら

れる。
① 病とともに生きる患者および家族の人生観、価値観、主体性を尊重し、自己決定を尊守すること。
② 長期にわたる医療費の捻出に対しても、経済生活の保障は常に優先課題であること。
③ 疾患の特性を認識したうえで、病態の変化に伴って表出する生活問題を予測し、時期に適した援助を組み立てること。
④ ライフサイクルと役割を重ね、今、家族や職場で、どのような役割遂行上の困難があるのか、今後の困難と軽減もおおまかに視野に入れて援助を組み立てること。
⑤ 福祉サービスはもとより、医療サービスをめぐるコーディネート役をも担うことから、各診療科、関連多職種、他機能医療機関の特性や限界を把握しておくこと。
⑥ 病とともに生きる意味を獲得し、病の社会性の学習を支援する視点を持つこと。患者同士の相互支援の促進や患者会活動、闘病記執筆支援などが挙げられよう。

事例　「糖尿病患者の場合」
　Aさん　55歳　男性　独り暮らし
　30歳の頃から糖尿病と診断されていた。糖尿病が徐々に悪化し、47歳にインスリン治療が開始された。運送会社の運搬業を解雇され、以後生活保護を受給中である。訪問看護サービスを導入し服薬管理と食事療法が試みられたが、本人の病気に対する理解を深めることができず、生活全般の改善ははかどらないまま病状は悪化の一途をたどり、糖尿病性網膜症も併発した（注2）。52歳の時、頭部激痛発症、かかりつけ医から救急指定病院に搬送され、小脳出血の手術を受けた。入院して2カ月経過した頃、糖尿病性腎症による人工透析療法の導入が必要となり、住所地のA町立病院への転院が検討された。しかし人工透析器の受け入れ枠を超えており利用できなかったため、順番を待つためにB町の人工透析専門病院やC市の療養型の病院への転院を繰り返した。1年後、順番が来たので、まずA町のケアマネジャーと町立病院MSWが入院先へ同行訪問を行い、介護保険の調査と現状の確認を行った後転院となった。20日間の入院期間中に医療面や福祉面の準備や学習をした後自宅へ退院となった。
ソーシャルワーク過程
　人工透析療法の導入では、地域の医療機関では制約があり、近隣町村にまたがる医療機関のコーディネートを要した。退院援助に向けては視力障害がありインスリンの自己注射が困難なため、看護師による学習指導ののち、自己管理を可能にした。また入院中から食事療法の指導を本人およびホームヘルパーへ実施するよう栄養士に依頼した。緊急時対応としては町行政が「あんしん電話」の貸出を行い、通院のためのモーニングコールをしている。

(3) 慢性疾患患者への福祉施策

慢性疾患患者の各解決課題に対する社会資源項目を挙げておく。

① ＜医療費問題＞

各医療保険・国民健康保険一部負担金減免制度・高額療養費・高額療養費貸付・特定疾病療養費・食事療養費の自己負担の減額・特定疾患治療研究事業・小児特定疾患治療研究事業・更生医療・育成医療・障害者医療・ひとり親家庭等医療

② ＜生活費問題＞

傷病手当金・傷病手当（雇用保険法）各公的年金・障害年金・心身障害者扶養共済年金・特別障害者手当・障害児福祉手当・生活保護・所得税、住民税、自動車税、取得税の控除・預貯金等の利子非課税

③ ＜障害を伴った日常生活の支援問題＞

障害者手帳・支援費制度・ホームヘルプ・デイサービス・ショートステイ・訪問看護・補装具・日常生活用具

④ ＜通院・通勤問題＞

公共交通機関の割引・タクシー料金割引・有料道路の割引・駐車禁止除外指定車・身体障害者運転免許取得費助成・身体障害者用自動車改造費の助成

⑤ ＜失職・働く場の問題＞

職業安定所（ハローワーク）・障害者職業センター・障害者職業能力開発校・特定求職者雇用開発助成金・福祉工場・共同作業所・授産施設・更生施設

⑥ ＜住宅・暮らしの場面問題＞

住宅改造費補助・住宅整備資金貸付・公営住宅への入居・身体障害者療護施設・療養型病床群

⑦ ＜障害高齢者となった場合＞

介護保険・ホームヘルプ・デイサービス・ショートステイ・訪問看護・訪問入浴・福祉用具レンタル・福祉用具購入費の支給・住宅改修費の支給・特別養護老人ホーム・老人保健施設・在宅介護対応型軽費老人ホーム・有料老人ホーム・過疎地域小規模老人ホーム・生活支援ハウス（高齢者生活福祉センター）

第3節　患者理解・こころの傷

　病んだことが、「今」目の前に「居る」、"その人"の生活にいかなる影響を及ぼしたのか、及ぼしているのか。仕事をする意味をどのように考えて生きてきて、その労働観から病気によって失職する意味をどのように捉えているのか。そしてまた、どのような死生観をもって暮らしてきて、今、迫り来る死を前に生きているのか。……

　これらを聴き取るスベを、広島の医療ソーシャルワーカーたちには学ぶ機会が与えられた。1977（昭和52）年、NGO（国連非政府組織）が主催した「被爆の実相を検証する国際シンポジウム」の前に実施された、「原爆被害の全体像に関する実証的研究」における生活史調査がそれである。

　統括研究者の石田忠一橋大学教授（当時）の仮説では、原爆が人間になしたこととして、近距離被爆者に、生き残った者の負い目、罪意識を生じさせた例が多くあるというものだった。それは、眼前で圧死・焼死するなど手のほどこしようもない肉親の死を体験したことなどから生じるという仮説である。

　生活史調査の面接調査にたずさわった医療ソーシャルワーカーたちは、この仮説に違和感をもったものである。あの極限状態の中にあっても、人はお互いに気づかい、助けられた話は聴くことはあっても、他の人を助けられなかった負い目の話は聴くことがなかったからである。

　しかし、筆者は、偶然声をかけて調査に応じてもらった工藤さんの証言の中に、まさに仮説どおりの「こころの傷」を聴いた。その時に、鳥肌がたつような深い衝撃を覚えた。それまでもソーシャルワークプロセスで被爆証言を意図的にかつ真摯に聴きとってきたつもりだったが、初めて被爆者の心の奥のひだの部分に触れた想いだった。

　工藤さんは、その証言も収録された『35年目の被爆者』の出版記念会直後に、肝臓癌で逝かれた。……その後、街の雑踏の中に工藤さんに似た中年女性の姿を見かけると、目で追っている私がしばらくの間存在した。

はじめに

　工藤さんと筆者との出会いは、1972（昭和47）年ごろまでさかのぼる。筆者は、MSWとして勤務を始めて3年が過ぎようとしているころだった。

　整形外科の医師から、「何やら申請してほしいといっているが、意味がわからない。話を聞いてあげてほしい」と紹介があった。

　工藤さんは、親戚の人の助言で、1971（昭和46）年に、"戦災による左足関節障害"で身体障害者手帳の交付を受けたが、税金の障害者控除の申請に初めて出かけたとき、被爆者に認定されれば、特別障害者控除の対象になることを聞かされた。原爆のとき負傷した左足は、いまだに痛みを持っている。そこで、「無理にとは言わないけど、私のようなものが認定を受けられないはずがない」という思いで、主治医に相談したところ上記の反応となった。原爆認定申請の例が、年に3、4件程度と少ないため、医師はほとんど扱ったことがなく、MSWへの紹介となったのである。

　筆者は、主治医に認定制度について説明したうえで、意見書を依頼し、認定申請書を代筆するために工藤さんの被爆体験を聞いた。

　そして、厚生省（当時）から追加資料の提出を求められたが、3カ月後には認定被爆者として認定された。

　2年後の1974（昭和49）年春、筆者は外来で見かけた工藤さんに、いつものように会釈すると、飛びかからんばかりに待合室のイスから立ち上がって、「まあー、いろんな病気を抱えてきたのに、またまた病気が増えてしまって……」と涙ぐんだ。「痛風」の診断が下され、「今からどのような療養生活をしたらいいのか」という不安でいっぱいの様子だった。筆者は同病の先輩患者を紹介し、食事療法や、生活上の注意などを話してもらって、一応の落ち着きを得た。

　それ以後は、外来通院のときにあいさつを交わすくらいで過ぎてきたが、1977（昭和52）年春、「NGO国際シンポジウム」の社会科学調査の生活史調査を行う機会に、工藤さんの生々しい被爆体験を聞かせてもらいたいと伝えた。すると、「私自身がやらなきゃならん仕事ですのに……」と、快く応じてくれた。

＜被爆地＞　上流川縮景園近く（爆心地から1.5km）
＜被爆時年齢＞　24歳

<現病名>　左足関節挫創および骨折後骨髄炎による左変形性足関節症（認定疾患名）・慢性肝障害・糖尿病・高血圧症・痛風・白内障
<原爆特別措置法の活用>　なし
<被爆時の世帯構成>
<現在の世帯構成>

世帯員	性別	年齢	当時の職業	被爆状況	備考
本人	女	24歳	庶民金庫事務	自宅で被爆	
母	女	54歳	コウジの製造業　休業中	八丁堀あたりか？骨もわからず不明	
弟	男	20歳	軍曹	満州出征中	24年復員
妹	女	14歳	比治山高等女学校在学	被爆後入市	

世帯員	性別	年齢	職業	備考
本人	女	57歳	無職	
夫	男	57歳	高等学校教頭	
姑	女	89歳	無職	高齢のため寝たり起きたり

(1) 8月6日・被爆

1) 目の前で義兄が死んだ

——宗教心あつい家庭だったから、法事やなんか大切にするんですがね。そういうときは死の光景を思い出しますね。日ごろ、しょっちゅう、そんなこと思ってるわけではないですけど……。私は……もう……自分の法事してもらってる思うのよね。……いつもね。……それでまあ……あたりまえだからね。（被爆の時）そこにいた人は、全部、なくなったんですからね。瞬間に。……1日、1日が拾いもんしたような……ああいう気持ちですよ。そのときから、1日ずつが余分に生きとるわけだからね。法要なんかすると、ものすごく、つらいですね。

　近距離で被爆し、おびただしい死のなかを、奇跡的に生きのびえた工藤さんは、あの日から30数年たった今でも、"死のイメージ"をありありと浮かび上がらせる。

工藤さんは、上流川町、縮景園前の自宅（爆心より1.5km）で被爆した。工藤さん一家は、もともと、舟入町（爆心より2km）で、家業のコウジの製造業を営んでいたが、戦況も進み、材料の「お米も全然入らなくなって」、そのうえ「建物疎開」もあり、嫁いでいた姉（三女）宅へ「一緒になって」いた。
　当時、工藤さんは、"庶民金庫"の事務員をしていた。

——生きがいといえばね、仕事に生きがいを持ってましたね。それで、一生を仕事に殉じよういうような、そういう気持ちは毛頭なかったんですけど、男の人はどんどん出て行ってしまうでしょ。だから重要な仕事を与えてくれるしね。経理とか、走り回ってするような。そういうような生きがいはありましたよ。
　　「国のために働くいう、すじ金みたいなものを持って」、生き生きと勤務を続けていた。

　当日、家族のうち（父は昭和15年に病死）、母と妹はすでに外出し、同居の三女宅も、義兄以外は疎開していたが、その義兄は、前日の建物疎開中にクギを踏みぬいて、勤務先の中国新聞社を休んで、階下で横になっていた。

——私は、ちょうど、二階でふき掃除してたんだからね。そいで、瞬間に、天井まで吹き上げられてね。そこにあった大きなテーブルが、かかって来たんです。（上半身の負傷は免れたが）足のほうが、梁にね。昔のは大きいんですよね。それで押さえられとったわけですよ。どうして出たか自分でもわからないんですがね。身動きならん状態でしたけどね。バリバリいう音がして。今の家と違って、木材が大きいでしょ。床も高いですよね。なのに屋根から下へ降りるのに、ずると、座って降りられたのよ。ペシャンコになったどころか、下にめり込んだんじゃないかしら思うのよ。

　近くで火の手が上がった。
　義兄は柱の下敷きになっていた。

――義兄が下敷きになったままでね。"いまに、救援隊が来るから、がんばれよー"言うのよ。義兄が……。下敷きになったままで……。私もね、"がんばってー。がんばってー。"言いよったのよね。でも、助けに来るどころか、助けようがないし、助けに来る人ないね。みーんな下敷きになってるしね。火のまわりは早かったんですね。木造だからね。義兄は結局……下敷きになったまま死んでね……。

工藤さんの目の前での焼死だった。

2) 泉邸へ

梁で左足を複雑骨折した工藤さんは、炎を逃れて、家から10mのところにある防火用水のところまで這い出して、座り込んでしまった。

――そのときには、もう（皮膚が）ずるずるになった人や、髪が焼けた人、気違い（そのまま）になった人やなんかが、とっとっとっとっ、はだしでね。みんな泉邸（縮景園）へ、泉邸へ、いう考えがあるわけね。あそこに行けば、大きな池があるし、みんな、そこに向けて来るのね。だから、人を助けることなんか……。

　そのなかを、無傷の人が、私を背負って連れて行ってくれたんです。人のことなんか……。人の命なんか……。そんなときに、私を背負って（泉邸の）池のそばまで連れて行ってもらって。私、名前もなんにも聞いてないのよ。まったく、おかげじゃあ思うて。雨（黒い雨）が降ったあとでも、寒くなって、ガタガタ震えてたら、中国新聞の運動部長してた（義兄の関係で顔見知りだった）三井さんいう方が、どこからか浴衣を拾って来て、かけて下さったり、ナンキンかなんかを拾って来て、「かじりなさい」言われて、渡してくださったり……。だから、私が助けられたのが……奇跡。

工藤さんは、混乱の最中にも示された人と人との情に感謝する気持ちと、命拾いしたという思いを持って語る。

泉邸の池では、

―― 大衆風呂のようになった池の中へ押すな押すなと入ると、ほとんど兵隊さんですよね。戦闘帽の下だけ、髪の毛があって、それから下は、(皮膚が)全部ずるむけになってね。親が見ても判別つかん、みんな同じように、顔が腫れあがって、目が細く糸を引いたようになってね。そんな人が、ぎっしり入ってたわけよ。それは、ほんと、今でも心に焼きついて離れないわ。

　6日、夕刻、日も落ち、池から出て横たわっていると、遠い親戚の人に出会い、安古市町小田に嫁いでいる姉（三女）への伝言を依頼した。真夜中になって、姉が救出にかけつけてくれた。

3）心の痛み

―― 私は、12時ごろ、リヤカーで前後かかえられるようにして、担架みたいな格好で、常盤橋を通って帰ったんですが、そのときに、常盤橋のたもとに、息絶え絶えに動めいている人がいて、リヤカーにさがりついて、"乗せて下さい"言うわけよ。そのときにね。まあ……。"救ってあげればいい"なんかいう気持ち、みじんもなかったよ。恐ろしいものね、人間は……。わが助かることに、もう……一生懸命だからね。私なんか、（宗教的教えを）教えられてきたもんだけど、人の死体を踏み越えてでも、どんなにしてでも、自分は助かろうて……。恐ろしい思ったよ。それは……。すがりつくのよ……。それを払いのけて帰ったの。だから、時間がかかったですよ。どういうんかね。人間て、こわいもんじゃ思うわ……。

―― 余裕があってこそ、やれ隣人愛じゃとか、何とかいうけどね。私は特別に、すごい人間じゃったかもわからんけどねえ。

―― 一応、落ち着いてから、だんだんに、それを感じ……。強く感じるようにな

りますよね。やっぱり、一年たって、初めてのかたちだけの法事をしたときに、しみじみと感じましたね。それは恐ろしいもんだー思うてね。

──何も考えられないのかしら思うてね。自分のことしか……。

　工藤さんは涙ぐみ、声はかすれる。言葉が続かない。重苦しい沈黙であった。
　工藤さんは、親戚、知人にもお寺の人が多く、「家風いうと、信仰のあつい家」で育った。24歳という青年期に、こうした"すどい人間"のような逃げのび方をしたという思いは、心の奥深いところを傷つけた。今でもその思いから逃れられないという。

4) 骨もわからない母
　6日朝、母は、前夜に疎開荷物を運ぶために借りていた大八車を返しに出かけていた。工藤さんは、母が出かける時には徹夜で荷物を運んだ疲れで、出勤前のつかの間の睡眠をとろうと、ふとんの中にもぐり込んでいたが、

──"いまから返しに行くからね"と、母がふとんを開けて、顔を見せるのに、"ああ、わかった、わかった"言うて、顔も見んと、また寝たわけよね。そのとき、ひと目でも見ておけばよかったのにね。それから、また、お勤めしなきゃならないから、寝とられんでしょ。すぐ起きたのにねー。顔も見ていないのよ。心のこりだわー、それは。

　この別れのあと母は、時間的にみて八丁堀あたりで爆死し、骨もわからないでいる。だいぶたって、同僚の人から、

──私の勤め先（当時庶民金庫は、現在の八丁堀の福屋デパートと長銀の間にあった）に入ろう思うたら、階段のところに、50年配の女の方が、死んでおられた、いう話を、私にしてですからね。それは、母じゃろうと思うのよね。私はね。

ここまで来れば、私が（出勤して）来るだろうと思うて、待っていたんかね。……出かけるときに、わざわざおふとんを開けとるのにから、顔見んと別れたでしょ。

5）骨髄炎に

姉の疎開先の安古市町小田で手当てを受けられるようになったが、複雑骨折した左足は、骨髄炎を起こし、足首は、「（太）ももと同じくらいに」腫れてしまった。

——池の中に入っとったんだから、バイ菌が入っとるわね。座敷に寝とっても、猫が通っても飛び上がるくらいに痛んで。私は先生の顔を見るたびに、この足をひいて（切断して）ほしい言うでしょ。そしたら、先生は、「うちにはノコがないから、日赤まで行きなさい」言われた。

しかし、日赤まで運び出せる病状ではなかった。

——足の下のほう（足首）は、自然にパンクして、上のほうはメスで切っちゃったら、ダーと膿が出て、毎日、若竹色の膿が出て、ちっちゃな骨が、膿と一緒に出て、骨折したところは、そのまま、曲がって、くっついたの。

村の医院の隣のお寺が、知り合いだったため、部屋を借り、そこにお医者さんが毎日来てくれていたが、

——そこの奥さんが、10年間、法事でもらってきたお菓子の箱を、押入れにいっぱい貯めとっちゃったのを、添え木にしてね、それが膿でビチャビチャになるんで、私のために全部使ってしまって、ふとんも、敷きぶとん一枚分の綿を使ってしまったからね。

骨髄炎もさることながら、放射能による急性症状にも苦しめられた。

高熱が続き、髪の毛も半分くらい抜けて、洗面器いっぱいに血を吐いて、皮膚に斑点が出るのは、昭和20年の暮れまで続いた。
　背にふとんを入れてもらっても、すぐに寝なければならないほどの、ひどいだるさに見まわれ、生理は、翌年4月まで無月経だった。

寝たきり状態を脱し、汽車に乗れるだけの体力がつくと、神戸の姉（次女）宅に身を移し、親戚を転々とする生活が始まった。

――戦後五年間は、毎年、同じところで、お正月を迎えたことがないんよ。結局、今年はここの親戚、つぎの年は、ここの親戚におったというふうに。

――ほんと、みんなよくしてくれましたよ。私は何か運があるんかもしれんけど、行く先々で白いごはんを食べてましたからね。

――どうしてよくしてもらってるのに、そんなに転々としたかと言うと、結婚話とか、まあ、いろいろ事情が、やっぱし、あったのよ。

　と、多くは語らない。

転々とした生活のなかで「やっぱり、家がなくちゃ」と、親戚の援助や、兄妹のあるだけの財産を出し合って、広島市内の皆実町に家を建てた。
　「みんなの家」づくりには、満州から復員して帰った弟が奔走し、長兄の残してくれていた書物が資金源の骨組みとなった。

――兄は、昭和20年7月に戦死してましたが、京大を出て、奉職してましたから、本がずいぶんあって、疎開させてたんですよ。戦後みんな焼けているので、本がなかったでしょ、だから、いい値で売れたそうですよ。

そこで、夫は戦死し、五人の女の子が残されていた長女一家と戦地から帰っ

た弟妹で、肩を寄せ合っての生活が始まった。

(2) 被爆後の生活史
1)"職業婦人"として生きる決心
　すでに工藤さんは、半年まえに就職していたので、広島に転勤するかたちで帰ってきた。しかしその就職も、もちろんすんなりとしたものではなかった。

——神戸の裁判所に就職したんですよ、新聞広告か何かで知って。試験を受けて入ったんですが、そのとき、ずいぶんもめたんですよ。からだが悪いうんでね。明石から神戸まで、通えるかどうか、言うんですよ。その当時は、ひどいラッシュでしたからね。でも乗るときは始発で、降りるときはからになるほど人が降りるのでね。

——当時は、失業者があふれたときでね。だから、なるべく悪い足見せまいと思うて、苦労したのよね。「通えますか」言われて、「ええ、絶対通えます」言うてね。一生懸命言うたよ。そのときは、松葉杖ついてて、やっとステッキにかわったところだったからね。一歩、歩くのに血の涙が出るようなかったんです。針の上、歩くほど痛いんだから……。だけど、そんなこと言うたんじゃあねー。「大丈夫です、仕事には大丈夫です」言うて、入ったわけ。

　歯をくいしばって得た仕事であった。だから、工藤さんはこれを「一生の仕事」と決めたのである。

——被爆するまえはね、いくら、自分はお勤めしようと思っても、女は結婚するまでの腰かけじゃいうことになっとったからね。でも、戦後全体的な考え方も変わって、周囲も変わったかもしれないけど、私自身は、完全に変わりましたからね。

——私は職業婦人として、生きたいと思うから……。そういう決心で勤めに

入ったんだからね。

こうした決心を工藤さんにさせたのは、原爆によって負傷し、曲がったままくっつき、痛み続ける彼女の左足だった。

——私もね、こんな身体になってね。結婚なんかして、幸せになれるわけないしね。理解してもらいたいけど、同情はされたくないという……。やっぱし、私、強情なんか知らんけどね。そいうい気持ちがあった。だけど、まず、同情が先立つわけよね。同情で結婚するいうなんてね、結婚生活なんて、そういうもんじゃないし。それが不思議と逆にね、ものすごう結婚話があったんですよ。おかしいですね。私は、結婚なんかして、みじめな思いするよりも、とにかく自分の生活は自分で生きてゆくという気持ちで、速記タイプの資格でも取ってと思ったら、年齢が多いのよね。25歳までいう条件で、試験を受けることができなくてね。

「足の痛みを隠し」て、快活に、そして、常に向上心に燃えていたその姿勢と、今でも面影を残す端正な顔立ちとで、筆者は工藤さんに「ものすごう結婚話があった」ということが、うなずけるのである。

2) 結婚生活

高校教師のご主人との出会いは、

——皆実町の家で、姉が生菓子のお店をしてたの。主人が、生徒さんを連れて来て、それで、たまたま会っただけですよ。恋愛いやあ、恋愛なんだけど……。

たまたま理解してくれたからね……。
結婚生活に踏み切るまでに時間がかかった。

——主人と会ってね、1年くらいあとだったからね。ずーと結婚すまい思ってたからね。結局、結婚したから、やっぱり縁があったんでしょうね。

1951（昭和26）年、工藤さんが30歳のときであった。ご主人の妹さんは、学徒動員で被爆し死亡していた。だから、同居した姉も、工藤さんの被爆による身体の不自由さは、よく理解してくれて、家事の面でも助けてもらうことができたという。

——家事でもね、仕度して、どんどんするんですよ。さあ、お茶を入れて、ごはんにしましょういうんで、座ったら、もう立たれんの。主人が「ちょっと取ってくれ」いうのが、一番苦手ですね。

　しかし、「松葉杖ついても、走り競争したくらい」の「負けず嫌い」だった工藤さんは、仕事の面でも家事でも無理を重ねた。

——私はよく働きましたよ。お勤めしてもね。主人が遅くなることが多かったけど、帰るまでこれだけはしておこうというので、裁縫でも、2時くらいまでしよったよ。あのころは物も少ない、お金もなかったからね。ワイシャツも、ズボンも、すべて仕立てて着せよったし、おふとんも、毎年仕立て直す……。座ってできることなら、なんでもしよったからね。

3）退職を迫られる
　工藤さんは、一度も妊娠することはなかった。だから、「一生の仕事」という思いは変わらなかった。仕事も、足の不自由な工藤さんに適したものだった。

——まあ、出勤するでしょ、イスに座ったらもう、それから立ちたくないのね。お手洗いに行くのも、辛抱しとるくらい。

　タイプ専門だから、立ったり座ったりする「一番苦手」な動作をしなくても、勤務を続けることができた。
　しかし、「足の痛み」のハンディのうえに、さらに内臓の疾患が加わってきた。1953（昭和28）年（結婚2年目）、腎結核で片腎摘出、入院4カ月。1955（昭和30）年子宮筋腫、1957（昭和32）年肝臓障害で入院。以後1962（昭和37）年、

1964（昭和39）年、1970（昭和45）年と入院生活と通院加療の繰り返しである。
　工藤さんは仕事を続けたかった。「第一線の社会に出とるという精神的なものが7分で、あと、お給料をいただくのは、3分くらいの気分で働いていた」からである。

——私、役所にね、枕やら、毛布、持って行っとった。いつも、そいで、お昼休みには休憩室で、寝てたん。

——次から次、病気持ったまんまだからね。その通院するのがつらかった。そのたんびに休暇もらって行けるわけじゃなしね。

——11時半ごろから、みんなお弁当に出かけるのよね。その時間に、1秒でもと思ってね。裏門から車で出ちゃあ、市民病院まで……。気があせるのよね。待ち時間が……。一本の注射のために、いらいら、いらいらしてね。だから、かえって、病気、悪化させたんじゃないかと思うの。それで通院の穴埋めに、日曜日に出勤して、仕事片付けてましたからね。自分が机を空けとったときのつぐないは、一生懸命、人が遊んでいるあいだにでも片付ける。そういうつもりで仕事しました。

——そうしながら、たまりたまっては、パンクしちゃあ、入院し、倒れちゃあ、入院し、いう格好でね。

とうとう、昭和45年、50歳のときの入院生活の最中、退職せざるをえなくなってしまった。

——実は、勤めをやめるいうのに際してね、市民病院に入院してたんですが、課長から、係長から、5、6人見えたのよ。私は、お見舞いに来てくださったと思って、あら、またごていねいに、たくさん来ていただいて、と言ったのよ。
　そしたら、「これをしおに、辞めてもらえんか」言われた。子供がいるわ

けじゃないし、老後のことも考えて、お勤めを続けたいな思ってた矢先だったからね。それを聞いたときには、悲しかったわ。ほんとうに。なんで、こういうかたちをとらなきゃならんのかなあ思うて。

　工藤さんは、この悲しみの源は、やはり原爆だと思う。

——それが、生まれながらの虚弱児いうんじゃない。「殺しても死なん」いうくらいに元気なかったんですから、親も、安心しとったんです。それが、完全なガタガタでしょう。原爆にあってから、ほんと。直射日光にあたられないいうこと……。めまいがして、倒れて……。だから私の病気が原爆によるものだということは、私は、それで、実感でわかります。
　それは、原爆の、あの光の記憶ともダブっている。

——ヤミ夜にね、マグネシュウムたいたときみたいだったですよ、光の強さは。黄色でね。しかも、あれだけいいお天気だったのに、ヤミ夜にマグネシュウムたいたみたいに、パァーと明るくなって。それだけにね、光あびたら、骨の髄までやられる思いますよ、私は。

(3) 35年目の被爆者の想い
1) 被爆体験を伝えたい
　工藤さんは認定被爆者だが、被爆者特別措置法による諸手当は受けていない。

——厚かましいんですけどね。せっかく認定していただいたんですけど、所得制限にひっかかりましてね。全然手当てはいただけなかったんです。それは、非常に矛盾じゃあないか、思うんですよ。認定患者というものは、ありゃすごい（病状に）制限があってね。この本人には収入ないのにね。

——私ね、こりゃあたとえば、交通事故なんか起こしてね、それに対する慰謝料なんかかがあった場合に、あなたは、主人の収入いいんですから、補償やら、保険は出ませんいうことはないでしょう。理屈から言えば、それと

同じじゃないか思うのよ。

　工藤さんは、被爆者運動に1度も関わったことはない。しかし、原爆を否定し、自分の体験をあとの世代に伝えたいとする思いは強い。それは、1回2時間、延べ15時間にも及んだ筆者の聴きとりのための面接に、毎回きちんと応じてくれたことにも示されている。しかも病身をおしてである。

――原爆のお話をすることは、つらくて、くたびれてしまうので、私は面接の前の日は、半日、何もしないで寝ているんですよ。そして、また帰ったら、すぐ寝なきゃならんのよね。

　雨が降って冷え込む日でも、約束の時間には必ず来てくれたその姿のまえには、半日の寝だめの準備があったのだ。
　奇跡的に生きのびたという思いが、工藤さんをつき動かすのであろう。RCC（中国放送）の体験募集に応じたり、NHKの番組で訴えたこともある。

――広島の原爆の悲惨さをね、少しでも多くの人に知ってもらいたい。知ってもらうことによって、もちろん、二度と人類の破壊に使われないように願っています。

2) 89歳のお姑さん

　工藤さん夫婦には子どもがいない。筆者は7年まえの認定申請のとき、養子縁組をしたいので養護施設を紹介してほしい、という相談を受けながら、そのままになってしまったことが気になっていた。

―― 子どもはいないものとして、主人が、"とにかく、どんな生活してでも、両親のもとで育てられる以上の幸せはないのだから、両親のおる子どもは、もらうことができん、親の代わりになってやれるいうようなところからもらおう"いうことになって、親戚に牧師もいますしね、あっちこっち頼んでみたんですが、推薦できる子はいないということでした。いまだに主人

は言ってますよ、"養子もらって、その子にめんどう見てもらおうじゃないのいうのは、もってのほかだからね、そういう気持ちはなくて、子どもを育てる経験がいいのだから"と。大学に行くような子を自分の家から通わせたらどうか、などと言ってますよ。

工藤さんは、現在、89歳になるお姑さんの看病をしなければならない嫁の立場にある。

──お風呂に1ぺん入れたら、私のほうがさきにのびとんだから……。出たあと、私のほうが寝るようになるのよ。だから、1カ月に1ぺんぐらいになるんですがね。あとは身体をふいてあげるんですが、それはお風呂に入るんとまた違うからね。

いままでも、慢性肝障害、糖尿病、高血圧、認定疾病の左変形性足関節症、さらに昭和49年から痛風、昭和51年白内障発病と、多くの病をかかえたからだに、家事はきついと言う。

──私、先生（主治医）から、「食後に、横になるように」言われてるの。だけど、やっぱり、そこらが散らかったまま横になれんじゃない。でも、すぐに横になって休息するのが一番効果がある言われるの。それでね、元気があれば、ふとんを敷くだけでも敷くし、片付けるんですがね。くたびれとったら、そのまんま、横になるでしょ。そしたら、主人が敷くだけは、ちゃーんと敷いてくれるからね。まあ、いつも、何から何まで助けてもらってますよ。

そのご主人も、勤務の関係で別居生活が続き、困っていたが、昭和51年4月から、勤務地を近くにしてもらって、同居できるようになった。
しかし体力的には、もう限界である。いろいろ考えた末、家政婦を雇用することにした。一般の家政婦会の人では高額なので、パートの人を民生委員さんに探してもらって、なんとか嫁の役割を果たそうとしている。

――なんとか自分で、まがりなりにもできれば、思うんですがね。ほんとは他人にまで来てもらって、してほしくないですよ、自分の手順もあるからね。

と、工藤さんは肩を落とす。

5月のある日、工藤さんに会った。工藤さんの声はかすれていた。極度の疲労からきているとのことであった。

「家政婦さんとはうまくいきませんか」とたずねると、

――いいえ、お若い方で、とてもよくしていただくんですが、なにしろ、気を使いますしね。それに、おばあちゃんが自分の部屋に入れないんですよ。やっぱり、年寄りですから、仕方がないんですがね。おばあちゃんのことは、相変わらず私がするようなんですよ。それに以前のような、"寝だめ"ができなくなって……。以前は、電話にも出ないで居留守を使ってまでも、やれんときには寝てましたが、そうもいかないんで……。

と答えた。そして、検査結果が記入されている紙片を取り出し、

――正常値よりも、300倍も高い数字があるのよね。素人でも、大変なことだなあとわかるわね。先生に聞いてみたのよ、"こりゃあ何ですか"言うたら、肝臓が破壊されよる数字なんですと……。

工藤さんは顔をしかめた。

そして1979（昭和54）年夏、工藤さんは58歳で逝った。

第4節　患者理解・今に至る軌跡

　医療関係者は、時として提示した治療方針を患者から拒否される場合がある。ソーシャルワーカーもまた、利用者に提示した援助プランを拒否されたり、協力が得られない場面に出くわすことがある。

　なぜ目の前のこの患者さんや家族は、拒否するのだろうか。その答えを、その患者の生活史や、その家族の家族史の中に探り当てることがある。

　認定被爆者で、認定疾病である血液の状態も悪化していながら、入院を拒否している河野チエ（仮名）さんの"想い"を理解するには、生活史を聴き取る必要があった。

1）安住の地はありませなんだ
河野チエさん（87歳）（仮名）
広島市中区在住、被爆地：小町（爆心地から0.7km）

　『私の一生は、ほんにつまりませなんだ』

　──老女はとつとつと話す。87歳の被爆孤老。広島市内の民間アパート2階にひっそり住んでいた。「この広い空の下、私にはついに安住の地はありませなんだ」。それが単なる老人のグチなんだろうか。言葉の裏には都市老人の持つ深刻な住宅問題が潜んでいた。

　1980（昭和55）年5月29日付『中国新聞』の「天風録」に掲載されたこの一文を読み進むうち、筆者は、「これは、もしかしてあの人のことではないだろうか」と思った。「認定被爆者」「有料老人ホーム」「つえをつき、不動産屋を回る」──記事の中のこれらの言葉から、すぐに河野チエさんのことが頭に浮かんだ。

　1970（昭和45）年1月26日、河野さんは当時入所していた有料老人ホームから開所間近い広島原爆養護ホームへ移ることを希望して広島市民病院の医療相談室を訪れた。しかし、半年後の6月19日、「広島原爆養護ホームから入所却下

通知が来ました。5,000円程度の家賃の家があれば……と思います」という言葉を最後に姿を見せなくなっていた。

広島原爆養護ホームへの入所希望者は多く、有料老人ホームへ入所中の河野さんは「一応住むところはあるから」という理由でその申込みは却下された。

そして1980（昭和55）年2月、河野さんは10年ぶりに来室した。

「先生から入院を勧められてるんですが、入院した時、私は独り暮らしなので、原爆の手当てのこと、銀行、市役所への手続きのことなど、お世話してもらえますか」

筆者は河野さんの記憶の確かさと、入院準備の周到さ、それにこまごまとした世話をしてくれる人のない独り暮らしの厳しさを感じた。

河野さんは、2年前に、入所していた有料老人ホームが解散となり、今は広島市内のアパートに住んでいるとのことだった。しかし、河野さんは、2月に来室したきり、ふたたび姿を見せなくなった。そして、どうしているのか心配している矢先の『中国新聞』の記事なのである。

「天風録」の記事は「首がくくりたい。極限までに思いつめた心を支えてくれたのは、鉦や太鼓の福祉行政ではなかった。社会の片すみに細々生きる小市民だった……」と続いていた。

河野さんの主治医に経過を問い合わせると、

「あのおばあちゃんは、入院せんいうて頑固なんじゃあ。貧血の状態も良くなくて……。気にはなっとるんじゃが、ずるずる延びてきた」

という返事だった。筆者は、日常生活の様子を聞き、できれば入院するように説得してみようと、その日の夕刻、河野さん宅を訪ねた。

河野さんは思いのほか、元気な様子だった。6畳2間と台所のアパートの部屋は、隅に小さなタンスと机があるだけのせいか、ずいぶん広く感じた。ノリのきいた白いカバーの座布団を勧められ、ヘルパーのこと、福祉電話のことなど日常生活ぶりを聞いた。そのうち河野さんが、「新聞記者が来ちゃっての」と話し始めた。やっぱりあの記事は河野さんだったのだ。

筆者は、「私の一生は、ほんにつまりませなんだ」と言わせた彼女の半生を知りたいと思った。原爆が、それにどう関わったのかをも知りたいと思った。

そして、「一代記なんぞ、なかなか言わりゃしません」「じゃが、わしもグチ

が言いたいけえのう」という河野さんの話を、翌日から聴き取った。

2）飛んだんよ、風で、爆風で
　河野さんが被爆したのは、当時勤めていた図書館だった。河野さんはそこに1943（昭和18）年から勤めていた。
　「昭和18年じゃったか、わしが50の年に、息子に嫁がきたんじゃけえね。ほいから、わしがおっても用がないからね。勤めに出まひょう思うて、雇うて下さい言うて行ったんです」8月6日のその日、「館長室と事務室がわしの掃除当番よね。事務所の前まできてこうなったん」と、その瞬間の語りには思わず両手を上にした身振りがついて、
　「どうしたんかの。わしゃ。動かれんようになって。どうにもならんけど、どうしたんかいのう思う間に、はあ気を失うてしもうて……。飛んだんよ、風で、爆風で。気がついてみたら、壁際へ転げておりましたわい。息をしようにも吸うばかりで、吐くことができん。爆風でゴミやホコリが口の中へ入る。鼻の中にもね。顔なりと洗おうとこう思うてね。便所へ行っても、水が出んのよ。炊事場行っても、何もかもみなめげてね、戸が動かんけ、出られんのです。ほいで、さびしいことに、だあれもおらんが。わし1人おるんじゃ。じゃが、外を見たら、館長さんが頭振りよっちゃった。窓が高いから、出られんからね。登り上がって、飛んだんです。館長さんは頭をガラスで切ってね。玉になって血が出ました」
　「男の人の……首から上がね。笑うてね、死んどるん。ま、どうして首だけあるんじゃろうかの、言うてみてね。他のところ（からだ）はそこになかったけ、どうなったか知りません」
　「図書館に帰ってみると、火の手が上がっていて、逃げられん思うたですよ。防空壕にやっとの思いで飛びこんで、冷たい空気吸うて一息ついた。しばらくして外をのぞいてみりゃあ、水そうに7人ぐらいの人が入って"キャア、キャア"喜んどりました。じゃが、わしが戻るころにゃあ、みんな手がこうなっとった」
　手を前にたらす身ぶりをくわえて、
　「死んじゃったでしょうよ。その人らみな」

その日の夕方、河野さんは自宅へたどり着いた。息子はフィリピンの戦地に行ったままで、家には嫁と、1つを迎えたばかりの孫がいたが、幸い2人とも無傷だった。
　「わしは、というと他の人のように髪も抜けんし、お腹も下らんのじゃが、両手両足の服から出とる部分だけ、デキモノができて、根が張って痛い。何にもできなんだ。茶わんが下げられんようになったんじゃけえ。手が重とうての。そのうちウミ出して何かつけちゃあ、直したんじゃろうと思うんです。1カ月もかかったろうと思います、治るのが」

3）嫁の実家へ

　借家だった自宅は半壊状態だった。生まれてまもなく母が死に、継母に育てられた河野さんにとって、実家は頼れる所ではなく、避難する親類もなく、ともかくもそこに身を置くしかなかった。
　「雨の降る日は、屋根のある所は便所しかなかったけえね。イスを便所に持って行って、それに腰かけて夜を明かしよった。臭うてもこらえにゃしようがないね。寝にゃあ、体が休まらんけえね。寝る所がないでしょ。ほいで風呂場にカサさして寝よった。3カ月ぐらいは上の上にもしろ1枚敷いて寝よった。結局、すぐ近くにあった嫁の里を頼って行くより仕方がなくなってね。行きにくいんじゃが、行ったんよ。"よう来た"とも言うてくれんし、"来たか"とも言うてくれなんだ。知らん顔してみんなが顔見合わせとってじゃけえ。まあさえんのう思うて……」
　お嫁さんの実家で、河野さんは焼け跡から拾い集めたタル木や板で造った10畳ばかりの小屋で暮らした。

　そんな苛酷な暮らしを強いられた河野さんに追い討ちをかけたのは、一人息子の戦死の知らせだった。
　「日に何べんも大きな声して子どものように泣いたんよ。"どうしようかいのー""どうしようかいのー"言うてね」
　4日間にわたる長い語りは淡々と続いたが、この息子さんの死を語るときだけ、小さな体を縮め、じっとうつむいて、声をふるわせ、感情のほとばしりが

あった。息子さんが満1歳のとき、夫と死別した河野さんにとって、彼こそが唯一の生きがいだったに違いない。

アパートの部屋の隅の机に木の箱があり、しおれかかった花がいけてあった。河野さんはその箱の中から1枚の写真を取り出し、見せてくれた。軍服姿の若者が緊張して座っていた。

河野さんは、息子の死の知らせが届いた後、ますます嫁の実家にはいづらくなった。

「また図書館に出るようになって、ちいともらうようになったんよ。貯めてね、3,000円のお金をこしらえて、その金で図書館の南側に3畳ほどの小屋をこしらえて。嫁の里へは"まあ長うお世話になりました"言うても、"行きんさんな"とは言うちゃあない。まあ、私しゃ、悲しうてね……」

河野さんの孤独な生活のスタートだ。

4) 弱った身体で

「わしはもう他人の世話にならんように、屋敷を買うて暮らしたいと思うての…昭和27年、図書館をやめる時に、12万円をもらい、住んでいた小屋を3万円で売って、15万円で家買いました。ちょうど60歳の折じゃった。そこで死ぬ気で、近所の人にも"わしゃあ、死にに来たんですけえ、よろしゅう頼みます"言うとったんよ」

そのころから、被爆した河野さんの身体に無理がこたえ始めた。

「熱はないのにあるようで具合悪うて、ずっと熱さましばっかり飲みよった。検診で県病院に行った折、やさしい先生がおられて、"あんたの身体は大ごとですよ。白血球と赤血球が普通の人の半分にも足らんのですよ"と言われました。それでも、私は"そうかいの"思うただけでの。そうしたらハン（印鑑）を借してくれえ言われたけえの、はいはい言うて持って行ったら、それで認定被爆者にされたんじゃそうな。昭和32年よ。それまで医療費払いよったけんね。あんまり具合が悪い時は、こう金がいっちゃあ、はあ、死んでもええけえ、医者へは行くまあ思うてね。心に決めよったん。ほいたらタダにしてもろうたけえ、まあうれしゅうてね。診てもらえるようになって……」

また不思議なことに図書館をやめたころから、河野さんの鼻は赤くなり、ズ

ルズル皮がむけ、特に冬には痛くて仕方がなくなった。治ったのはつい2年ほど前だという。

5) 有料老人ホームで

　弱った身体での独り暮らしのつらさはどれほどだっただろうか。

　「そのころにはヘルパーさんもいるじゃなしね。年寄りんところへ若いもんがのぞいてくれるじゃなし。あんまり寂しいからどうしようかと思うとる時に、50万円出しゃあ生涯見てくれる所があるげな、いうことを聞いてね。そのころの50万円いうたら、大した金じゃったからの」

　河野さんは、家を売り払ったりして得た金で、その有料老人ホームに入所した。1962（昭和37）年12月、河野さんがもうすぐ70歳を迎える年の暮れだった。

　「そこは、養老院らしい所じゃなかった。もう小屋みたいなの、あっちこっちしたのを一間ずつもらえるだけじゃった。とても有料とは思えん待遇じゃった」

　経営難の有料老人ホームの内情は、1978（昭和53）年6月5日、同年11月20付の『中国新聞』紙上に詳しい。

　「開所当初は1人につき40万円から115万円までの一時金制をとり、12人が終身保障契約をして入所した。ところが、その後の物価高や平均寿命の伸びから終身保障契約制では経営が難しくなった。40年ごろから一時金による終身保障契約の入所をやめて、利用料の月払い入所制に切り替えた。それもうまくいかなかった。物価は上がる。月払い者から利用料値上げ反対にあう。有料老人ホームには公費の補助はない。老人ホームとして健全な運営ができなくなるほどの資金難に陥った」

　河野さんはその当時のことを、次のように語る。

　「月々払う人とそうでない人と、しっくりいかんようになってね。毎月出す人が出さんもんを憎むんよね。おかずが悪いのは、あんたらが銭出さんけえじゃ言うてね」

　1965（昭和40）年から原爆医療手当てを受給していた河野さんは、

　「ほいじゃけえ、あのころ3万円もらいよったけえね、2万円ホームへは払ろうて、残りの1万円はわしの小遣いにしよったんよ」

6）火が一番怖いけえーね

　河野さんが最後の住み家と定めた有料老人ホームは、1978（昭和53）年、老人福祉法に定める設置基準の10人を割り、閉鎖になった。困った河野さんは、遠い縁戚の人に、
　「保証人になって、家を借りられるようにしてください言うて、せがんでせがんでなってもろうたん」
　しかしそのアパートも1年ほどで、改築のため追い立てをくってしまった。次の借家にも保証人にという河野さんの頼みに、今度は「火を出したら、うちの身代が壊れる」といって引き受けてもらえなかった。
　「他にすがる所はないんじゃけえ思うて、たのみに行くとき、スイカ1個買うてのう。力がのうて、なかなか負われんので、大風呂敷持っていって……。こけたら起きれん、割れる思うて、喜んで食べてくれちゃったが、それでも保証人の件はだめじゃった」
　何軒かをあたるうち、ようやく「体もしゃんとしとるし、よう歩くし、耳も聞こえる」ということで、交渉の結果、貸してもらえるところがあった。保証人には、ふとしたきっかけで知り合った同じ70歳を過ぎた独り暮らしの被爆者がなってくれて、現在のアパートに住めるようになった。引っ越しを手伝ってくれる人もなく、1人で何日もかかって少しずつ荷物の片付けをした。この間、貧血の状態も悪くなり、いまだに回復していない。
　ようやく住めたアパートだが、右足を骨折し、身体障害者手帳を持つ河野さんにとって、急な階段の2階なので、決して住みよい条件ではなかった。そして、「火が一番怖いけえーね」と、煮炊きには電気コンロを使っているため、電気代の支出もばかにならない。

　河野さんは、頑固に入院したがらない。
　「気にやむことが多い人生じゃった。今のこの今、わしを（自分で）可愛がらんにゃああ、とかく短い人生じゃ……かわいそうに思うての……。ほいじゃけえ、入院するよりも、うちであん気に転げとりたいいのよ……」

　最後に河野さんは、今の"願い"について語ってくれた。それは筆者の心に

重く響いた。
「息子も国のために死んだんでしょうが……、わしが国のためいうたら、死体をあげて研究してもらうことぐらいしかできんけ……、わしも国のためになって死のう思うて、それに葬式出してくれる者がないんじゃけえ、その両方かねて白菊会に入ったんよ。ただ、わしがここで死んどったら腐っとってもわからん。で、腐ったら、あこにゃいらんけんね。それが気にかかるんよ……」

第5節　患者理解・経済保障の意味

拝金主義ではないが、病とともに生きるにはその暮らしを安定させる経済保障が不可欠だ。新たな金銭給付によって人間関係、夫婦関係も修復・改善される姿に遭遇するものである。
　本事例は、国民年金の障害年金と原爆認定による医療特別手当の受給により、療養生活の安定が図られた例である。

たかが金銭給付、されど金銭給付──若年被爆者の事例より──
　美津子さん（仮名）の相談は、姉（実質はいとこ）の石津さん（仮名）の来室から始まる。
「4月から内科に入院して2カ月になるが、主治医から退院の指示が出ても、自宅療養が困難な家庭事情がある。美津子の夫は難聴者で大工、注文の聞き間違いが時にあり、収入も不安定で低い。働けない妻を厄介者扱いし、心身ともに安静が保てず、今までも入退院を繰り返している」という内容だった。
＜病名＞　肝硬変症、肝性脳症、慢性甲状腺炎けいれん発作、胃ポリープ、乳糖不耐症
＜年令＞　43歳　（被爆時年令1歳）
＜被爆地＞　下流川町。1.0km
＜被爆時家族構成＞　父、母、本人
　現在は夫と町営住宅に2人暮らし
　MSWの援助は、まず経済的安定のため、①国民年金障害年金の申請をし、②

近距離被爆ということで原爆認定申請をし、医療特別手当の申請を図ったことである。療養上に関しては、もう少し体力をつけるまでと、日赤原爆病院を紹介し転院となった。

相談過程で何度か美津子さんの病室を訪問したが、いつも、ベッドに小柄で痩せこけた身体を横たえ、窓の外をぼんやり眺めている。応答も「エエ」とか「イイエ」とかボソリと返ってくるのみで会話が成立しない。各々の申請手続きはもっぱら姉の石津さんの手によるもので、以下の証言も石津さんの語りである。生活史年表（表6−1）参照

①被爆

下流川町（1.0km）で、かなり大きな食堂を経営していた。母はその自宅で焼死。2階から吹き飛ばされて泣いているのを父親がかかえ出し似島へ避難した。頭に10円玉位の穴が開いて、その傷にウジがわき、喉には大きな火ぶくれができる。「頭は2年ほども丸坊主ですし、まるで醜いアヒルの子みたいで、囲りの大人たちは、よう生きんじゃろういうて言いよったそうです」。

②父の再婚、そして発病

幼な子をかかえた父は、石津さんの母（爆死した妻の妹）と再婚。家業の食堂を元の場所で再開したが間もなく病いに倒れ、商売も赤字続きで父の実家の田畑を売って援助を受けた。しかし持ちこたえられず、1957（昭和32）年には廃業。母と石津さんとが昼夜働いて生計をたて、1週1度は原爆病院に入院中の父を見舞う生活が続いた。質屋通いもあり、一家にとって最もつらい時期だった。この間美津子さんは祖母に預けられ、目も行き届かず、てんかん発作の出現時は確かではない。

③てんかん発作

中学卒業後、オジの経営する大阪の食堂に就職。「私が大阪に会いに立ち寄ると、美チャンはなかなか出てこんのです。消火器を蹴ちらして泡が飛び散ったのを後仕末しよった言うんですよね。変なねえと思うたんですが、そのまま別れたんです。それから間もなく引き取って欲しい言うて電話がありました。発作を起こして店に迷惑をかけよったんでしょう。発作のことがはっきりしたのは、広島に帰らせて筆造りを手伝わせていて、煮えたぎった湯に両手を突っ込んで大火傷をすることがあってからです。頭がよろしゅうないのも、原爆の時

に頭にあれだけウジがわいたんだから脳ミソにも障ったんじゃろう言うてみたり……」。

④結婚生活

「お見合いで、似たりよったりでないとまとまらんゆうて、先方からは耳がちょっと聞こえん言う紹介を受け、美チャンのことは何も言わんで結婚させたんです。でも間なしに婿さんに発作のことがバレてしもうて、親戚の人たちからも良う言われんで、私の近くに夫婦して引き取った形ですよ。まあ何かあれば呼ぶんで、私も主人に気兼ねしながら飛んで行ってやる生活です。そりゃあいろんなことがありましたよ。『お便所に行ったらぶら下がったから、チリ紙に取ったんじゃ』言うて連絡して来たんで行ってみると流産しとるんです。お寺さんでお経をあげてもらったんですが、目鼻もついとりました。発作の度に婿さんの気嫌が悪うて、便所に閉じ込められたり、家に入れてもらえんかったり、『てんかん！』言うて怒鳴られることはしょっ中です。お医者さんにも『原爆による外傷性てんかん』と診断してもらってるし、美チャンのせいではないのにと不憫に思うとるんですが、私も青春時代はお父さんの病気で働きづめに働いて、お母さん亡き後は美チャンの母親代わりで、私の家族に文句を言われんように人一倍働かにゃあならんしで、ついグチが出るんですよねえ」。

この石津さんの嘆きや、当の美津子さん自身の苦難を原爆被害に結びつけるには、生活史を跡づける縦軸の視点が不可欠である。それも一個人の被爆者バラバラに追いかけるのではなく、家族関係の中で分析する横軸の視点も必要となってくる。

人間としてこうむった原爆被害を表す手法を編み出したいと考えている。

1987（昭和62）年末、「まあ、手当をもらいだして人が違ったみたいにシャンとして元気になって。あの手当は返せゆうてんないでしょうか」と石津さんは顔一杯の笑顔で報告に立ち寄ってくれた。経済的安定が夫婦関係を改善し、ひいては美津子さんの精神的・身体的安定をもたらしたのである。

表6－1　美津子さん　生活史年表

昭和	被爆者関連年表	年令	生活史	昭和	被爆者関連年表	年令	生活史
19		0		41		22	お見合い結婚。
20	原爆被爆	1	父母とともに下流川町にて被爆（1.0km）母即死、父は母の妹と再婚。肺炎生命危うし。	42		23	流産。
21		2		43	原爆特別措置法	24	子宮摘出手術。
22	ABCC 日本国憲法	3		44		25	外傷性てんかんにて投薬を受ける。
23		4		45		26	
24	広島平和記念都市建設法	5	父　外科病院に入院。	46		27	
25	朝鮮戦争	6		47		28	
26	広島原爆傷害者更正会	7		48		29	
27	講和条約	8		49		30	
28	広島市原爆障害者治療対策協議会	9	父　入院生活始まる。	50		31	
29	ビキニ水爆実験	10	医療費、家業の資金のため、父の実家の田畑を売る。家業廃業。	51		32	
30	第1回原水爆禁止世界大会	11		52		33	
31	広島原爆病院	12		53		34	
32	原爆医療法	13		54		35	
33		14		55	原爆被爆者対策基本問題懇談会答申出る	36	
34		15	てんかん発作出現。中学卒業後大阪の食堂に就職。	56		37	
35		16		57		38	
36		17	↓	58		39	
37		18	父　死亡。	59		40	
38		19	失業、家内工業の手伝いをする。	60	厚生省被爆者実態調査	41	肝硬変症にて入退院を繰り返す。
39		20		61		42	
40	厚生省被爆者実態調査	21		62		43	↓

注

(注1) 中田明美『コーヒーの香りと麦の穂』生涯学習研究社、1997年7月より引用。
(注2) 糖尿病でよくみられる病態変化を認識しておく必要がある。

　「糖尿病は種々の原因により発症し、全身にさまざまな症状が現れるために1つの病気というよりも「症候群」として考えられるようになりました。高血糖やインスリンの作用不足はいろいろな合併症を起こします。たとえば、急激なインスリン作用不足では糖尿病性昏睡が起こり、慢性的な高血糖やインスリンの作用不足による代謝の異常は、細小血管の変性、中大血管の硬化を引き起こします。したがって、動脈硬化から脳梗塞や閉塞性動脈硬化症などがよくみられ、末梢の血行不全から皮膚の潰瘍、壊死もめずらしくありません。そして代謝の異常は神経の障害（感覚異常：感覚の鈍麻、自立神経の機能異常：下痢や胃からの排泄異常）を起こします。この中で眼（糖尿病性網膜症）、神経（糖尿病性神経症）、腎臓（糖尿病性腎症）の三大合併症は有名でかつ日常生活に及ぼす影響も大きく重要です」。

星恵子・下条貞友編『在宅看護・介護のための難病ガイド』日本医学出版、2002年4月、p188より引用。

参考文献

1) 柳原和子『がん患者学』晶文社、2000年。
2) 島田広子『「負けないで」リウマチ患者学』ドメス出版、1994年。
3) 厚生省社会援護局「社会的な援護を要する人びとに対する社会福祉のあり方に関する検討会」報告書、2000年。
4) 石田忠著『原爆体験の思想化』反原爆論集Ⅰ、未来社、1986年。
5) 石田忠著『原爆被害者援護法』反原爆論集Ⅱ、未来社、1986年。
6) 石田忠編著『反原爆——長崎被爆者の生活史』未来社、1973年。

第7章

患者の自己実現の支援とソーシャルワーク

　医療ソーシャルワーカーとして引き受けた当面の課題が終結をみても、その援助プロセスで、個々の生活問題の解決とは意味合いを異にする課題を、患者さんと共有することがある。

　「腎友会」「リウマチ友の会」など患者会の活動に関わる役員さんたちとMSWの関わりもその例だろう。個々の生活上の問題に共通してみられる国の社会保障制度や医療制度の問題性や限界など、より大きな社会的課題を共有し当事者団体の活動をMSWが支える働きである。

　広島のMSWは、被爆者へのソーシャルワーク過程から、彼らの「再び被爆者をこの世につくらせない」との想い——それは、どの被爆者の胸の内にも燃える共通の炎だった——を受け止め、「反核・平和への行動」を「ともに生きる」活動を展開させた。

　この活動の中で、被爆者は、自らの生きる足場を獲得する姿を示し、そばに居るMSWは、その命を削って示してくれる自己実現の輝きに圧倒されながらも、彼らの生きざまをひたすら学んだのである。

第1節　安らかには眠れない

（広島）三輪笑子さんの場合

　病んだ人びとに関わる仕事柄、心を通わせた人の死に遭遇することがある。
　三輪さんの死は、私にとっても無念の死だった。1つには、相談の主訴であ

る「原爆認定申請」が失敗に終わっていて、再度の挑戦がもはや不能となったこと、さらには、反核行動のための心強い仲間を失ってしまった、という2つの無念が残っている。

1981（昭和56）年の9月末、「原爆被害者相談員の会」で取り組んでいる認定申請却下に対する異議申立ての新聞記事を持って、「私も同じ病気なんですが、認定申請できるでしょうか」と相談に見えたのが私たちの出会いだった。爆心地より1.7kmの近距離被爆、急性症状あり、慢性肝障害で、しかも戦後間もなくの発病だと聞いて、私は"これはいける、認定可能だ"と、申請手続きの援助を簡単に引き受けた。

広島市民病院での肝機能検査の結果、医師は核医学診断の必要を指示したが、彼女は頑として拒否した。「癌じゃいうてわかるのが恐い。もし癌になっているんなら、知らずに死んだ方がましじゃけぇ」というのが理由だった。検査拒否は医師の心証を悪くはしたが、とにかく診断書は整い、私は、被爆体験・病歴・生活歴を聞いて申請書の代筆をした。

待つこと五カ月、通知書は届いた。

「原子爆弾被爆者医療審議会の本件申請に係る疾病は、認定し難いとの意見に基づき、却下する。（理由）申請に係る疾病は、原爆放射能に起因する可能性は否定出来ると考えられる」とあった。私の過去の経験上から、意外な結果としか言いようがなかった。

翌1982（昭和57）年5月、三輪さんは再申請した。初期からの発病を裏づけるために、1947（昭和22）年当時の主治医を訪ね、「原爆後遺症として診療致しました」との診断書を添え、前例を参考に、今度は自分で申請書をしたためた。2,000字余りにわたって、びっしりと細かい字で綴られたその申請書を読んだ時、被爆後の苦渋の源を原爆と認めさせるための、彼女の執念を思った。

近所の開業医への入院は、その後間もなくだった。「大学受験の息子がおるから、入院しとうないんよ。毎日、点滴しにタクシーで通いよるんよ」と言っていた末の入院だった。一度お見舞いにと気になりつつも、入院前のしっかりした足どりと笑顔に甘えて、「8月6日原爆被害者証言のつどい」の準備に追われていた。7月14日、三輪さんの知人なる人からの電話が入った。

一瞬、声が出なかった。3度の流産の末やっと得た子宝の息子さんと、御主

人の2人きりが残された。

　通夜の席で御主人は、「あんまり急なので私たちもまだ信じられない気持ちなんです」と、亡くなる前の様子を話してくれた。その前日、状態が持ち直したかに見えた日、『村上さんに連絡してほしい。認定の結果が出てるかもしれん。問い合わせてもらってほしい』と、急に言い張り出しましてねェ」と聞いて、私はつらかった。「見てやってくれますか」と最後のお別れをさせていただいたが、口もとに一筋の血の流れがあった。「ずいぶん、拭いてやったのに、また上がってきたんだな」と、御主人は眉を曇らせた。血を吐き、どんなにか苦しまれたことであろう。そのお顔は、決して安らかには眠れない表情に、私には見えた。

　翌日、市役所に問い合わせると、通知書の発送準備中とのことで、結果は、またもや「却下」だった。他の例に比して、2カ月足らずという結論の速さにも腹が立った。まるで論外だとでも言いたげなスピード処理ではないか。彼女が必死の思いで書き綴った申請書は、、読まれてもいないのではなかろうか。

　認定基準は示されてはいない。MSWたちは過去の例からそれを推測するしかない。慢性肝障害の認定例からそれを推測するしかないのである。慢性肝障害の場合、被爆距離が2km内であれば、従来は認定されてきた経験を持っている。日本原爆被爆者団体協議会の中央相談所に問い合わせると、「最近は、この疾病に関しては1.5kmの線引きがされているようだ」と聞かされた。肝臓癌であれば、文句なく認定されていただろう。本人を通さず、癌の所見を直接審議会に送る方法もあったのではないかとの指摘も受けた。私の情報収集の不十分さによる失敗だった。もし肝臓癌で認定されたとしてもその後、病名を隠しおおせるかの問題も残る。

　きっかけは認定申請の相談だったが、関わりを深めたのは、三輪さんの被爆者としての証言活動の高まりだった。今振り返ると、それは生命の炎を最後にかき立て、燃え上がらせ、そして消えたという凄まじさを感じさせる。

　1982（昭和57）年1月末、全国教育研究集会の宮島会場での被爆者との対話集会が最初だった。「人の前で話したことがないので、絶対に嫌よ」と言われるのを、長時間の説得の末、インタビューに答える形ならばとの了承をやっと得た。当日、半日かけてのリハーサルもトンチンカンで、どうなることやらと不

安一杯で臨んだ私を尻目に、200人余りの聴衆を前に語り始めると、サポート役の私の存在は、もう必要なかった。三輪さんの張りのある声は、静かな会場にしみとおっていった。その時の内容を、彼女は『ヒロシマ・ナガサキの証言』の原稿用に書きまとめてくれた。私はその遺稿を預かっていた。

運命の岐路　　　　　　　　　　　　　　　　　　　　　三輪　笑子

　その日も、うだるような暑さの前ぶれかのように、朝早くから、時雨のように蝉が鳴いていました。空はぬけるような青さです。道行く人びとの足音もせわしく、市内に入る者、市外に出て行く者、秒刻みの死への招待をだれが予測し得ましょう。
　爆心より1.7kmの地点で、当時、小学校訓導だった私は、第二次の疎開児童が疎開地に向かう自動車に便乗する予定で、友達と軒下で話していました。
　「しっかりしんさい、早く逃げなきゃあ」。友人の声に、はっと自分に返り、まるで別の場所にいるような錯覚さえ覚え、瞬間、気も動転するほどの恐怖で"死にたくない、神様助けて"と、心の中で祈りつづけました。眉間をうがった傷から出血がとまらず、ハンカチがたちまちビショビショになりました。足も、ガラスの破片が肉の奥深くつきささり、腰も打撲で、立つことも歩くこともできません。しかし、人間、限界に立つと不思議な力が出てくるのです。今思えばゾーッとしますが、凶器の先のような鋭くとがった分厚いガラスを引き抜いて、傷口を下着でしばりつけました。腰の激痛がありながらも、極限の力をふりしぼって、とにかく東に逃げました。
　死体、また死体、まさに黒焦げの人間道路ともいえる死体の山を、時には足をとられそうになりながら必死で逃げまどう様は、地獄の絵図を再現したものでした。倒壊した家屋の中から、至るところ、「助けてー、助けてー」「熱いよー、熱いよー」と叫び声がします。手だけ、顔だけ、見えたり出したりして、助けを求める人びと！！猛火は周囲から迫るし、泣く泣く手を合わせながら、耳を、眼をふさぎ、逃げました。
　それは、今こうして書いていても、胸があつくなります。筆もとまることし

ばしばです。
　私は幸運にも、練兵場まで逃げのびることができましたが、周囲は、足の踏み場もないほどの避難者、負傷者、家族を捜す者でごったがえしていました。中には発狂して、黒焦げの子供に乳を飲ませようとしている母親、死んだ母親の乳をまさぐっている3歳くらいの男の子、唇や眼が溶解して鼻の穴だけの者、ほとんどの負傷者の皮膚は、ずるっとたれ下がり、頭の毛は焦げて骨の見える者、曲がったままの者。19歳の多感な私は、ただ茫然自失の虚脱状態で、ただただ、こんなことがあっていいのだろうか、人間の世界がこんなになっていいのだろうかと思うばかりでした。
　私の横にいた10歳くらいの男の子が、「水、水…」とうわ言のように言い続けるので、やっとの思いで探し求めた水を飲ませようとしましたが、焼けただれた口が充分開かず、「お母さん」と蚊の泣くような声で一言…、それっきりでした。その瞬間ほど、戦争が憎いと思ったことはありません。憎い、憎いと泣きながら、コップのかけらを粉々に叩きつけました。

(中略)

　私も8月9日から高熱が続き、歯ぐきからの出血、下痢・血便があり、髪の毛は櫛を入れれば、ごぼっと恐ろしいほど抜け、原爆特有の斑点が出て、二カ月寝たきりの状態でした。伯母は、私と同じ症状でしたが狂ったようになって、15日目に死亡しました。私は、若い生命力で生き延びたのだと思っています。
　比治山小学校に籍があったので出勤しましたが、倦怠感・疲労感が強く、教壇に立っておれなくて、20日ばかりの勤務ののち、やむなく退職してしまいました。私にとって、教職は生きがいでもあったのですが、19歳の娘が校長に気だるさで休ませてくださいとも言えず、むろん、原爆の後遺症だと主張できる知識もなかったのです。
　以来、人並みの仕事はできません。
　原爆の後遺症が、これほど恐ろしいとは私自身考えもしませんでしたが、本当に体験し、今も恐怖にさらされている証人です。
　　戦争は残酷です
　　人々を不幸にするばかりか
　　こんど核戦争になったら

人類は滅亡します
貴方も…私も…
核の恐ろしさを　しりましょう
人間のすべき行為ではありません
でも　人間が　人を人と思わない時が
恐ろしいのです。

　この原稿は遺稿となってしまった。
　対話集会が終わって緊張が解けると、昼から食事をしていないことに気づいた。迎えの車の中で暖を取りながら、他のMSWとともに、キャアキャア大騒ぎでむすび弁当にかぶりつく。ルームライトのもとで、三輪さんは顔を輝かせて言った。「こんなに生き生きした世界を初めて知ったよ。あなたたち若い人と一緒にいると、若返ったようだよ。これからも誘ってちょうだいね」。
　それから、私たちは同志となった。
　続く3月21日「82年平和のためのヒロシマ行動」の時には、「ヒバクシャとのつどい」の各小部屋に、精力的に生花を飾って回ってくれ、主催者側としての活動になっていた。「ハチロク（8月6日）にも手伝うけーね」と、言葉を残して逝ってしまった。
　私たちは、また1人、証人を失った。

第2節　生きて、生きゆく

　ある革新候補者の後援会の席上、司会者が予告もなく、山崎静子さんにマイクをまわした。一瞬の戸惑いの後に「私らのように、戦争を引きずって生きている者、年金と手当だけで暮らしている者にとって、消費税ってほんまに泣かされますよ。原爆の手当も月に69円しか上がらんかったんですよ。これの何倍かを消費税で持ってゆかれます」と、準備されたように発言した。出席者の意気が一段と盛り上がったのは言うまでもない。
　静子さんの主張は一貫している。1989（平成元）年に書いた下記の内容にそ

れは凝縮される。

私は…恨みます

　これは、天皇陛下や東条英機など当時の責任者に対する私の恨みと受け取って戴いて結構です。

　主人は軍の命令で有無を言わさず南方へ連れていかれ、戦死しました。留守を守っていた私は息子とともに被爆。後遺症に苦しみながら女手ひとつで必死に子供を育てましたが、その息子が原爆白内障のため二度の手術のすえ視力を失いました。やっと、マッサージ師の資格を取り安心したのも束の間で息子は両下肢体幹機能障害となりました。

　私は生きている限り恨みます。

　もし、私が死んだら息子はどうして生きていくのでしょうか。忘れられないことは、8月6日前に米軍のビラで、大変なことが起きることを責任者は知っていたのに何もしなかったことです。昭和20年の全面降伏を聴いた時、思わず「遅かった！」とがっくりきたのです。

　しかし、今さら過去のことは取り返しがつきません。せめて、国が被爆者の後遺症に責任をとってほしいのです。（『ヒロシマ・ナガサキの群像』から）

親方の一人娘として

　山崎静子さんは、京都府北桑田郡平屋村で1916（大正5）年に生まれた（第5章第2節の山崎静子、厚實親子の生活史年表参照）。父は広島の安佐郡伴村の出身で、運送業をしており、常時7〜8人、多い時には20人ぐらいも雇用し、丹波の山からマンガンを採掘していた。倉庫の二階が寮になっており、寝泊りする若い衆からは、親方の一人娘として"嬢や嬢や"とちやほやされる存在ではあった。暮らしむきそのものは楽なほうだった。静子さんは幼い頃から「人間ゆうものは、2時間以上寝る者はバカとしたものじゃ」言われて育った。

　小学校には3歳の弟の手を引き、生まれて間もない妹をおんぶして通った。

　学校を卒業し、当時の娘は就職しなかった。働きに出ると嫁入りの傷になると言われ、習いごとをして良い縁談を待った。静子さんはそうした娘たちに加われる性格ではなかった。かと言って、父親の世間体を考えれば家から工場に

出勤する訳にもいかなかった。
　口入れ屋、今でいう職業紹介所に「なんぞ私に向いた仕事はないかいな」と訪ねたところ、京都の祇園で子守りの仕事があると聞き、家から遠く離れて働くぶんには親にも迷惑をかけまい、それに子守りには自信があったので希望した。「祇園などに住んで」と親の反対はあったが「私が芸者になるのと違う」と押し切って、就職した。
　縁談は広島から来た。広島の叔父が半年前に商売で立ち寄った時、たまたま静子さんを見ており、山崎家から嫁探しを頼まれ、わざわざ京都まで出かけて来たのである。叔父は貰うまで帰らないと、15日間泊まって動かなかった。
　夫は旧陸軍運輸部でサルベージ船の機関員であったため、家よりもドックに入っていることが多く、昭和15年に結婚し、昭和17年2月、南方に従軍するまで、実質、延べ7カ月しか共に暮らしてはいない。夫の出征後、長男厚實さんを出産した。夫に厚實さんの写真を添え、成長のさまを細々と書き送ると、国内では調達が不自由だった靴や洋服を送ってよこしていたが、1945年5月の便りの返信から消息不明になっていた。

＜被爆証言＞
　あの日、崩れた家の下敷きでドロいっぱいかぶって、ほんのすき間から3歳になった子どもを抱いて、出たんです。出てみたら、もう土ぼこりと血とね、石の地蔵さんみたいになっているんですよ。御幸橋まで逃げ、もうそこで倒れて、三日二晩ほど、そこで寝たり起きたりしてましたね。「おかあちゃん、あんよが痛いよ、あんよが痛いよ」言うもんですから、どこがと見ましたら、足のつけ根がね、ポコッと半分に割れてね、瓦のかけらが、2つも3つも足の切れたところに入っているんですよ。わずかの間に口があいて、そこへ瓦のかけらとか石とか、ガラスの破片とか、いっぱい入っていた。取ってやる言うても、子供が痛がって取らさん。取らさん言うても、取らにゃどうにもならんのです。それで、泣くのをあお向けに寝かしてね、膝の上でこう、ひとつひとつ取ったんです。あとがザクロのようになってね。
　御幸橋のほとりで子どもと2人が長うなって倒れたまま。顔だけ上げて、ジーッと見てたら、死んだ人がかつがれて通られる。もう見まいと思うて顔を下

にしたら、死んだ人が水の中にズラーッとイカダみたいにいっぱいおるんですよ。足なんかでも、はれたり、顔も鬼みたいに大きく赤黒くなってね。そんな人が川の中にズラーッと。それがね、宇品の港から潮が満ちてきたら、死んだ人がイカダみたいにずうっと川上にむけてあがるんです。潮が引きますときには、やっぱりイカダみたいに死んだ人があとがえりして、また宇品の方に行くんですよね。そんなのを私、三晩あそこで見ましたよ。もう白骨になった人もおりました。お魚が食べたんでしょう。「あの人、白骨になっとる」と他の人が言うのでひょいと見たら、足のところ、真っ白い骨が出ていたんです。

　子どもがお腹がすくと、ビービー泣くでしょう。どうもしてもやれんのですよ。やっとトラックが田舎の奥の方から食料を運んでくるんです。そしたら、麦飯のおむすびを、ひとりがひとつずついただくんです。それをね、嗅いでみたら、もう腐っているんです。田舎の奥の方で朝早うにこしらえて、昼頃持ってきたんでしょう。そして、日かげじゃないし、トラックの上でずい分陽に当たってきたんでしょう。中の、梅干しだけとって、子どもにしゃぶらしてね、「梅干だったらバイ菌が死ぬからね。ご飯がもったいないけど腐ってる、これ。お腹が痛うなったら困るよ。今、お医者さんがいないからね」言うても、子どもはわからんのですよね。「ちょうだいよ、ちょうだいよ」いいます。「待ってごらん少し固いところがあったらあげるよ」言うてからむいて、少し固いところがあったら、それを口に入れてやって。他は腐ってグシャグシャなんですもの。

　「ここにおったんじゃどうにもならん。食べるものもないし、死んでしまう」という気持ちになりました。それで4日目に、私は火事がおさまって焼け野原になったとこを、田舎へ子どもを連れて行ったんです。少し涼しいとこにおかんと、この子死んでしまうと思いましたからね。

　子どもを背負うて歩くうちに、観音町のところに来たら、そこに立っている人が、「奥さん、あそこを見てごらん、何がありますか」言うて。見ると、それは一中の生徒さんの死人の山です。学徒動員で家を壊したりするのに学生さんが動員されていたんです。それが一瞬にして死んでしまったもんですから、死んだ人が山盛りに積んであったんです。焼くのはね、ひとりづつおろして名前を見たりして焼きますよね。トタンの上にずらっと死んだ人をならべて、そして端から油かけて、みな焼いちゃったんです。

遺留品が、名札とか時計とかの遺留品が、ちゃんと死んだ人のところに置いてあるんです。それを見て家族の人が「ああ、これはうちの子の骨」とか「これはうちの子の持ち物」とかいって、持って行くんです。ところが引き取りに来るはずの人も、みな原爆で死んどってでしょう。引き取りに来る人もいないし、焼かれた息子さんたち、みな骨がバラバラ、バラバラしてるんですよね。
　すごい骨でしたよ。
(1968年『八月六日証言のつどい』の証言内容「ピーストレインかながわⅠ班の記録」から)

病死していた夫
　8月29日、静子さんは夫の元の職場である宇品の運搬部を訪ねた。終戦によって、地方世話部と名を変えていた。そこで聞かされたのは、「あなたのご主人は3月29日に亡くなっています」。示された来電通簿には帰国途中、デング熱にかかり当時の昭南島（シンガポール）で病死と記載されていた。応対に出た大佐に静子さんは叫んだ。「なぜ早く知らせてくれなかったんですか。わかっていれば私は子どもを連れて田舎へ引き揚げていたでしょう。夫が帰ってくると思ったから疎開をせずに頑張って、原爆にあい、丸裸になってしまったのです」。大佐はただ深々と頭を下げた。
　10月が来て村の山々にマツタケが採れはじめた。「これだ」と静子さんは思いついた。父にマツタケを原価で買い集めてもらった。柳ごうりにシダを敷きマツタケを詰めた。20kg余りの重さである。ヤミ屋は何よりお巡りさんが怖い、人が眠っている間に行動をしなければならない。毎日、午前2時出発。マツタケを背負って己斐峠を越えた。広島市内の己斐、福島町あたりが稼ぎ場だ。交番の前を通るのを避けて、己斐の鉄橋を渡った。ハズミをつけて、イチ、ニイ、サンとまくら木を踏んで行く。リズムが狂うと命がない。まくら木の幅もまちまちである。背中には20kgの荷物。この芸当は至難のわざで、復員して帰った兄も鉄橋の前までしか荷物運びが手伝えなかった。午前4時ごろ福島町に着く。家の人が起き出してくるまで門の前に立ってじっと待つ。帰りは現金のほか、干し肉などと交換した。
　マツタケの時期が終わり冬が近づくと、お得意先から木炭を工面して欲しい

と言われた。続いて木炭屋へ早変わり。1俵4貫（15kg）を3俵背負って街へ。交換した肉や干し魚が帰り道でダイコンと換わることもあった。旧安佐郡伴村から草津へ通じる山道があることを知り、草津でイリコと交換し、それを田舎へ持って行って米と交換し、その米を街のヤミ市の雑炊屋へ売った。

　一月は街の古着屋の委託販売。旧広島市に近い安古市町の親類へ転居した。田舎では着物がよく売れた。旧安佐郡、山県郡と一日に20里（約80km）は歩いただろうか。

　そのころ安古市町の相田に初めて保育所ができた。とびつく思いで子供を頼みに行った。「3歳児は小さすぎる」と言われるのを無理に頼んだ。保母さんのご主人はお巡りさんであった。したがってこちらの商売は内証である。

　子どもが小学校にあがるようになって商売替えをすることにした。子どものそばにいてできる仕事、それは洋裁だ。文化洋裁に習いに行った。そこで洋裁はいったん裁ちまちがえると弁償するのが大変であることを知った。「編み物なら、まちがえたら解けばいい」と編み物学校へかわった。1年4カ月で講師免許、あと半年行って教師免許をとった。

生活が安定したと思ったら…

　編み物と和裁で仕事は何とかあった。母と子の暮らしは平和に続いた。小学校五年生になったころ、子どもの視力に異変が起きた。「おかしいなと思ったんです。行ってらっしゃあい、と送って見ていると、川の方へ向かってすっとんで行く。そっちじゃないよ、と言うと田んぼに向かって走りだす。時計が何時かと聞くと、踏み台を持ってきて、柱時計に目をくっつける」。

　眼科へ連れて行ったら、「白内障です」と診断された。驚いて日本赤十字病院へ連れて行くと、「原爆白内障です。視力は戻らないが、眼鏡で調整できるようになるでしょう」。原爆白内障を手術、小学生なのに厚さ1cmの重い眼鏡をかけるようになった。

　「ランドセル背負って両手で眼鏡を押さえて学校に行く。眼鏡の重さで耳が切れて、ただれて痛がるので、いつも薬をつけてやっていました。視力は0.03でした」

　中学1年の夏休み、祇園町に一間の家を見つけて越した。転校手続きに行っ

たら「目の見えない子どもは無理ではないか、むしろ盲学校へ入れたら」ということになり、それもそうだと思った。いやがる本人に、静子さんの父が「勉強に落ちこぼれたら、ちゃんとした職につけない。それより盲学校へ行って白衣を着たマッサージ師になった方がいい」と説諭して、やっと本人も納得してくれた。

マッサージ師に……

中学1年で盲学校の寮に入った。寮費を稼ぐため静子さんはいちだんと働いた。2年制の別科を出て国家試験に合格。見習い生活2年。川崎市の温泉旅館で働いたのち、母のもとに帰って祇園で開業。当時は静子さんも編み物の弟子を十数人持って仕事は順調であった。マッサージの治療室を一間増やして、母と子は一緒に働いた。息子の稼ぎは上がった。息子に嫁がきた。

安どは束の間であった。息子の足どりがおかしいなと感じてはいたが、転びやすさが著しくなり、整形外科で受診してみると、精密検査の結果は小脳失調性と診断された。症状は歩行障害に加え、言語障害も伴い、進行性である。予後は悪く短命と宣告された。息子の成長、自立だけを生きがいにしてきた静子さんは、地の底へつき落とされたような衝撃におそわれた。

静子さんのリンパ腫瘍発病が追い打ちをかけた。術後の後遺症「副神経麻痺による左肩関節機能障害、左肘関節機能障害」で身体障害者手帳4級になった。しかし、四肢の脱力でマッサージ業ができなくなった息子に代わって、生計の担い手にならざるを得ない。静子さん58歳、厚實さん33歳、そろそろ世代交代がなされる時にもかかわらずである。

嫁を加えての3人家族でそれぞれが障害手帳を持っている。静子さんの4級身体障害者手帳、厚實さんの「白内障による両眼0.03、小脳失調症による両肢体幹機能障害」1級身体障害者手帳、働き手は静子さん1人である。

60歳を過ぎた頃も、少しでも収入の多い職場を求めて12時間近くも働き続けた。夜、残業をして帰宅すると、若い夫婦が気嫌良くしている。その姿を確認すると「やれやれ今日一日、元気でいてくれたか」と疲れがどっと出て、着替える気力もなく、そのままヘタヘタと座り込んでしまう日々だった。過労のため静子さんが倒れ、一家はたちまち生活保護を受給することとなる。

「私が倒れたり、死んだりしたら、この子らはどうなるのか。死んでも死に

きれん」。不安と焦りから矢も楯もたまらぬ思いにかられ、アメリカ大使館へ手紙を書いた。「原爆を造った国なんだから、原爆症の治療法も知っているだろう、教えてほしい」という、単純だが、息子の症状改善を願う母の熱情からの便りである。3度出して、やっと1988（昭和52）年に届いた返書には「息子さんの状態や、一番良い治療法は日本の医師から得られるであろう。まだであれば、広島県庁で助言を得るように」という内容だった。意気消沈した静子さんは、過労も加わり、またも自立神経失調症で入院、3度目の生活保護受給となる。

原爆認定の矛盾を訴えて

　静子さんには、どうしても納得できないことがある。原爆のせいで働けなくなった身の保障を、どうして生活保護に頼らねばならないのか。どうして政府は原爆立法の中で保障しようとしないのか、ということである。「原子爆弾被爆者に対する特別措置に関する法律」（当時）には、認定被爆者に対して、医療特別手当が支給されることになっている。

　認定被爆者とは、その病気が原爆のせい、しかも原爆放射能のせいで発病し、(起因性)なおかつ医療を要する状態にある（要医療性）場合に認められる。当時の手当額は11万2千円で、病気や障害などのため働けなくなった被爆者にとって、生活の糧とも頼りにもなり得る金額である。

　厚実さんの場合、明らかに原爆放射能のせいといえる原爆白内障は、すでに手術し、後遺症の状態で、要医療性は認められず、かといって、現に治療中の小脳失調症は、難病、稀な病気として、原爆放射能に起因するものではないとし、認定被爆者の対象からはずされている。被爆後12年後の「原子爆弾被爆者の医療等に関する法律」ができるまで待てずに、借金や生活保護で治療した被爆者は「認定」しないという現行法の矛盾に静子さんは国の非情を痛感する。

　親亡きあとを思い静子さんは2つの問題に知恵をしぼり、体も動かした。1つは、経済保障の面であるが、夫の戦死のため静子さんに支給されている「戦傷病者戦没者遺族等援護法」による遺族年金を、母死亡後、労働能力のない息子に支給される道を確保すること。あと1つの問題、息子夫婦に生活能力をつけさせ、自立させること。

市中心部の「原爆スラム」と呼ばれたバラック群の後に建設された超高層市営アパートの2DKに3人は暮らしていたが、静子さんはねばり強く市役所へ足を運び、同じ階の2階、棟は少し離れているが、廊下伝いに行き来できる部屋に、息子夫婦を別居させた。銀行のATMシステムの使い方も根気強く教え、家計のやりくりを嫁に少しずつ任せるようにしている。
　廊下伝いに嫁の手料理を入れた鍋が届くと、空けた鍋に静子さんの野菜を主にしたおふくろの味が帰って行く。買物好きの嫁がバーゲンで少し派手めのブラウスを「お母さんのも買ってあげた」と持って来ると、少しお小遣いを、静子さんのサイフから補う。お互いにアッケラカンと言い合って、嫁・姑を感じさせない。
　別居に際して、家具、電化製品を買い整えた借金もあと数カ月で片付く。稼ぎを少し減らしてもいい暮らし向きになった静子さんは、修学旅行生への「証言」に積極的に応じていきたいと考えた。証言の時間帯に働きに出ることを避けて、早朝の仕事を選んだ。開業医の外来患者さんたちの順番を整理する2時間のパートである。
　証言内容の勉強にも静子さんは一生懸命である。原爆遺跡の説明をしなければならないとあらば、その資料を持ち歩いて、時間があれば取り出し覚えようとしている。平和や軍縮に関する学習会、勉強会には足を運んで吸収に努める。静子さんの足腰、そして脳細胞は、まだまだしなやかである。
　子どもとともに生きた戦後、一度だけ心おきなくつろいだひと時は、厚實さんが寮生活中に編物教師の仲間たちと小豆島に一泊旅行した時だと静子さんは言う。そして今、「原爆被害者証言のつどい」の会合やレクリエーションが静子さんにとって、充実した意味ある時となっている。

2003年2月、山崎静子さんは逝った。
病室を訪ねた私に酸素マスクを外させ、ささやいてくれた言葉は「また、そうめん食べにおいで」だった。
　通夜の席で「あの時、声が出たのが不思議でした」と聞いた。症候状態が続いていたのに一瞬、輝きを見せて「いい顔だった」とも付き添っていた弟さん夫婦が付け加えた。

第8章

平和と医療ソーシャルワーク

第1節　医療ソーシャルワーカーを中心とした「原爆被害者相談員の会」発足の意味

(1)「原爆被害者相談員の会」はなぜ生まれたか

　1975（昭和50）年、被爆30年の年に、広島で被爆者の相談を続けていた医療ソーシャルワーカーたちは、年々老いを重ね深刻化する被爆者の問題をどう捉えたらいいのか、悩んでいた。個々の被爆者のケースワークの進め方の悩みを持ち寄り、月1回の研究会である「原爆被害者問題研究会」を発足させた。会発足の翌年には、すでに「原爆被害者の相談事業に関する要望書」を厚生大臣に提出するなど、当初から研究活動のみならず社会的活動も併せて取り組んだ。サークル的な研究会から、1981（昭和56）年6月より毎月1回、恒常的に相談活動をしていく「原爆被害者相談員の会」への発展は運動体への転換を意味していた。

　なぜ一歩足を踏み出したのか？

　踏み出さざるを得なかったのは、直接的には、厚生大臣の私的諮問機関である「原爆被爆者対策基本問題懇談会」（以下基本懇）が1980（昭和55）年12月に出した答申の衝撃である。

　「およそ戦争という国の存亡をかけての非常事態のもとにおいては、国民がなんらかの犠牲を余儀なくされたとしてもそれは『一般の犠牲』としてすべて国民がひとしく受忍しなければならない…略…」と被爆者の長年の援護法制定要求を退けて現行の被爆者対策の後退すら示唆した。職歴3年の若いMSWは、自らの歩みをまとめる中で、当時の心境を「仕事を続けていく気力がなくなる

ほどのショックを感じた。これから被爆者にどう応えていけばいいのか、目の前の被爆者に対して、あなたの場合あきらめなさいとはもう言いたくなかった」と書いている。

直接の契機は、基本懇答申がもたらしたショックといらだちだった。しかしその底流にあるものは高齢化し孤立化している被爆者に対応しきれていない相談援護体制全般に対する焦りがあった。そして現行二法「原子爆弾被爆者の医療等に関する法律」「原子爆弾被爆者に対する特別措置に関する法律」の欠陥により失意を味わわされている各医療機関内の相談をなんとか打開する道を得たいというMSW側のニーズもあった。

研究会の討議の中でMSWたちは、この危機感と焦燥感を乗り越えるためには、自分たちであるべき被爆者相談事業を示していこうと民間被爆者相談所の設立を目指したのである。志は高いものの、当面の資金もないことから、ボランティア活動からスタートせざるを得なかった。

事業目的は、「直接相談に応じるとともに被爆体験の継承、現行二法の問題点および原爆被害の実状を究明し被爆者援護に寄与し、これらの相談活動を通じ『再び被爆者をつくらない』という反原爆の道を踏み固めること」であった。

(2)「原爆被害者相談員の会」活動経過

次に会の活動の経過だが、相談活動としては弁護士の協力を得て、認定被爆者の申請却下事例2件の異議申し立てを行った。2年間かけて得られた結果は、またもや却下という不調に終わっている。しかし、MSWの勧めによって始めた異議申し立てであったが、このプロセスで被爆者自身が現行の認定制度の矛盾を見据え、1982（昭和57）年の「3.21平和のためのヒロシマ行動」に証言者として参加するに至った。彼らは長期間に及ぶ厚生省とのやりとりにもねばり強く対応し、むしろMSWを牽引する強さを示すようになった。

会の活動の中のエポックは「3.21平和のためのヒロシマ行動」である。これは広島市で開催された20万人集会で、世界的な反核平和運動の高まりの連動により実現したものである。この時、いわゆる草の根平和運動のグループである「平和を語る青年の集い」や「被爆者家庭訪問を進める会」など若者たちが中心のグループとともに「ヒバクシャとのつどい」を企画し大きな成果を得たのである。

1つはこの集いに参加した被爆者を中心に「原爆被害者証言のつどい」という新しいグループが誕生したこと、2つ目は草の根の平和運動グループとの連携ができ、その後の8月6日世界大会関連行事として「ヒバクシャ証言のつどい」の共同企画が発足したことである。また12月11日基本懇答申2周年の日に「被爆者援護法制定のために私たちは何ができるか」というシンポジウムの共同企画を経て、以後この小グループ団体の会合が毎月継続されるという運動としての発展を生んだのである。

(3)「原爆被害者相談員の会」の活動がもたらしたもの

こうした2年間の過程の中で何が起こったのか？

①一口に言って「ともに生きる」スタイルの具現である。

「私、援助する人、あなた、援助される人」という関係ではなく、ともに学び、ともに成長し合える関係といえる。それは来談者が主体側へ転換することを意味する。

来談した被爆者が我々の活動に共感し、次回からボランティアの一員として参加する例である。「証言のつどい」の発足とその運営に参画している。最初は自分自身のことで来談した被爆者が、ソーシャルワーカーとの出会いがあり、次にソーシャルワーカーの誘いで証言活動に参加する。自らの証言の意味を見いだし1回だけの証言に終わることなく、自分のように証言の場もなく残された命の中で苦悶している被爆者もいることに気付き、恒常的な会が必要だと認識し被爆者の組織化に取り組んでいる例である。

②さてMSWにとっての意味は何であろうか。その援助内容はどう変化しただろうか。

まず1点目は毎月の被爆者相談日がMSW自身の研修の場となっていることである。それは複数面接による実習が行われているに等しい。その月の相談はその2週間後の土曜日の研究会の場で事例検討がなされるので、MSWの援助内容がチェックされ、グループスーパービジョンが行われているといえる。

2点目は弁護士の協力など、この活動を経て社会資源の拡大を得たことである。

第3点目はサポート集団としての「証言のつどい」の存在を得たことである。

筆者の関わる被爆者Sさんの例だが10歳の時の被爆で顔がざくろのようになるほどのガラスの傷を負った。美容整形手術の後は眼鏡で傷をカバーしての生活であった。「原爆で醜くなった」「自分の人生を奪われた」という思いに加えて、自分を捜しに入市した姉を癌で失った負い目もある。「何かにつけて引っ込み思案で…」と言っていたが「証言のつどい」に参加することにより次のような感想を寄せている。「8月6日、初めて被爆者として証言し、おかげで1つの節を乗り越えたように思う。私は今までどんなに忘れられ孤独な存在でもいい、これ以上原爆のことについて、煩わしいこと苦しいことは作りたくないというエゴ的な考えで生きてきたように思う。今後は私のような者でもお役に立つことがあれば参加したい」。
　このSさんの変革はMSWとSさんという単線的な関係では決して得られなかったと思える。「証言のつどい」で同じような過酷な体験をした、しかも今まで原水禁運動とは無縁だった、ただの被爆者同士の触れ合いから導かれたものであろう。そして、「証言のつどい」で「被爆者の話を聞いて自分の生き方の原点にしたい」と感動して聞き入った全国各地から集まった人々との出会いが生んだものと考えられる。筆者にとってSさんの存在がこのボランティア活動の意味を教えてくれることになったのである。
③社会的な影響としてはどのような意味があっただろうか。それらを列挙してみる。
　まず現行二法、諸制度の限界を掘り崩すルートが芽生えたこと、また、被爆者の証言活動への援助が従来は単発的なものであったが、組織的な会として発展したことが挙げられる。
　さらにMSWの存在と役割が社会的な認知を受けるようになったことである。その例として「スモンの会」や、原爆小頭症児とその親の会である「きのこ会」より新たな相談活動支援の協力要請を受けるに至ったのである。

(4) 今後の課題
①被爆者の実態を分析し、援護法制定要求運動の資料として提供していかなければならない。
②地域の被爆者を支える網の目援護体制を目指していかなければならない。

③誕生した「原爆被害者証言のつどい」を育むために、集団の力動について学習していかねばならない。集団の中で個々の被爆者の成長がいかになされてきたかを検証し、集団活動のあり方を創造していかねばならない。これらの過程で民間被爆者相談所の設立の道筋も見えてくるのではないかと思われる。

以上「原爆被害者相談員の会」の発足時の総括である。MSWの手による民間被爆者相談所の設立には至らなかったが、会の活動は脈々と展開している。近年は若いMSWも加わり、「原爆認定訴訟運動」に関わり、ソーシャルワーカーの社会的使命を示している。

第2節　「きのこ会」を支える会と医療ソーシャルワーク

　広島と長崎の被爆者は人類が未だかつて経験したことのない戦争被害の後遺症とともに生きてきた。放射線による人体の被害とそれと表裏の心理的・精神的被害、そして都市基盤が壊滅されるほどの大規模破壊による生活被害がそれである。
　ここに報告するのは、そうした被爆者の中でも最も放射線による被害が顕然で、複合的障害を持って生まれた原爆小頭症患者の、今に続く生活問題と関わったソーシャルワーク実践の一部である。

(1) 原爆小頭症患者とソーシャルワーカーの関わり
1)「きのこ会」との関わり始め
　広島のMSWたちは各機関の枠を超えて被爆者の相談活動と平和活動を実践するために、1981（昭和56）年より「原爆被害者相談員の会」（以下、「相談員の会」）をつくり、ボランティア活動を続けてきた。この「相談員の会」へ原爆小頭症患者とその親たちのグループである「きのこ会」（きのこ雲の下で生まれたことから名付けられた）事務局の大牟田稔さんから、「もう僕たちで支えることの限界が見えてきた。社会福祉の専門家として協力してほしい」と援助要請を受けた。大牟田さんは（当時、中国新聞社）、「きのこ会」発足当初より20年近くも会の世話役として関わり続けているジャーナリストの1人である。

1983 (昭和58) 年末「きのこ会」総会に原爆病院のMSWと広島市民病院のMSW (当時) である筆者と2名が初めて参加した。会長の長岡千鶴野さんのテキパキした司会で会は進行し、私たちのために、まずメンバーの近況がそれぞれに報告された。

　施設入所中、精神病院入院中、在宅で用便にも介護を要する人、働いている人、結婚している人等々、様々な生活形態が報告された。筆者は、参加者11名の人物名とその生活をメモするのに追われるばかりだった。個々人の能力レベルの大きな幅、そして彼らをとりまく家庭環境の違いもあり、「原爆小頭症」と一言にはくくれない複雑多様さがあった。

　総会の議事も終わり、最後に長岡さんは、グッと身を乗り出して「今日は特別に、私たちの力になっていただけるワーカーさんに来てもらっています。皆さんが一番悩んでいること、親なきあとのわが子のめんどうを誰がみることになっているのかを正直に話してください」と1人ずつ、「それで遺言はどこに？……どこかの施設にみてもらう、その見通しは甘くないですか……」などと問いつめ始めた。「とにかく私より早く死んでくれたらと思うとります。夜も眠れんことがさいさいで……。一緒に死のうかと思うこともあります」とシワが深く刻まれた顔をうつむかせて語る人など、わが子のゆく末に不安をつのらせている親が大半であった。たまたま気立ての良い婿が、または心優しい嫁が来てくれて、兄弟がめんどう見てくれることになっているとの答えには、羨望の嘆息がメンバーの中に流れた。とりあえず居合わせた会員で緊急度の高い人からインテークした。その後のソーシャルワークを「相談員の会」のMSWで手分けして担うことにしたのである。

　続いて筆者は社会福祉制度を白板に図解しながら「きのこ会」として要望する施設のあり方について参考意見を述べた。それは「困った状態になったら、国が責任を持って施設に入れてほしい」という要望の中身や手順が漠然としていて、具体的にさせる必要性を感じたからである。「施設には、それぞれ入所条件が法により定められています。身体障害者施設には身体障害者手帳が、知的障害者施設には療育手帳の取得が必要で、老人ホームには年齢条件があります。ただし、原爆養護ホームは、老人福祉法によって設置されたものではないので年齢制限はありません。でも、若い原爆小頭症患者 (当時37歳) が入所しても

馴染みにくいのではないでしょうか。すでにある施設の型ではない新しいタイプの施設を要求するとなると、「きのこ会」の単一要求では無理ではないかと思われます。障害者団体、難病団体との連帯で運動を進める必要があるのではないでしょうか」などである。

2）被爆50年目の医療・福祉調査

「きのこ会」会員のうち、広島被爆の19名の医療・福祉、生活全般にわたる聴き取り調査を1995年5月の連休を利用して行った。

広島市立安佐市民病院に転勤し、新たな原爆小頭症の認定申請の相談を受けた。来談者は広島市の原爆対策課の窓口で原爆小頭症の認定申請に詳しい医師として平位剛病院長を紹介されて受診したのである。うかつにも筆者は、勤務地の病院長と「きのこ会」の誕生日会ごとに顔を合わせている物静かな医師とが同一人物であったことを知らなかった。この新規の認定申請をきっかけに、「きのこ会」会員の生活実態が気がかりであることを伝えると、院長との思いは一致し、全員調査に取り組んだ。

医療面は院長であり、産婦人科医として彼らの認定申請診断書を記載した平位剛医師があたった。福祉生活面はMSWである筆者が担当した。19名中1名は調査直前の1995年2月に宇部の精神病院で死亡していたことが判明した。医療面の報告は、省略するが人工腎透析治療中が2名であった。

18名中両親健在は1名のみで両親死亡は4名、不明は1名、ひとり親は12名であるが、その親のうち養護ホーム入所中、老人病院入院中、痴呆の出現などを除けば小頭症児を援助している親は4名にすぎない。保護者が兄弟の代に移っている事例は6件（33％）である。年老いた親も、そして後を継いだ兄弟たちも異口同音に「この子より一日でも長く生きてやりたい」ともらした。将来への不安は強い。「希望として必要になればいつでも、原爆被爆と障害とを理解してくれる施設に入れるようにしてほしい」との要望は18名中9名で5割であった。特に兄弟が保護者の場合は6名中5名と、ほとんどが施設を希望していた。

社会資源未申請項目は14件で、その内訳は、療育手帳2件、身体障害者手帳2件、障害年金3件、介護手当7件であった（表8-1）。

表8-1の○印は得ているもの、？印は、該当すると思われるにもかかわらず

表8－1　社会資源利用状況と保護者の希望

住所地	番号	療育手帳	身障手帳	障害年金	介護手当	既婚	父	母	保護者	希望
広島市内	1	B		?→( )	( )→○	○			姉　61才	施設
	2		1－腎	?				○		未定
	3	A		( )→○	?→( )			83才	兄　55才	施設
	4	A		○	( )→○				妹　44才	在宅
	5	B		○	?→×			76才		施設
	6	B	4－肢	○	?→○			75才		在宅
	7						74才	72才		在宅
	8								兄　58才	施設
広島市外	9	?	5－肢	○	○				兄　52才	施設
	10	A		○	入所中			78才		施設
	11		?→4－肢			○		87才		未定
	12	A	( )→3－肢		入所中			93才	兄　65才	施設
県外	13	?	1－腎	○	?			84才	叔母70才	在宅
	14		5－肢			○		73才		未定
	15					○		70才		在宅
	16	B	6－聴	○	?→( )			73才		施設
	17	A		○	○			不明	叔母68才	施設
	18		A	○	○		78才			在宅

注）？：該当すると思われる　　（　）：申請中　　父母平均年齢78.3才（1995年6月現在）

申請していないもの、空白は該当しないと思われるものとした。18名中11名、61％の人に未申請の事項があった。これら国の施策はすべて申請主義が原則で、当事者および家族の意思で自ら申請しなければ彼らの手元には届かない。当事者には申請能力が欠けている場合が多く、頼りの父母も平均年齢78.2歳に達しており、複雑な手続きを処理することは困難である。その未申請項目へのソーシャルワーク援助が筆者の仕事となった。（第5章第3節参照）

3）ネットワーク会議の試み

　前記調査結果を第36回原子爆弾障害研究会において報告するや、調査結果とともに、院長のコメントとして「介護などを保護者だけに任せるのは無理がある。強力な支援体制が必要だが、小頭症患者への理解が低く、行政の対応も不十分」と報じられることとなった（中国新聞1995.6.8）。

第8章　平和と医療ソーシャルワーク　209

　コメント部分は新聞記者にありがちなオーバーランであったが、広島市原爆被害対策部（以下、原対部）から、「広島市職員が行政批判をするとは何ごとか」とのお叱りの電話が入り、筆者に広島市役所の部長室で調査結果を説明する機会が与えられた。「原対部被爆者相談員の保健師12名は、夏の暑さ、冬の寒さの中も家庭訪問をして、誠心誠意、相談にあたっている。彼女たちの努力を、ないがしろにしないでほしい」という主旨であった。

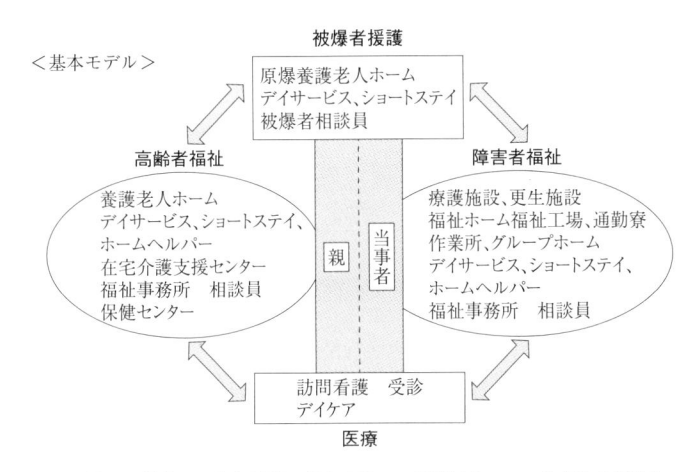

<基本モデル>

被爆者援護
原爆養護老人ホーム
デイサービス、ショートステイ
被爆者相談員

高齢者福祉
養護老人ホーム
デイサービス、ショートステイ、
ホームヘルパー
在宅介護支援センター
福祉事務所　相談員
保健センター

親／当事者

障害者福祉
療護施設、更生施設
福祉ホーム福祉工場、通勤寮
作業所、グループホーム
デイサービス、ショートステイ、
ホームヘルパー
福祉事務所　相談員

医療
訪問看護　受診
デイケア

<北九州から移住してきた母子の場合広島での地域社会へのつながりの援助>

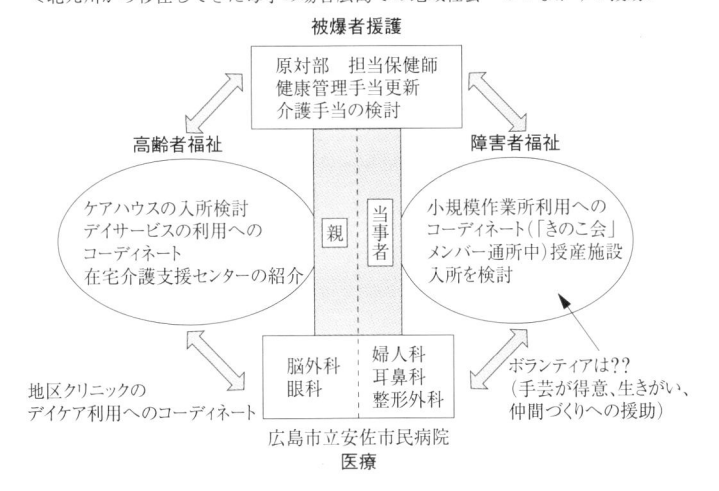

被爆者援護
原対部　担当保健師
健康管理手当更新
介護手当の検討

高齢者福祉
ケアハウスの入所検討
デイサービスの利用への
コーディネート
在宅介護支援センターの紹介

親／当事者

障害者福祉
小規模作業所利用への
コーディネート（「きのこ会」
メンバー通所中）授産施設
入所を検討

地区クリニックの
デイケア利用へのコーディネート

医療
脳外科　婦人科
眼科　耳鼻科
　　　整形外科
広島市立安佐市民病院

ボランティアは??
（手芸が得意、生きがい、
仲間づくりへの援助）

図8-1　被爆者援護の医療福祉ネットワーク

筆者は、保健師とソーシャルワーカーの視点と役割は異なることを説明した。
結果、「きのこ会」と原対部との話し合いの機会ももたれ、翌年1996（平成8）年3月の50歳お誕生日会には、行政関係者も含め59名もの参加で開催する運びとなった。

その場で「きのこ会を支える会」（以下、「支える会」）の設立を提案したところ、参集した小頭症患者に関わる作業所や施設関係者、MSW、医師、被爆者団体の相談員、それに個別に関わってきたジャーナリスト達を加え20名の賛同者を得た。当事者からも了解が得られ、「支える会」は発足した。

「支える会」としては当面、毎月、1家族ごとの関係者によるネットワーク会議を重ねていくこととした。

ネットワーク会議には、「きのこ会」で長年サポーター役に徹してきたジャーナリストや作業所などの関係者、担当するMSW、担当する広島市保健師などを含め、個々の事例によりメンバーはそれぞれに変わった。

4）援護策から遠く（Aさん親子の場合）

＜Aさんとの出会い＞

被爆50年目の医療・福祉調査をきっかけに、私はAさん親子の生活史を聴かせていただくことになった。広島から遠く200kmあまり離れた都市である北九州市に居住していたAさんは、前記調査で「すぐにあなたのところに行きます」と電話口でいい、駆け込むように当時の筆者の勤務先である広島市立安佐市民病院の医療相談室に親子で出かけてきた。

理由は、広島へ移住するための相談だった。Aさんは2度の入院生活を経験して、親なきあと小頭症の娘が暮らせるのは、原爆に理解のある広島の地以外にはないと思い定めていた。広島に転居するため不動産屋に再三電話をしたが、失職した高齢の母と無職の娘に家を貸してくれる家主が見つからず困っていたということだった。聞けば、広島には親戚・知人は皆無で息子が九州にいるだけだという。

筆者には唐突な相談内容に思えた。筆者は困惑した。これから親子ともども介護など厳しい老後が待っているのに、わざわざ肉親から離れて暮らしたいとはなぜだろう。広島市には特別に原爆対策部はあるものの社会的サポートには

限りがあるのになぜだろう。唯一の肉親までも振り切って遠く離れた地に終のすみかを求めるのは、よほどの事情があるに違いないと思えた。
　こうした「なぜに広島に移住なのか？」の疑問から、筆者は以下の生活史（年表参照）を聴かねばならなかった。
＜Aさん親子の生活史＞
　Aさんの語り口は常に穏やかだ。しかし、聴き手の筆者は、涙があふれたり、痛ましさで戦慄が走る場面もあった。
①親の反対をおして恋愛結婚
　Aさんは向上心旺盛な少女だった。「女に学問は不要」と反対され学資の援助のないまま全寮制のクリスチャンの学校に入ったが、経済的に続かず、帰郷した。そのころ、出会った人と恋に落ちた。

　　　それがねぇ、私たち、恋愛結婚だったんですよ。宗教の違いで父が猛反対だったのを結婚したんですよ。

　　　郷里の小野田市を飛び出した2人の新婚生活の地は広島だった。夫は子煩悩で、毎朝広島城まで息子を自転車に乗せて散歩していた。

②原爆被爆　その時——子どもがいたはず——

　　　その時私は無意識にかがんだらしいんですよ。パッと気が付いたのが、どのくらいかは分からないけど、見たら子どもがいないんですよね。
　　　確かに子どもが私の側にいた感じだけど、男の子やったかねえ、女の子やったかねえ、だからイライラするんですよねえ。「どうしようどうしよう」言うてしてる間にね、そうそう男の子がいたみたいだったら、そしたら探しに行かなきゃ、まだ自分の子っていうことに気が付かない。
　　　探してたところが2、3軒先のちょうど同じぐらいの子どもがおるうちにね、ちょうど外から縁側があってその下が芋釜になってるんですよね。さつまいもなんかを埋めるね。ギャアギャア泣き声が聞こえてるんですよね。ふっとかがんでみたとこで子どもが泣いてるんですよ。「あっこれじゃ

ないかね」思うて下りてみたら、1人の子どもはそれがもう背中の皮がぐるむけ、じーっと全然動かないですよね、で、うちの子どもはすぐ隣で抱き合った感じで伏せてからね、ギャアギャア泣いてるんですよ。それでもまだ自分の子いうのが分からないんですよ。あっこの子生きてる、これ助けてやらなきゃ思うて一生懸命横抱きして、良く見たら自分の子どもをやっぱり抱いていたんですよね。運の良いことに。

③夫は原爆死

　避難所になっている古市の学校に行ったの。陽がとっぷり暮れてはっきり記憶ないんですけど。でそしたら「主人がどうしただろうか」その時初めて気が付いたんですよ。それをぐるぐる探して歩いて行って見つけたんですよね、その中にね。治療して背中が一面に脱脂綿みたいなのがふせてあったからね。一応治療してもらって。夫は輸送船の料理長で、いつも留守だから、建物疎開に「近所にお世話になるから自分が出よう」言うて……そこでやられた。

　「自分はどうしてもお袋の所に帰りたい」言うんで、帰って私たちのことを頼んでおきたい、「自分が頼んだら大丈夫」「路頭に迷うから」だからどうしても帰りたいから「トラック1台どうしても見つけて来い」言うんで。「分かった分かった見つけてあげるからゆっくり休んどって」言うけど、でそのうち、ふーっと分からなくなる。何日か続いて9日の朝夜明け頃亡くなったんですね。

　帰りたかったんでしょうね。だから自分のお袋に頼まにゃ私たちが路頭に迷うから一生懸命だったんですよ。私のほうは（結婚に）反対だったでしょう。うちの方は行っても駄目だと思ってたんですよ。だから自分の親に頼みたかったんでしょう。

④実家、小野田に帰る

　それから火葬してもらって古市の役場で手続き取って罹災証明もらって、

10日の日に帰ったんですよね、小野田に。

　お骨にした時何も包むものがないんですよ。外科の先生が、船医で乗ってる時に顔見知りになったんでしょう、軍医さんだったんですよ、ちょうどその治療に来とられた先生が。「A君、お骨何も包むものがないんじゃないんですか？」って言ってガーゼのね、こんなきれくれちゃって、それで包んでね。お弁当みたいな感じで包んで帰って「お父さんお父さんうちの人ねこんなになったんよ」こうしてした（ぶら下げて振った）のは覚えてる。

　ほんとにもう（涙も）出なかったです。そしたら「バチ当たりが」ってじいちゃんがすぐ受け取ったのは覚えとるですけどね。「仏様になったものは大事に扱ってあげなきゃいけん」言うてからね、覚えとるけど。帰ってからまた記憶あんまりなくなったの。

　（当時の記憶は）あんまりなかったんですね。だからその時にも怖いっていう気持ちもないし。妹の話ですよ、もう汚い格好して帰って、自分の家が分からなかったらしいです。私がすぐ側までは帰ったけど、ウロウロウロウロして家によう入らんかったのを見つけてくれたそうです。

⑤離婚させられ、再婚させられる

　「大きな方は手がかからないから、うちに置いとけ」だったんです、家の父が。ほいでこの子（娘）を連れて再婚せいと。息子の方は、1年間は面倒を見ると言う約束で。結局この子どもがね、まだ…その当時まともに歩ききらなかったから。4歳ぐらいだけども、まだ歩ききらんかったんですよ。ほだから、そんな子どもつれて、どうしようもない、行き場はない、お金はない、着る物はない。ね、まだ、どうにもならん時、動きのとれん時ですよ。

⑥息子は里子に出される

　ところが長男は、1、2カ月で父がよそに出した。すぐ養子に出した。

その養子に出した先と言うのは、遊び人でね。田んぼの仕事はさせるわ、田植えから稲刈りから草取りから全部、学校から帰っても座敷に上がれるのは夜9時ごろだった。

　農作業がないときは材木担ぎだそうです。帰りは養子先のお父さんの晩酌を買って帰るんです、そのお金で。それを買って帰らないと、もう怒り散らして。家の周りが農家だから広いでしょ、そこをどんどんどんどんかけっこ。かたっぽは、かねのハエ打ちを持ってから追っかけて、後ろから背中を叩くんだそうですよ。そしたら叩いた跡は皮が一緒にひっつくんだそうです。

　血がポトポト流れ出すんです。

　それでね、これは本当に引き取らんとあの子殺されると思っているところへ、ええ、私の再婚先の家に逃げて来たんです。ほんとにボロボロのルンペンみたいな孤児みたいな格好で来たんです。ほいですぐ家に入れて。したら、私が行った先の旦那が反対して。

⑦息子、児童相談所から施設へ

　またじいちゃんの所へ連れて行ったんですよ。今度はじいちゃんがどうするかと思ったら、食べ物を制限しちゃった。食べささんのんです、ほんとの孫だけど。

　食べ物はあるんです。お米も田舎のことだからあるんです。

　そうしたところが、農家で5月だからみんな出ているんですよね、田んぼにね。その留守に隣のうちの台所に入っておひつの中にご飯がいっぱい炊いてあった、それをわし掴みにして食べていたというんです。お腹すいとったんでしょう。そこの人がね、「かわいそうに、お米がないんだったらうちにもあるから、あげるよ」と言ったらしいんです。そういったところを「人をばかにしとる」「そんなに困っとりゃせんから、いらん世話やくな」いう感じですよ。それでもうすぐ交番に行ったらしいんです。交番に行って「家の孫が近所に入って、そんな泥棒するような人間はうちには先祖代々育ったこともないし。だから家に置くことはできないから、頼むからどっか警察にひっぱってくれ」

警察と児童相談所を経由して養護施設へ入所となった。

⑧離婚

　うちの主人に相談するけど。絶対もう引き受けんのんですよ。だから私が離婚する気になったんですよ。「あ、こんな子どもをみてくれない家にね、あの、居たってしょうがない」から、私は私で、引き取れないでも私は自分で生きていこう思って。それからもう、あの、そこを離婚して、離婚いうのが出てって。下関に出る時もね、たった50円しか持ってなかった。バス賃が45円いるんですよ。それでも下関に出たんですよ……。
　下関の駅に降りて、それから、その日のうちにもう、安定所を探して行って、それもお金がないから、たった5円しか残らんでしょ。それを使い果たしたらどうしようもないから、その晩から働いたんです。それは割烹料理屋だったので、そういう仕事をね、するとこ子どもに見られたくはないゆう気持ちがあるから。
　また職探し出して…結核病院があるんですよ。で、炊事に入って。……そこだったらま、1年もすればね、引き取れるくらいの給料もらえる思って、入ったんですよね。1年ぐらいおったかな？　そこにおる間にあの、娘が入院して。下関の国立病院にね、最初は何か分からなくて、首が腫れてね。熱も何もでないけど、自然に体が弱ってきて、トイレに起ききらなくなったんですよ。俗に言う結核いうんだったんです。

⑨娘の教育
　8歳で小学校に入学して、卒業したのは15歳だった。

　中学校が、普通学級しかないんですよね。広島に何か養護学級か何かがあるんじゃないかな〜っていう感じがしたんですよ。どうせもうね、「どこにいても、もう困るんだったら破れっかぶれ、もう、何なら、原爆にあった土地で困った方がいいわ。友達がいっぱいいるんだ」いう感じでね。ほいで、広島に一度出て来たんですよ。全然、娘が（養護学級の教育に）つ

いていけない、やっていけないんですよねー。

⑩親子3人の同居生活の始まり——娘の家出の繰り返し——
　息子が義務教育を終え、就職して養護施設も出て、初めて親子3人の生活が始まった。しかし間もなく娘の家出癖が始まった。19回繰り返された最後の場面である。

　　夜中になっても帰って来んから、もう必死になって捜して、見つからない。次の日も見つからない。下関の警察局からね、「写真によく似た女の子を、飲食店で見かけたんだけど」という電話があったんで行ったところ、うちの子どもだったんですよ。
　　そこでは、あまり女の子を使わなくて表には出さなかったそうです。出さないで韓国の方に売り飛ばす気持ちがあったんです。2、3日で船が出るところだったんだそうです。
　　（店の人は）ご飯も食べさせてくれる優しいおばちゃんだったらしいんですよ。「帰らない」って言うんですよ。長男と一緒に行ったんですよ、本人さん「帰らん」、言うんですもん。だからうちの子（息子）が腹立ったんですよ、「そんなにここがいいんだったら、お前売り飛ばされるかも分からんぞ、それでも承知だったらおれ」言うらさすがに怖くなったんでしょう、うちの兄の方の言うこと聞かんといけん思うて、「帰る」言うて。

　その後、息子は結婚して、また母子だけの生活に戻った。娘は眼科や耳鼻科の入院や通院が続いたが、母子ともどもで寮に住み込んで働けるという好条件の下で、比較的安定した生活が続いた。

⑪原爆被害について調べる——原爆病院MSWとの出会い
　65歳で左大腿骨骨折し、21年間の勤務を終えることになった。休むことなく働き続けて、初めて世の中のこと、周りに目を向けるゆとりが持てたAさんは、娘のゆく末を案じて広島の被爆者団体の相談所に一本の電話をかけた。娘の障害状態を聞いた相談員は、広島原爆病院の若林節美MSWを紹介した。
　そこでやっと、実に被爆後43年目にして初めて様々な援護策を手に入れる道

が開けたのである。すぐさま広島市立安佐市民病院の平位剛医師の診断を受け、原爆小頭症での認定申請手続きが進み、療育手帳、身体障害者手帳、障害年金と一挙に手続きがすまされたのである。
⑫脳腫瘍手術後、広島へ転居
　母、娘の生活に不安材料が加わった。Ａさんの病である。脳腫瘍手術のための入院生活体験が、それを実感させた。

　　　最後まで病室にいるでしょ。それでタクシーで寝るだけに帰るんですよ。でまた朝早く八時頃には来て、ほんとはそんなんね、やっぱりいけないんだけど、もう看護婦さんも嫌な顔するわけじゃないし……。

　退院して間もなく、筆者からの調査のための電話が入って「母子ともども広島へ」の願いを実行しようと思い立ったのである。それでもなお、筆者は息子との関係が気になった。
　切迫したＡさんの様子に、まずはＡさんの意向に沿って援助を開始した。まだ介護を要する状態ではないことから、当面、ケアハウスの入居を検討した。しかし高齢者のための施設であることから、配偶者が60歳未満の場合は入居が可能だが、母娘関係では入居は許されなかった。仕方なく、県外者でも受け入れ可能な県営住宅に申し込みをした。連帯保証人の１人には筆者が署名したが、もう１人は息子になってもらうよう勧めた。
⑬障害者作業所へ
　広島の生活にも慣れ、無認可作業所の見学等を経て、やっと障害者作業所への通所が始まった。初めての給料を手にして、その喜びぶりをＡさんは電話で伝えてくれた。

　　　娘がねぇ、「ねぇ、ねぇ、母さん。私の瞳を見て、じっと見て。私の瞳は輝いているでしょ」って言ったんですよ。

⑭今後の課題

　母娘、2人、一度も別れて暮らしたことがない。2人の生活が無事に過ぎていくのを願うばかりであるが、Aさんの次なる計画は、母が死んだ後、「物事が決められるように」しておくことである。成年後見制度の利用を検討し、準備中であるが、娘が60歳を目前にして、ともどもの施設入所も検討中である。

(2) ソーシャルワークの必要性

　「きのこ会」にMSWとして関わってみて、Aさんをはじめ個々の原爆小頭症患者とその親たちの家族史にはソーシャルワークの必要性を認識するエピソードに満ちていた。それは、また、ソーシャルワークが広汎に展開し得てこなかったわが国の社会福祉専門職のありようを垣間みさせるものであろう。そのソーシャルワークの必要性をケースワークとソーシャルアクションの面から述べておきたい。

1) 個別援助者として

　「きのこ会」の母親たちは全員爆心より1.5km前後の近距離被爆者たちであり、高齢者でもある。また近距離早期胎内被爆者の小頭症児たちは知的および身体的に何らかの障害者である。これらの世帯を支えるソーシャルワークの視点には原爆被爆者援護策はもとより高齢者福祉、障害者福祉をも統合した援助の視点が必要である。

　それは関わり始めに驚かされた事実、つまり障害者や高齢者福祉制度すら活用できていなかった事実から痛感されることである。「きのこ会」の総会に参加していた会員には、その場でインテークし、その後の援助に結び付けることができた。しかし、県外にも居住する「きのこ会」会員全体の調査をしてみると、予想は的中し社会資源の未申請事例が目立った。社会資源活用という初歩的ソーシャルワークすら原爆小頭症患者とその親たちには届いていなかったのである。

　この調査報告を行政批判として報道されたことから、広島市原対部から、調査にあたった医師とMSWに「原爆被爆者相談員として、保健師が12名配属されて、相談にあたっているではないか」という反論があった。これはまさに行政の中にソーシャルワークが位置づいていない証しといえるであろう。保健師の

視点とソーシャルワークの視点は明らかに異なる。その専門性が異なっているのだから、働きの結果も異なるのは当然であろう。調査は、社会福祉の援助が原爆小頭症患者に届いていないことを明らかにしただけのことである。

その後、保健師を交えてネットワーク会議を持ち、原爆小頭症患者世帯への保健師活動に社会福祉援助の視点が取り入れられ、MSWとの協働が実践された。しかし、筆者の退職後は継続されていない。MSWに国家資格がないことから、広島市立病院の後任に社会福祉専門職としてのMSWは配置されなかったからである。

行政サービスとして社会福祉援助が継続して届けられるためには、行政職員としてソーシャルワーカーが配置されなければ、実効性がない。いまだに原爆被爆者にも相談員としてソーシャルワーカーが配置されることはないのである。

さらに、県外居住者の援護策の欠落を、Aさん親子の生活史が過去を含めて証してくれる（表8-2）。それは「あまりの長き援護策の不在」の一言につきる。原爆小頭症の認定は、実に43歳になってからである。「きのこ会」が遅れた援護だと1966（昭和41）年に訴えて勝ち得た、原爆小頭症を認定疾患と認めさせた成果から、さらにまた遅れること22年間である。たまたま原爆病院のMSWに出会ったことがその無援助状態から脱する転機になっている。被爆地以外の原爆小頭症患者のうちには、国から「原爆のせい」と認定されず、人知れずこの世を去った人たちもいただろうし、全国には未だに諸制度を知らず援護策からもれている人たちがいることが推測される。

それは広島市で28年ぶりに原爆小頭症の新規申請の受け付けが行われた際に認定申請の援助を行った筆者の経験や、1988（昭和63）年東京の病院のMSWが、たまたま関わって発見され、原爆小頭症の認定を受けて、わずか5カ月で41年の生を閉じた患者の例から推測されるのである。

ソーシャルワークの欠落は単に制度活用の遅れのみならず、自立支援のための学習、技能習得訓練などの機会が発達のタイミングに合わせて提供されなかった意味でも、より口惜しいものがある。Aさんの生活史を聴き取り、50歳を超えて、その年齢の世間なみの報酬から、あまりに低額でかけ離れているにもかかわらず、初めて手にした自分の労働の報酬に目を輝かせて喜んだ娘さんの状況に、その思いを強く抱くのである。Aさんと接する度に、詮ないことと知りつつ、もっと早

くにソーシャルワーカーとの出会いがあれば、この親子には異なった生活の歴史があっただろうにと思ってしまう。

2) ソーシャルアクションの協働者として

「きのこ会」の要望のうち「小頭症は原爆のせいだ、と証明して欲しい」は原爆医療法上「近距離早期胎内被爆症候群」という"病名"で認定されることにより実現した。その時の「きのこ会」が展開したアクションは地域の関連団体や婦人会とも連携した目ざましいものであり、感嘆に値する。

第2の要望である「親なき後の終身保障をして欲しい」については、その具体的な要望のカタチを明確化するために、ソーシャルワークがもっと活用される必要があったのではないかと考える。高齢者の施設、障害者の施設、それぞれの制限と特性を知った上で何を改善策として打ち出すのか、また、居宅支援では何を要望すべきなのかが明確になっておれば、運動の展開もまた異なったものだっただろう。

1995（平成7）年、この終身保障を、①生活費の保障として、諸手当の額の引き上げと一本化、②生活方法の保障として、「原子爆弾被爆者に対する援護に関する法律」や「身体障害者福祉法」、「精神薄弱者福祉法（当時）」の各政策の連携および充足、③生活の質の保障として、「近距離早期胎内被爆症候群」支援協会（仮称）助成、これら3点を広島市原対部に要望したが、具体的な成果は介護手当の更新用診断書提出が省略されたという成果にとどまっている。終身保障のカタチが見えないままに事務局長の大牟田稔氏を2001（平成13）年10月に、そして会長の長岡千鶴野氏を2003（平成15）年2月に失うという事態を迎えてしまった。

「きのこ会」の会報には毎号1ページ目に決意文が高らかに掲げられている。「わたしたちも二度とこうした不幸のおこらないよう、平和を守るために精一杯の努力をつくす決意でいます」と揚げている。第3の要望は、「この事実を広く国連を通じて全世界の人たちに知ってもらいたい」である。発足当初会長であった畠中国三氏は、特にこの要望を一貫して行動し続けた人である。ウ・タント国連事務総長に私信を届けようと試みられたことなど『原爆が遺した子ら』に詳しい。

きのこ会の会報には、各会員の生活史が綴られたもの、語られたものとして

記録されているが、1977（昭和52）年に発行されたこの『原爆が遺した子ら』以降、発行物はない。

　2000（平成12）年、会員の中のある母が急死した。民生委員たちの助力で喪主を務めた小頭症の彼女から「私たちが、どんな目にあったか、このままではかき消されてしまうから」と、母が残した新聞の切り抜きやパンフレットに掲載された生活記録を託された。

　Aさんの例のように原爆小頭症とその家族が生きた被爆後の生活史を記録し集積することが、ソーシャルワーカーとして関わってしまった者が第3の要望に応える方法の1つであろう。

おわりに

　ヒロシマのMSWたちは日常業務の中で被爆者たちと関わってきた。相談の過程で聴かされた被爆後の生きざまの凄まじさとたくましさに圧倒されながらも、彼らが一様に秘めている反原爆、反戦争の志をともにする立場でMSWたちは「相談員の会」のボランティア活動を続けている。それは原爆のきのこ雲の下で人間に何が起こったか、その後の人間の営みに何が影を落とし続け、それに抗って人間はどう生きてきたかをソーシャルワークの過程で知ってしまったからである。このレポートが、その一部分でも伝え得れば、被爆者とともに生きてきたソーシャルワーカーのはしくれと言えるであろう。

表 8 − 2　Aさんの生活史年表

西暦	原爆小頭症・被爆関連年表	家族歴 母 / 娘 / 息子	生活史	証言
1945	広島、長崎に原爆投下	24 / / 4	爆心1kmで被爆、夫は爆死	(☆1)
1946		25 / 0 / 5	広島に出て出産	
1947	ABCC検査開始	26 / 1 / 6	息子は祖父宅へ	
1948		27 / 2 / 7		
1949		28 / 3 / 8		
1950	原爆傷害調査委員会（ABCC）胎内被爆児の調査を始める	29 / 4 / 9	離婚させられ、母子ともに再婚させられる 息子：里子に出される	(☆2)
1951		30 / 5 / 10	息子：実家に帰るが、3度の食事をともなわい。交番・児相・養護施設へ	盗み食
1952	ABCCの医師が7人の小児運動を伴う小頭児の存在を米国小児科学会誌に発表 講和条約・古領解除	31 / 6 / 11	息子を引き取りたいと言ったが夫が反対	
1953		32 / 7 / 12		(☆2)
1954	ビキニ水爆実験・被災	33 / 8 / 13	母・離婚、娘、3年遅れで小学校入学、頭部リンパ腺浮腫にて入院	(☆4)
1955	第1回原水爆禁止世界大会	34 / 9 / 14		
1956	「原水爆と人間」広島でのブラッシャー博士の報告をとして7人の小頭症を確認	35 / 10 / 15		
1957	原爆医療法施行 小頭児の畠中百合子さんが記録映画「世界は恐怖する」に登場	36 / 11 / 16	その後お金をもらって、帰りは行ってしまっていた。かねのハートをもってからかけた。後ろから背中叩いて、そんなの目にあっているのを見た。その人が「と口入れろ」というので家に知らせたという。「あの子殺される、あそこにおいとったら」と言うから。	(☆3)
1958		37 / 12 / 17	息子：下関へ帰って来て、母・娘・息子3人の同居生活始まる	(☆5)
1959	畠中百合子さんの父国三さんが第5回原水爆禁止世界大会でABCCの救済を訴える	38 / 13 / 18	絹商勤務	
1960	この年の国勢調査に基づくABCCの調べて、胎内被爆生存者は広島2,310人、長崎1,562人と判明	39 / 14 / 19	⇐娘 家出を繰り返す⇒	
1961		40 / 15 / 20	娘：小学校卒業	
1962		41 / 16 / 21		(☆4)
1963	広島大学医学部産婦人科の平位剛助手のかくれ頭児の実態調査	42 / 17 / 22		50円玉買って、飛び出しての、45円バス代で消えて、住み込みでして働けるところを探した。
1964		43 / 18 / 23		
1965	未歳有原子力委員会（AEC）が胎内被爆の子どもに知恵遅れの傾向があると発表、小頭児と親ってつくる「きのこ会」結成	44 / 19 / 24	職を得て北九州へ	(☆6) まだテレビなにテレビが出てない時に、高い頃にら「味が学校から帰ってきたら1人だったらさみしいだろうから自分がテレビ買ってやって。

第8章　平和と医療ソーシャルワーク　223

（注6）
19回くらい家出を繰り返してきてました。夜中になっても帰って来ないから、もう必死になって捜して、見つからない。次の日も見つからない。休むわけにもいかないんですね。警察に保護願いを出して、何人かまとめて韓国の方へ売り飛ばすつもりなんだった。その手前に見つかったんです。

年	母	娘	息子	社会的事項	個人的事項
1966	45	20		広島県被爆者団体連絡協議会が患者を招いて成人式 きのこ会が医療会議での小頭症認定を厚生省に陳情、厚生省の小頭症調査研究班（座長・仲原正憲東大名誉教授）が発足	原爆手帳取得 娘：難聴通院 息子：結婚
1967	46	21	26	調査研究班が厚生省に結果報告。「妊娠15週以内の早期胎齢で、爆心から1.5km以内の距離被爆に小頭症の増加を確認」原爆医療審議会が小頭症の認定を厚相に答申、病名は「正距離早期胎内被爆症候群」、患者6人が認定第1号に	
1968	47	22	27	原爆特別措置法	
1969	48	23	28		
1970	49	24	29		
1971	50	25	30	きのこ会が患者25歳誕生祝いのつどい以降、5年ごとに実施	
1972	51	26	31		
1973	52	27	32		娘：和裁学校入学
1974	53	28	33		会社の寮に母子で住む
1975	54	29	34		
1976	55	30	35		娘：左眼手術
1977	56	31	36	NGO被爆問題シンポジウム きのこ会が「原爆が遺した子ら」を発行	
1978	57	32	37	原爆症手当の支給始まる	和裁学校に5年間通ったため、一枚も縫い上げることができない
1979	58	33	38		
1980	59	34	39	原爆被爆者対策基本問題懇談会が厚相に意見書を提出	
1981	60	35	40	「原爆被爆者相談員の会」発足	
1982	61	36	41		
1983	62	37	42	「きのこ会」総会へMSW初めて出席	娘：左耳手術
1984	63	38	43		
1985	64	39	44		
1986	65	40	45		母：左大腿骨骨折
1987	66	41	46	下村盛長さん、原爆小頭症認定される	母：退職（21年勤続）、原爆小頭症について調べ始める
1988	67	42	47	2月13日下村盛長さん死去、41歳	原爆病院MSWとの出会い、原爆小頭症認定申請・療育手帳・障害者年金を取得

1989	68	43	原爆小頭症、新たに1名認定される
1990	69	44	原爆小頭症として認定される。医療特別手当・原爆小頭症手当の支給始まる
1991	70	45	母子での原爆忌へ参列（中国新聞8月7日記事）
1992	71	46	
1993	72	47	
1994	73	48	「原爆被爆者援護法」制定
1995	74	49	原爆50年目、原爆小頭症医療福祉調査 脳腫瘍手術、2月退院。5月原爆小頭症調査にて安佐市民病院 MSWと出会う。ケアハウス入居断念され、広島の公営住宅へ転居 （☆7）
1996	75	50	原爆小頭症、新たに1名認定される 「満50才の誕生会」 きのこ会を支える会「発足 原爆小頭症の当事者と親への援護策を原爆被爆者対策等課へ要望 ネットワーク会議開催 8月6日母子で「原爆被害者証言のつどい」にて証言
1997	76	51	娘：障害者作業所に通所し始める （☆8）
1998	77	52	
1999	78	53	
2000	79	54	きのこ会会員母死去。告別式時に母子の記録を残さなければと
2001	80	55	母子で幟殿入所の検討を始める
2002	81	56	成年後見制度の検討を始める
2003	82	57	きのこ会会長長岡千鶴野氏死去

（☆7）
入院中、（家に）1人でおいといけないんですよ。それで、（病院に）最後までいているでしょ。ほんとはタクシーで帰るから、朝早く8時頃には来て、ほんとはたんね、やっぱりいけないんだけど、もう看護婦さんも嫌な顔するわけじゃないし。

（☆8）
初めて給料もらうって言うんですよ。「ねえ、ねえ、お母さん、私の瞳をじっと見て、私の瞳は輝いているでしょ」って。

参考文献

1）岩崎清一郎編『安藝文學 70号』安藝文學同人会、2002年。
2）海老根勲『碧空「大牟田稔さんをしのぶ会」報告・追悼集』大牟田稔さんをしのぶ会、2002年。
3）「大牟田稔遺稿集」刊行委員会編『ヒロシマから、ヒロシマへ』渓水社、2002年。
4）きのこ会編『きのこ会会報 1号』きのこ会、1965年。
5）きのこ会編『きのこ会会報 2号』きのこ会、1966年。
6）きのこ会編『きのこ会会報 3号』きのこ会、1967年。
7）きのこ会編『きのこ会会報 4号』きのこ会、1968年。
8）きのこ会編『きのこ会会報 1970年・夏 6号』きのこ会、1970年。
9）きのこ会編『きのこ会会報 1971年・夏 7号』きのこ会、1971年。
10）きのこ会編『きのこ会会報 1972年・夏 8号』きのこ会、1972年。
11）きのこ会編『きのこ会会報 1973年・夏 9号』きのこ会、1973年。
12）きのこ会編『きのこ会会報 1977年・夏 10号』渓水社、1977年。
13）きのこ会編『きのこ会会報 1979年・夏 11号』渓水社、1979年。
14）きのこ会編『きのこ会会報 1980年・夏 12号』渓水社、1980年。
15）きのこ会編『原爆が遺した子ら 胎内被爆小頭症の記録』きのこ会、1977年。
16）原爆被害者相談員の会編『ヒバクシャ －ともに生きる－ 第3号』原爆被害者相談員の会、1984年。
17）原爆被害者相談員の会編『ヒバクシャ －ともに生きる－ 第4号』原爆被害者相談員の会、1985年。
18）原爆被害者相談員の会編『被爆者とともに』中国新聞社、1995年。
19）佐藤俊一・竹内一夫『医療福祉学概論』川島書店、1999年。
20）ジェームス・N・ヤマザキ、ルイス・B・フレミング著、青木克憲・青木久男訳『原爆の子どもたち』ブレーン出版、1996年。
21）田淵沼『胎内原爆被爆小頭症の臨床所見について』国立予防衛生研究所－原爆傷害調査委員会、1967年。
22）中国新聞社編『検証ヒロシマ 1945－1995』中国新聞社、1995年。
23）土門拳『生きているヒロシマ』築地書館、1978年。
24）日本科学者会議広島支部編『創立20周年記念 ヒバクシャと現代 地域と科学者 第8号』日本科学者会議広島支部、1986年。
25）広島市社会局原爆被害対策局『原爆被爆者対策事業概要』美研社、2003年。
26）文沢隆一『ヒロシマの歩んだ道』風媒社、1996年。
27）松田一・林柏『原水爆と人間』岩崎書店、1956年。

第9章

医療ソーシャルワークのスピリット・コラム

　1997（平成9）年5月〜2000（平成12）年4月の間、「おはよう中国」というNHKの朝のラジオ番組で「コラム」を担当する機会を与えられた。

　一般リスナーに医療ソーシャルワーカーへの理解を深めてもらうため、毎回3分間通算36回を重ねた。その一部を再録した。

1）医療ソーシャルワーカーの自己紹介

　「医療ソーシャルワーカーです。」と自己紹介すると、おや、何をする人？と怪訝な表情を向けられるのが常です。

　「病院などで、暮らしの相談にあたる、福祉の専門職です」と説明を始めることにしています。

　病気になると、暮らしの面でも様々な不安や問題が起こります。まず、高い治療費の支払いに困るとか、仕事を休んでいるので給料が入らない等、お金のことから始まって、病気は治ったけれど、障害が残ったり、寝たきりになった場合、そのお世話はどうするか？　自宅療養する場合の手助けの訪問看護師やヘルパーをどう頼んだらよいのか？　障害が重くて、家に帰れない場合の施設入所のこと、それに、家庭内の人間関係の摩擦や治療の先行きの不安など、医療ソーシャルワーカーの窓口には、暮らしのあらゆる相談が持ち込まれます。

　病の訪れは、誰の身にも突然です。健康な時には、テキパキと判断を下して、実行に移せていた人も、不安や戸惑いに襲われることでしょう。問題を処理していく力も、少し衰えがちです。そうした時、傍に寄り添い、問題解決の後押しをする存在が、医療ソーシャルワーカーといえます。

仕事の進め方は、まず来談者の悩みや問題をジックリ聴き取り、問題の整理をすることから始まります。例えば、医療費の問題を相談に来られた場合、その背後にも、失業しそうだとか、借金がかさんで、夫婦の間もギクシャクと亀裂が入り始めているとか、重複した問題を抱えておられる場合もあります。

　問題解決のための作戦会議ともいえる最初の出会いの場面は大切です。問題解決のプロセスは、二人三脚ともいえる、ともに歩むプロセスです。お互いの信頼関係づくりが、基本だと思うからです。

　毎日が、新たな問題を抱えた、新たな患者さんとその家族との出会いとの連続です。ひとさまの悩みに関わることは、エネルギーを必要とし、時には疲れ切ってしまうこともありますが、問題を解決していく患者さんや家族、一人ひとりの生きていく力に圧倒され、勇気づけられることの方が多い日々です。

　親しい友が、「あなたは趣味と実益を兼ねた仕事が持てていいわね」と言ってくれます。

　そう、私はこの仕事が気に入っています。しかし、医療ソーシャルワーカーには、未だに国家資格がなく、設置する病院への人件費の財源の保証はありません。全国どこの病院でも、医療ソーシャルワーカーのサービスが提供できる状況ではないのです。

2）看護と福祉の連携

　患者さんの問題を、どう捉えるか。その方法は、職種により当然異なるものです。例えば、看護師さんとの違いを、訪問看護の看護師さんとともに行動する時などに、よく体験します。

　ある日、看病にあたっている奥さんから、「主人を再入院させたい」という電話が、医療ソーシャルワーカーである私のもとに掛かってきました。退院されて、間もなくのことです。ご主人は進行した癌で、手術もできず、小康状態なのです。看護師さんとともに家庭訪問をしてみると、問題は、夜中に度々ご主人が奥さんをトイレで起こし、そのため、奥さんは睡眠不足で、血圧も不安定になってしまったということでした。

　私は、台所で奥さんに説得を始めました。「退院の時、『奥さん1人で看病されるのは無理ですよ。訪問看護師さんやヘルパーさんに来てもらいましょう』

とお勧めしたでしょう。なのに、『他人さまを家に入れるとかえって気を使って疲れてしまう』とおっしゃって、頑張ってしまったからですよ。せめて、昼間休息できるように、ヘルパーさんに来てもらいましょうよ」と、私は聴力の衰えた奥さんの耳元で大声を張り上げていました。その間、看護師さんは、隣の部屋のご主人のベッドの傍で、何やらゴソゴソやっていました。

　そして、私たちを呼んで言ったのです。「もっと高さのあるベッドが欲しいわ。そしたら、尿のカテーテルを使って、尿をベッドの下の方の袋に溜めておくことができるんですよ。夜中に、奥さんがトイレのために起きなくてもすむわ」と言ったのです。

　私は、看護師さんの、このみごとな回答に、「一本参った」という思いでした。一本参ったのは、奥さんも同様で、あれほど嫌がっていた他人さまである看護師さんの訪問も快く受け入れられ、やがてはヘルパーさんの訪問も受け入れられたのです。

　お互いの職種の働きと領域を理解し合って、一人ひとりの患者さんのために、それぞれが知恵と技術を出し合っていく。そうしたチーム医療を展開させるためには、「まずはお互いに一緒に腕を組んで動いてみることだな」と思うのです。

3) 科学技術の発展は誰のために？

　福祉の制度には、時になぜ？　なぜなの？　と不思議に思える制限がついていることがあります。そこで、一例を取り上げてみます。

　16歳の彼は、向学心旺盛な高校2年生です。パソコンを買って、インターネットで世界中の人と交信しようとする積極的な少年です。ただ、幼い頃より筋力に関わる難しい病気とともに生きてきました。

　今年の8月、修学旅行の予定地、沖縄を家族とともに下見した矢先に病気が暴れだし、呼吸器を付ける状態になってしまいました。紺碧の沖縄の海をバックに端正な歯並びを見せたスナップが、首に異物を付けていない彼の最後の写真になりました。首に呼吸器を取り付けるために、穴が開けられ、彼は声を失ったのです。

　でも、彼のコミュニケーションを助ける手段はあります。パソコンのキーボードを、彼の筋力に応じて、操作できるように、スイッチの工夫をして、音声変換

すれば、機械を通訳にして、彼の思いを言葉に変えられます。試みのため、ノートパソコンと変換スイッチを彼の病室に持ち込んでみました。彼は、すぐさま肩を使って、キーボードを動かし、手始めにコンピュータゲームを始めました。

　傍を取り囲んだ看護師さんたちが声を上げます。「初めて目が輝いたわ。顔つきが全然違う。こんな生き生きとした表情の子だったんだ」と。

　緊急入院して一カ月半、視界には白い天井と忙しく立ち働く看護師の姿しか入ってこなかった彼にとって、外界とのコミュニケーションへの渇きがどれほど大きかったか、容易に想像されます。

　しかし、彼はこの装置を福祉の制度から受け取ることができません。こうした、重度障害者意思伝達装置、50万円余りもする、このコミュニケーションエイドと呼ばれる装置の給付は、18歳以上の「障害者」に限られているからです。彼は16歳。「障害児」には、支給されないのです。

　急激な彼の機能低下に対応するために、退院に際して、準備しなければならない品物が数多くあります。電動車椅子、移動用リフト、車椅子を乗せられる自家用車、ベッド、ポータブルトイレ、吸引機、手動の呼吸補助バック、そして、これらの使用を可能にするために、住まいの改造など、さしあたっての経費もかさみます。

　お母さんは、彼を説得しました。「もっと技術が進んで、もっと良いものが安く手に入るようになるわよ。福祉の制度も変わるかもしれない。もう少し待ってみようよ」と。

　彼は、目を伏せうなずきました。

　人間の知恵と技術は、何を目的として高められていくものなのでしょうか。例えば、彼が見せた一瞬の瞳の輝きに応えること。こうした人々のハンディキャップを改善し、生きる意欲を燃え立たせること。これらを目的とした、科学技術の発達が、もっともっと追求されることを望みます。そして、その発達に柔軟に対応できる福祉制度の改善も大切なことだと考えるのです（要望はあげてみるもので、その後、制度の改善が図られ、年令制限は撤廃されました）。

4）煙草アレルギー

　今朝は、少し煙くて苦いお話をさせていただきましょう。

私自身のハンディキャップのことです。私には、人並はずれた煙草アレルギーがあるのです。どういうアレルギーかと申しますと、煙草の煙はもちろん、吸殻の臭い、洋服についた煙草の臭いを嗅ぐだけで、ズキズキ頭が痛くなって、その次には、頭が痺れたようになって、考えることができなくなるのです。思考能力がゼロになってしまうのです。

　このアレルギーのため、以前電車で通勤している時は、プラットホームの端っこで、しかも風上でポツンと待つ、電車に乗り込むと入り口のドアの所で窓ガラスに鼻がくっつくくらいの所に立っている。道路でも、風上に煙草を吸いながら歩いている人がいれば、走って追い越してしまうとか、やむを得ないお付き合いでお茶を飲む時には、お店の隅を探して、しかも男性客の側のテーブルは避けるとか、私の自衛策は様々です。

　このアレルギーはもちろん、生まれついてのものではありません。三女の妊娠中のつわりの時に始まりました。以来、20年余り、私の体に同居しているのです。

　人と関わることを商売にしていて、このアレルギーは悩みの種です。幸い、医療ソーシャルワーカーとして働いていた広島市立安佐市民病院は、禁煙に取り組んでいる病院で、院内には煙草販売機はなく、医師の採用も喫煙者は除外されるという徹底ぶりでしたから、救われていました。でも、周りの同僚から言われていました。「貴方のような人は、一般行政職に転勤したり、一般企業の事務職は勤まらないよ」と。

　そうした仕事の面ばかりではなく、人類のうち、煙草を吸う人々には、80cm以上接近できないのは、私の人生にとっても大変残念なことです。この世間を狭くさせてしまう煙草アレルギーから脱出したいと、神経科医や脳外科医に相談してみましたが、「さぁーねー、頭の写真でも撮ってみるかね？」と、言われると自分の脳の中身を人に見られるのも少し嫌な気分で、診察を受ける気にもなりません。

　だから、ハンディキャップとともに生きている次第です。「そんなこと、ハンディキャップのうちか」というお叱りや、休日の朝の一服をプカリと美味しく召し上がっておられる方々に、眉を顰（ひそ）めさせてしまったかもしれません。

　でも以前、「お前さんと似た人がいるよ」と紹介され、ある女性の煙草アレルギーの本を読んで、「あー、この世には私と同じ人がいるんだ」と、妙にホッと

して安心したことがありますので、「誰かの安心に繋がらないかな？」と思ったのです。

5）学生の育ち

　先日、1本の電話が私の研究室に掛かってきました。障害を持ったお子さんのお母さんからでした。お子さんは、中学生の男の子ということでした。

　大学があります、町の広報誌に、学生のボランティアクラブの紹介記事が載り、その顧問である私のところにお電話を頂いたのです。そのお母さんは、障害児を中心に、その親御さんたちと共にグループを作り、1ヵ月に1度、集まりをもっているので、「大学のボランティアクラブの学生が参加してくれないだろうか？」というお問い合わせでした。

　早速、研究室にお招きして、ボランティアクラブの学生の1人に会ってもらいました。

　要望の趣旨は次のようなものでした。お母さんたちのグループは、いろんな行事を企画しているけれど、マンネリ化しがちだし、障害児たちにとっては、年齢の近いお兄さんやお姉さんの学生が、アイディアを出してもらった行事の方が喜ぶのではないだろうか？　だから、単なるお手伝いではなく、企画の段階から一緒に参加してほしいとか、今までいろんな大学の学生さんに頼んだけど、行事ごとにやって来る人が違ったり、卒業した後、次の学生をまた改めて探さなければならなかったり、そんなことで、地元の大学の学生さんに継続的に関わってほしいという内容でした。私は、福祉の大学への地元の方々の期待を具体的に示していただいたなという思いでした。

　お母さんへの対応は学生がして、私はそれを傍で見守っていましたが、学生は先程の内容をお母さんに伺い、春のお花見は学生の休暇中でしたけれど、参加させて頂くことで、その手順などの確認をしていました。

　それらを聞いていて、私は嬉しくなりました。学生のインタビューが、適切で美しいと感じたからです。お母さんは、帰り際に言われました。「大学は初めてだし、私は口下手だし、どうしようかと思ったのですけれど、やって来て本当に良かったですよ」と。学生は、初対面のお母さんの緊張をほぐし、ゆっくり聞き出しながら、要望のポイントを押さえ、そして、積極的に関わりたいと

いう気持ちを伝えていました。

　クラブ活動は、多くのことを学び、鍛えられる場であることを改めて思いました。ボランティアの依頼を受ける、対応できる学生を集める、報告書を作る、ご支援頂いた所にはお礼を伝える、様々なレクリエーション行事を企画して参加する等、学生たちは、この半年間に多くの経験をしました。

　新設大学なので、先輩もいないクラブ活動は、一つひとつ問題や悩みが生まれて、あちこち頭をぶつけながらの半年間でしたが、学生たちは、このボランティアクラブを通じて、確実に大きく成長したなと感じました。もちろん、関わってくださった施設の方々、障害者の方々、地域の方々の育ててやろうという応援があってのことです。

　昨日は、わが家の末娘の卒業式でした。「多くの人々に育てて頂いたのだろうな」と、壇上で卒業証書を受け取る娘と、私の関わる学生の姿を重ね合わせて、育む側の任務を思ったことです。

6）波長が合うということ

　インフルエンザで、母が40日間入院しておりました。

　忙しく働く私を支えてくれて、80歳を超えても、家事全般の現役だった母の入院で、たちまちわが家の散らかりぶりは、度を越していきました。それは、退院して寝たり起きたりの体力の弱った母のイライラを募らせました。

　時間の取れない私は、民間のヘルパーさんの導入を提案しましたが、母は頑として受け入れません。わが家での時間を長くするために、私は、大学近くに借りた宿舎を引き払うことにし、引っ越しは、付き合いのある障害者の作業所に依頼しました。

　ある日、引っ越し荷物を障害者の人たち10人余りが、わが家に運んでくれました。その仕事ぶりは、ゆっくりゆったり、そしてにこやかに進められました。小分けにされた荷物を、一人ひとり時間をかけて列になって運ぶさまは、少しユーモラスでもあります。

　物珍しげに傍らで見守る母の顔色を覗いながら、「ねえ、ついでに、この人たちに家の片付けと掃除を頼んでみようよ」と提案しました。母は、「ん〜」とうなずいたのです。私は、「しめた」とすぐさま指導員と日程を決めました。事前

に、指導員さんに根回ししていたので、気が変わらないうちにと、最優先で調整してくれました。

　母は、あれほど他人がわが家に入って来ることを拒否をしていたのに、「フッ」っと和らいだのはなぜなのでしょうか。私は、障害者の人たちとの波長が合ったことが原因ではないかと思いました。「これは捨てて、あぁ、それは置いといてちょうだい」とか、自分流の掃除の仕方を指示している母の様子を見ていて、そう思いました。長患いで、体力気力も衰えた母のゆっくりした動きと、障害者の人たちの、これまたのんびりした動きの波長が合ったのだと思うのです。それが、母を安心させ、受け入れる気持ちにさせたのだと思うのです。

　MSWとして、分刻みで相談にあたっていて、回転の速い問題解決が、少々自慢でした。この私の仕事ぶりが、相談にみえた病んだ人たちに脅威を与えた、そういう場面があったのではないだろうか。ふっと苦い振り返りをしたものです。

7）介護者のための特殊ベッド

　今朝は、私のぼやきを少しお聞きください。

　1枚のリーフレットが私の手元にあります。表面は一面の青空をバックに、ハートマークに囲まれた中に、「在宅ケア、一番の不便を綺麗にサッパリ解消しました。」と活字が躍っています。ある会社の、介護用ベッドのリーフレットです。キャッチコピーはなんと、「全自動、水洗トイレ付き介護ベッド」とあります。

　実物のベッドの写真が、次のページに続いていますが、ベッドの中央が繰り抜かれて便器がはめ込まれています。仕組みはまず、センサーが排便、排尿をキャッチして、ベッドのリクライニングが動いて、利用しやすい角度にベッドが動きます。そして終わると、おしりをシャワーが洗って、続いて温風が出て、おしりを乾かす、それから、強力ポンプで下水管に流し、ボール栓が動いて臭気が上がってこないようにする、脱臭装置も付いているので、部屋はいつも爽やか、とあります。ニコヤカな写真入りの説明が続いています。

　聞かれているあなたは、どう感じられたでしょうか？　「あぁ、いい物が開発された」と思われたでしょうか？

　こうした介護は、それを受ける方、また介護する方もお互いの自尊心の問題も含めて、重要な課題ではあります。でも、その対応に、「全自動」というコンセプ

トで、機械化による解消に繋がるのかなぁというのが、今朝の私のぼやきです。

　枕元や足元を、上げたり下げたりできる介護用の特殊ベッドでさえ、寝心地が悪いものです。ましてや、腰の部分に便器をあてがって、24時間横になっている辛さは、すぐに想像できます。自分で寝返りができなくなると、床ずれがアッと言う間にできます。人間の体は、時々、体の向きを変えて、血液の流れを確保することを要求しているのです。私たちも、無意識のうちにその動作をしています。でも、自分で寝返りができなくなった場合、そうした場合には、どうしても人の力が頼りです。

　介護疲れ、介護地獄、介護虐待と現状の深刻さ、その実態を承知しているつもりです。でも、その解消に、全自動の機械化の流れが持ち出されるのは、「ちょっと待ってよ」と言いたいのです。もちろん、介護用品補助用具など、福祉用品の開発に反対するものではありません。もっともっと、その道具や機械の工夫は急がれると思います。

　でも、その時、「その場面の利用者ご本人の気持ちは、どうなのかな？　それを、敏感に想像してみる」そういう視点が、欠けてきたのではないかしら。「これから、大丈夫なのかな？　この日本の世の中の動きは」と思ってしまった1枚のリーフレットでした。

8）心地よさの追求

　夏の日のある夜、クラブでお酒を飲む機会がありました。美しい女性が、隣の席で、水割りなどを作ってくれます。周りのソファーには、殿方を中心に寛いだお喋りが続いています。

　私は、そうしたお店は初めてだったので、傍らの女性に興味津々で、質問を繰り返していると、彼女はお店の責任者を呼んできてくれました。

　私の最初の質問は、「ホステスさんの面接試験のポイントは何？」でした。店長は、即座に、「笑顔です。感じのよい笑顔です。そして、タイプとしては、人の話を興味深く聞くことができる人かどうかという点を見ますね」という答えでした。私は可笑しくなって、「それって、私たちソーシャルワーカーの資質にも通じるわね」ほろ酔い加減も手伝って、私の職業の自己紹介をする羽目となりました。

私は、後輩の医療ソーシャルワーカーの新人研修の際、面接技法の講座では、手鏡を持参するよう、注文を付けます。まずは手鏡に、自分の最も感じのよいと思われる笑顔を作って、映し出してみます。その笑顔で、相談にみえた方を招き入れ、「どうされましたか？」と、相談内容や悩みを聞き始めます。最初の面接場面では、まずはジックリ耳を傾けて聞くこと。相手の方の話しの腰を折ってはならない。名前や住所や家族構成を聞くのは、一段落した後にすることなど、具体的に教えています。

　店長さんへ、「新人には、どんな教育をしているの？」と続けて尋ねると、おしぼりの手渡し方、コースターの置き方、煙草の火のつけ方、水割りの作り方など、こと細かく示してくれました。例えば、水割りのグラス内の氷は、かき混ぜた後、マドラーでいったん氷を止めて差し出すとか、まるで茶道の作法にも似た腰のすえ方、手の動き、一つひとつ、目的のある動作です。その目的は、ただ一点、「お客に対して、心地よさを与える。不快な思いをさせない」という、ただ一点の目的を含んだ動作です。

　この動作は、私の特別養護老人ホームでの実習体験とも重なりました。おむつ交換、食事介助、入浴介助の際の動きは、障害を持った方の身体介護ですから、安全を第一に留意するものの、お年寄りの心地よさを常に配慮した動作であるように指導されました。

　「人が人に関わる場合、初対面の方の気持ちを解きほぐすありよう、その形や導入の方法には、共通するものがあるなぁ」と、改めて感じる宵でした。

　「似ているわね。通じるわね」と、お喋りの後、かたわらの女性に、「でも私たちは、お客様との間にアルコールがあるから楽ですよ。お酒がなくて、ひとさまに気持ちよく接していくなんて、大変なお仕事ですね。頑張って下さい」と、エールとともに、夜の街に送り出されました。

9）橋を架けること

　久しぶりに、美しい日本語に聞き惚れました。先日の皇后様のビデオによる講演の放映です。ニューデリーで開催中の国際児童図書評議会世界大会に、「子どもの本を通しての平和、子ども時代の読書の思い出」と題されてのご講演がテレビで放送されました。皇后様ご自身の感受性の芽を育んだ少女時代の本と

の出会いを、平和というテーマの中で語られました。

人との関わりを職業としている私にとって、数々の心に沁みる言葉が胸に残りました。今朝は、それらの文章のおさらいをしてみたいと思います。

まず、冒頭の一説を引用させていただきます。「生まれて以来、人は自分と周囲との間に、一つひとつ橋を架け、人とも物とも繋がりを深め、それを自分の世界として生きています。この橋が架からなかったり、架けても橋としての機能を果たさなかったり、時として、橋を架ける意思を失った時、人は孤立し、平和を失います」とあります。

私は、病んだ人の相談にあたっていて、特に心を病んだ人との関わりの体験から、橋を失い、孤立し、平和を失った人のありように思いが巡り、講演に引き込まれていきました。

次に、人は生きている限り、避けることのできない悲しみに対面することを感じさせるお話の例として、「でんでん虫の悲しみ」というお話が紹介されています。ある日突然、自分の背中の殻に、悲しみがいっぱい詰まっていることに気付いたでんでん虫は、友だちを訪ねては、自分の不幸を話したけれど、どの友だちも、「それはあなただけではない。私の背中の殻にも悲しみはいっぱい詰まっている」と、答えます。「悲しみは誰でも持っているのだ」と、気付いたでんでん虫は、「私の悲しみを堪えていかなければならない」と、もう嘆くのは止めたというお話です。

「悲しみを負っているのは、あなただけではないのだ。私もそうだし、誰でもそうなのだ。強く生きていかなければならない」という温かい励ましが伝わってくるお話です。

児童文学には、こうした悲しい物語や、残酷な物語もあるけれど、自分の心を高みに飛ばす強い翼のような喜びに満ちた詩や物語もあると、数々の作品を挙げられました。

そして皇后様は、子ども時代の読書の意味を、「ある時には、私に根っこを与え、ある時には、翼をくれました。その根っこと翼は、私が外に内に橋を架け、自分の世界を少しずつ広げて育っていく時に、大きな助けとなってくれました」と、結んでおられます。

この、根っこと翼という鮮やかな対比の言葉を、深い意味を含ませた「橋を

架ける」という言葉で括られています。
　私たち、心理や福祉の領域の人が使う自己覚知や自己の確立という中身を分かりやすく、見事に表しておられて、深い感銘を受けました。

10）絵葉書作家の誕生
　私はこの春、医療ソーシャルワーカーとして、30年近く働いていた病院を退職し、後輩たちの養成に役立ちたいと、大学の教員に転職いたしました。
　退職、引っ越し等と、慌しさに追われて、お世話になった方々への転職のご挨拶が遅れました。遅くにご挨拶状を出すばつの悪さに、「さて、どうしたものか？」と、思案していて浮かんだのは、ある人のスケッチブックでした。
　去年の今頃、元の職場の安佐市民病院の外来ロビーで、車椅子の膝に置かれた彼女のスケッチブックを初めて見せてもらった時、その柔らかい筆使いと淡いほのぼのとした色使いに、心が「ポッ」と、暖められるのを感じたものです。
　彼女、久留井真理さんは、4年前の1月4日、交通事故にあい、頸椎損傷、つまり首の頸椎が傷つき、手足がまったく動かない、それに、呼吸も自分の力ではできないで、呼吸器を付ける状態になってしまいました。呼吸器は、一カ月後に外せるようになりましたが、その後、リハビリにつぐリハビリの生活が始まったのです。
　真理さんは、そのリハビリのために絵を始めました。
　私は、久留井真理さんが書きためた5冊のスケッチブックをお借りして、6枚の絵を選び、絵葉書にして挨拶状の中に入れました。絵葉書の一枚一枚に、真理さんは、また素敵なコメントを添えてくださいました。かごに盛られた苺の絵には、「人工呼吸器がはずせた時、初めて口にした甘い幸せ」とか、画面いっぱいの向日葵の絵には、「入院中、願いを込めて書きました。元気が出るようにと…」とか。
　また彼女はいいます、「体が不自由になり、落胆し、泣いてばかりでは悲し過ぎるわ。心は元気に残っているのに。『人間はとっても器用な生き物で、体が不自由になっても、残っている機能がそれを上手に補ってくれる、使えば、使うところが強くなる』と、友だちが励ましてくれたことを、自分に負けそうになった時に、いつも思い出すのよ。『生きなさい』と使命を与えられたのだから、

同じ生きるのなら、明るく楽しく、いつまでも夢を追い続けながら生きたいわ。体は不自由になっても私は私なのだから」と。

　私の転職挨拶へのお返事が次々と寄せられました。真理さんの絵に勇気づけられ、感動したという反響です。特に悲しいことを体験した人、障害者の方々などから、特にそれは強く寄せられました。

　私は真理さんに、この反響を伝えました。そして、真理さんは、今度は自分の選んだ花の絵で、「花の日々」と言う絵葉書セットを作成しました。1日に2～3時間しか座り続けられなくて、1枚の絵の完成に10日余りかかってしまう。そうした彼女の創作活動を支えたいと、「久留井真理さんの絵葉書を広める会」も生まれました。

　私の遅れに遅れた夏の盛りのご挨拶状が、秋には新しい絵葉書作家の誕生へと、広がったのです。

11）当事者グループの魅力

　「目の前のティッシュペーパーを1枚、箱から取り出す。何気なくやっているこの動作が、ある日突然、鉛の固まりを持ち上げるより重くなってできない。まるで、重力の異なった別の惑星に放り出されたみたいなこの感覚。そんなことが想像できますか？」頚椎、首の骨に傷を受け、手足がまったく動かなくなった彼は、ハンディキャップの意味をこのように教えてくれました。

　そうした人たちが、葉書通信やインターネットを通じて知り合った仲間と、もっと交流したいという願いのもとに、新たなグループを結成したのです。その名は、「広島頚損ネットワーク」。10年余りも続いている葉書通信で、今や全国の通信参加者は、450名にも上ります。しかし、地域で顔を合わせて活動を展開しようとする試みは、珍しいとのことです。

　会合に参加してみると、懐かしい人々に出会いました。交通事故で負傷したマラソンランナーの彼女は、ご主人が引いた眉や唇も鮮やかに、艶っぽく車椅子に座っています。負傷直後の急性期リハビリ中の暗い瞳とは、別人のようです。グループの機関紙編集委員として、活発に会議をリードしています。また呼吸器を付けて、自宅での生活を始めた彼も、首に真紅の粋なバンダナを巻いて、ダンディーに電動車椅子で加わっています。

ランチタイムになると、ビールも付いて、ストローで啜る人、コーヒーゼリーの空容器を巧みに操り、口元に運んで、ゴクンゴクンと喉を潤す人、アルコールが入ると、そのお喋りも一段とにぎやかになります。
　今から3年前、マラソンランナーの彼女に、これから一生、手足が動かないことが告げられた時、彼女の嘆きは激しく深いものでした。「未来が描けない。幼い娘たちとの生活のイメージが持てない」と。私も口ごもって、目を伏せてしまいました。が、気を取り直して、次の提案をしたのです。それは、最初に紹介した彼、私にハンディキャップの中身を教えてくれた彼の家を訪ねてみることでした。彼はすでに退院して、自宅での生活を始めたばかりでした。彼は、ほんの少し動く右手首を利用して、ベッド上でオーディオを操作して、お気に入りのブラームスを聴かせてくれました。そして、にこやかに言ったのです。「入院中に思っているほど、家での生活は大変ではなく、案外やっていけるものですよ」と。
　当事者の言葉と態度は、何と説得力のあることか。そして彼女は、今や周りの障害者たちに、勇気を与える存在になり、発足したグループの牽引者の1人です。
　このように、障害者や患者さん達、当事者同士の触れ合いは、目を見張るものがあります。それは、お互いの悩みや苦しみの共有、治療や生活上の様々な工夫などの、情報交換、それに、社会的活動から得られる存在感など、その力が大きいからです。
　こうした、患者さんや障害者の人々の会を支える事務的なサポートや、行事参加への介助など、傍にいる人々の少しの関わりは、その大きな力を生み出し、持続させる存在となるのです。この産声を上げたばかりの「広島頸損ネットワーク」では、多くの方々のボランティアを今、求めています。

12) 老人力

　以前、テレビのコマーシャルで、「私、食べる人、あなた作る人」という、コピーが流行しましたね。これから紹介するこの元気な高齢者たちの場合は、さしずめ、「私、介護サービスを受ける人」そしてまた、「私、介護サービスを作る人」といったところでしょうか。
　広島市北部の街で今、「医療福祉サービスの拠点作り」が始まっています。そ

の活動の主人公たちは、80歳前後の高齢者10人余りの人たちです。もともとは、野良仕事が一段落して、リーダーの家の広間に集まっては、一服ならず、ビールの一杯で、歌ったり、喋ったり、にぎやかに遊んでいたグループです。その名も、「不良老人の会」。この不良老人たち、話題はやっぱり、病気で寝込んだ時のこと。例えば次のような会話になっていたようです。「近頃は、病院に長く入院できなくなったらしいよ。退院しても市内に出た息子や嫁の世話になれないしな。かと言って、一生面倒を見てくれるところはなかなか入れないと聞くね。それに、介護保険といっても、どうも新聞を読むのに、当てにしてはいけない。一体、どう考えればいいのか、詳しい人に聞いてみよう」。
　ということで、私が呼び出されました。「病院は、なぜ早く退院させられるのか？」「介護保険をどう使ったらいいのか？」など、お話し合いを重ねるうちに、「わしらの力で、わしらが安心して使える病院と福祉が一緒になった、いいものを作ろう」と、何とも元気な方針が出てきたのです。
　それからは、新聞に折り込みビラを入れて、公民館で、医療福祉連続講座を開催し、地域の人々とともに、勉強会も重ね、もはや、不良老人の会ではなく、会長や事務局も定めて、ネーミングも、「医療を考える会」と、立派な組織づくりもやってのけました。
　自分たちの施設の建設の予定地の目星もつけて、9月には、医療福祉の施設を実地調査する予定です。その調査の時には、「やっぱり温泉に寄って、一杯やろうね」と、楽しむことも忘れません。
　問題と目標が定まった後の不良老人たちの活躍は、目覚ましいものです。新聞社を退職した人は、アピールの文章を作ったり、宣伝もお手のものです。行政を退職した人は、地域への根回しも滑らかに、中心人物のネットワークづくりも、どんどん進めていきます。「わしらが主人公だ。口も出し、要求もするけど、知恵も労力も、物も出すぞ」と、シャキッとした老人パワーを見せつけられます。
　不良老人の中では、50歳半ばの私も、まだ若者として扱ってくださいます。それが嬉しくて、温泉つきの現地調査に加えていただくことにしました。

13）デンマークの在宅障害者

　夏休みを利用して、デンマークの福祉を、垣間見てきました。百聞は一見にしかずの強い衝撃を受けました。まず、障害者の在宅生活のイメージが、まるで異なっていたからです。

　難病で、指先が動かせるだけの重度の障害者のお宅を訪問しました。夕食後の訪問でしたが、テーブルには、クッキーや冷たいビールが用意され、40歳余りの彼女は、ストローで喉を潤し、ジョークもふんだんに語ってくれます。

　傍らのソファーには、ヘルパーが静かに手仕事をしています。寝室、居間、書斎に、ダイニングキッチンと、センスのよい家具が配された住まいに、独り暮らししているのです。正確には、1人と、そしてヘルパーとともに暮らしているといえます。寝室には、夜、呼吸が少し乱れるので、呼吸器とヘルパー用のベッドも並んでいました。

　日常生活は極めて多忙で、午前中は市役所で、パート勤務をした後、難病患者を含めたすべての障害者を組織した団体の地区の代表としての役割も果たしているとのことです。「去年の市会議員の選挙では、あと一歩のところで落選したのよ。残念だったわ」と、ショートカットの若々しい表情の瞳を、クルクル輝かせて、次回のチャレンジを語ってくれました。

　独り暮らしの彼女の、このアクティブで活発な生活を支えらえているのは、24時間寝泊りするヘルパーが、毎日毎日やって来るからです。5人のヘルパーを雇っているけれど、彼女の負担は、月2万円程度です。率直に彼女の財布の中身を教えてもらいました。「1カ月の収入は、年金手当てなどで、月33万円。この内、42％は税金で消えるけれど、障害者用の車の月賦や住居費、それに、ヘルパー費用を支払っても、十分に生活できるわ」というコメントでした。

　デンマークの世論調査では、福祉の現状維持を希望する人々が、ここ10年間、55％を超えて、変化はなく、また、より高福祉、高負担になることも容認する人々が、過去10年間で、7％から19％に増加しているというデータも示されました。

　研修受け入れ先の日欧文化交流学院の千葉校長は、次のように強調されました。「自分たちの支払った税金が、確実に自分たちのよりよい生活のために、支払われるとわかれば、国民も高負担を受け入れるものですよ」と。それから、「橋や道

路整備を望み、便利で物があふれた生活を選択するのか？　障害や高齢など、弱い立場になった時の、人間の安心を選択するのか？　人々の価値観の問題と、それから、それを実現させる民主主義の問題ですよ」と締め括られました。

「そうだな、日本の私たちは、何か大切なものを少しずつ置き去りにしてきたな」と時差呆けならぬ、デンマーク呆けをしているこの頃です。

14）原爆小頭症患者と母

　広島の街に、原爆の傷跡を探すのは難しい時代になりました。でも、病院の医療相談室では、時折、原爆が残した傷に出合うことがあります。

　先週、久しぶりに顔を見せたお母さんは、傍らの娘さんに笑顔を向けながら、「この子をどこかの施設に入れたいんですよ」と切り出しました。

　娘さんは、近距離早期胎内被爆者、いわゆる原爆小頭症といわれる被爆者です。お腹に命が宿って、まもなくの時期に爆心地に近い所で被爆したお母さんから生まれました。原爆放射能の影響による、様々な障害を持って産まれたのです。被爆52年、したがって51歳となった娘さんは、いつも微笑みを絶やさない穏やかな人です。

　彼女が、子宮筋腫の手術後、退院しての、この１カ月間に、家事をしなくなって、生活習慣が乱れてきたことを、お母さんは私に訴えます。彼女は、反論もせずに静かに聞いています。

　「私が死んだら、この子は自分のことは何もできないで、のたれ死にするでしょ？『私のいうことを聞かないようなら、施設に入りなさい』と、毎日喧嘩ですよ」お母さんは続けて、「80歳の私に残された時間はあまりないんですものね」と真剣な顔で締め括られました。

　私は、被爆後の病いと障害に悩み、苦しみながら懸命に生きてこられた52年間を少しばかり知っているので、この親子の別居は切ないと思いました。九州では、被爆者への理解がなく、心細いからと、たった２人で50年ぶりに広島へ終の住みかを求めて引っ越して来られた親子。それは、１日でも長く２人で暮らしたいという願いからだったはずです。だから、この親子の別居は切ないと思いました。

　私は娘さんに、障害者のための作業所へ通うことを提案しました。その道順

を覚えられないのが問題です。夏休み中の学生ボランティアに付き添ってもらって、覚えていくという計画を立てました。

話し合いが終わって、立ち上がったお母さんに娘さんは、サッと杖を差し出し、脇を抱えます。脳外科の手術後、足の不自由になったお母さんにとって、彼女は、かけがえのない介護者でもあるのです。

「原爆で焼けただれ、自分の胸の中で息絶えた、主人の霊に手を合わせたい。今年の8月6日は、式典に初めて参加して、その思いを遂げたい」という言葉を残して2人は帰って行かれました。

15) 原爆被爆者証言

広島に原爆が投下されて、今年で(1998年)53年の時が刻まれました。人間が体験したことを、後にまとまりのあるストーリーとして語ることのできる年齢は、10歳前後が限度ではないでしょうか？そうした、幼い頃の被爆体験者でさえ、63歳という高齢期を迎えることになりました。53年という時の刻みは、そうした事態を迎えさせたのです。近い将来、人類は被爆体験を、目の前の肉声としては、聞けない時代を迎えることでしょう。

昭和20年8月6日、広島の地で何が起こったのか？ その地にいた人間に何が起こり、その人とその家族は、この53年間をどう生きてきたのか？ 病いはどう癒えたのか？ また、癒えないで、後遺症として残っているのか？ 就職し、結婚し、子育てをし、また老いを迎える、そうした家族としての絆は、その歴史は、原爆によって、どう傷つけられたのか？原爆が人間に遺した被害を、私たちは21世紀の次代に伝えることができるのでしょうか？

インドとパキスタンが、相次いで核実験を強行したニュースに広島の老いた被爆者たちは、落胆しました。「自分たちが、機会あるごとに語り継いできた原爆の悲惨さは、まだまだ伝わっていないのだ。核兵器を拒否するヒロシマの心は、世界の世論に届いていないのだ」と肩を落としていました。

また、広島以外の人々からは、「被爆者が原爆の悲惨さを訴えれば、それだけ原爆の威力を強調して、核を持たない国も、核開発をしたくなるものじゃないの？」と言う声も聞きました。果たして、そうでしょうか？

私は、人間の感性をもっと信じたいと思います。被爆体験と、その後の生き

ざまを聞いた側の感性を信じたいと思います。そして、聴いて、感じて、原爆、核兵器、戦争拒否の思いや、信念を、また一人ひとりが広げて行く力を信じたいと思います。

広島の医療ソーシャルワーカーを中心としたボランティアグループと被爆者たちは、毎年8月6日に、「原爆被害者証言のつどい」を開催し続け、1998年で、17回目を迎えます。

この春、大きな手術に耐えた被爆者は、この日のために体力の回復を目指して、明日も参加してくださいます。

原爆症小頭症の娘さんと、毎日介護をし続けている老いた母も、ともに参加されます。24人の被爆者たちは、それぞれ、「来年はもう来られないかもしれない」という思いを抱きながら、全国から集まった若者たちに証言をするのです。

16) 年賀状

鏡開きを終えて、年賀状の整理をしておられる方も多いことでしょう。元旦に届く、年賀状の束を一枚一枚読んでいくのは、懐かしい人々の表情と再会できて、心浮き立つひとときです。中でも、私にとっては、関わりのあった患者さんたちや、老いた被爆者の方々からの年賀状は、「あー無事で良かったなぁ。元気でいて下さいよ」と、安心を確認するひとときでもあります。

10年前のこの頃、私は1本の電話を受けました。そして、胸を「ドン」と突かれたような衝撃を受けた経験があります。

それは、ある男性の死を伝える電話でした。彼は、サラ金の取り立てから逃れて、家族とも別れ、住み込みで働いているうちに、病気になり、緊急入院して来られ、私は、医療ソーシャルワーカーとして、相談を受けたのです。何とかアパートも確保して、最小限の家財道具も整えた後、退院し、サラ金の整理のため、弁護士に相談を始めたところでした。

遺書には、「寂しい正月だった」とあり、年賀状の返事は、たった2枚で、その内の1枚が、私のものだったのです。「彼は、どんな思いで、年賀状を受け取ったのだろうか」と、その時の衝撃が忘れられず、以来、年賀状の返事は、心してしたためることにしています。

「今年も無事かしら？」と、特に気になる患者さんたちからも、年賀状が届

きました。その中の1人、心の病を持ちながら、故郷に帰って就職した青年からの文面は、次のようでした。「まだ、大丈夫です。昨年、岩手県へ一人旅に出ました。ストレスをうまくかわして、今年もいきたいと思います。ゆっくりと」と、ありました。「うつ病で、長期入院していた彼も、一人旅ができるようになったのだな」私は、嬉しさで、満たされながら、入院中、一緒に作業所に通っていた彼の姿を蘇らせました。私の返事は、いつも決まっています。「焦らずに、ゆっくり、ゆっくりとね」と、同じメッセージを4年間送り続けています。

今年の年賀状を読み返していて、気付いたことがあります。友人や患者さんたちから、私に、「元気でいろよ。体に気を付けろ」という書き添えが増えていることです。50歳半ばで、働き過ぎているのではないかと、案じてくださる方が増えたことです。いつの間にか、案じられる立場に変わっていました。

先週のこの、コラムの時間をギックリ腰で休みましたが、通学中の大学院の先生からの年賀状には、次のコメントが添えられていました。「筋肉を鍛えないと、ギックリ腰になります。社会にもまた、筋肉にあたるものが重要です。社会の筋肉とは、人々の協力ということでしょうか」とありました。

この1枚は、元旦から私の机の前の壁にピンナップされています。

17）ボランティア活動が持つ力

2年前の夏の終わりのある日、帰宅した娘が相談があると申します。仕事を辞めたいと言うのです。娘は、保険会社のOLをしていて、残業が多く、弱音を吐いたのかと思いました。

ことの起こりは、海水浴でした。職場の同僚の方に誘われて、たまたま出かけた海水浴です。障害者が100人余り、それにマンツーマンで手助けするボランティアが100人余りの海水浴です。真夏のこの1日の海水浴が、娘の進路を変えてしまったのです。

「障害者に関わる仕事をしたい。そのために改めて学校で勉強したい」と言うのです。私は驚きました。短大を卒業後、できるだけ給料の多い会社に勤めたいと、望み通りの企業に入社して、仕事も覚えて、一人前に働いているのに、なぜ？　と不思議な思いでした。

娘は、海水浴で2つの発見をしたようです。

1つは、時の流れが、まるで違う世界があること。ある障害者が、一言発言するのを、ゆったりと皆で待っている。決して、急かしたり、無視したりしない。大企業の中で、1分、1秒を惜しんで働いている日頃の自分の時計とは、まるで異なった時の刻み方が、そこにあったのです。

　2つ目は、人に頼りにされる喜びを初めて体験したことです。1日中、1人の障害者の傍にい続けるという体験で、娘は初めて人と人との関わりの中で、頼りにされる心地よさを体験したようです。パソコンのキーボードを、いかに早く正確に打ち込めるかという、機械のような能力を頼りにされるのではなく、話をしたり、触れたりする生身の自分の存在を頼りにされる喜びを体験したのです。

　娘は、介護福祉士の専門学校を選んできて、「授業料は2年間働いて貯めたお金を充てるから」と申します。

　「お母さんのような、福祉の仕事には就かない」と言っていた娘のこの変わりように、複雑な思いでした。親の後姿で示し得なかったことを、たまたまのボランティア1日体験が教えてくれたのです。ボランティア活動が持つ、大きな力を見せつけられた思いでした。

　今年も、3回目の障害者海水浴から、娘が帰って来ました。「3年前、学校の行事で参加してた高校生がね、また来てたのよ。去年は、受験勉強で来れなかったけど、大学生になれて、また来れたんだって。あの子も、この世界の仲間になっちゃったみたいね」と可笑しそうに報告しました。

18）ひとと関わること

　1年前のエイプリルフールの日です。目覚めない娘の布団を剥がした私は、一瞬声を呑みました。スキンヘッドの人物が、寝ぼけまなこで見上げていたからです。娘は、私が眠りこけた真夜中にお風呂で髪を剃ったのです。

　私は、もう出勤どころではありません。ことの次第を問い詰めると、「学生仲間と訪問している障害者から、僕だけのボランティアになってほしいと告白されるようになった。自分としては、彼らを嫌いではない。好意を持っているから訪問している。だけど、傷つけないで、どう断ったらいいのか困ってしまう」と言うことでした。

つまり、思い詰めた末に、尼さまになったとみえます。娘の悩みに真正面から付き合ってやらなかったのを反省する一方、私も世間並みに、他人さまの目を気にして、目の前の光景が4月バカで消えてくれないものかと望んだものです。

障害者の人たちは、娘を見るなり、「うんうんわかった」とポロポロ泣いてくれたそうです。

生え始めた髪を金色に染め、やがてセミロングの大人びた黒髪を手入れする頃になって、娘は隣の県の障害者の作業所に就職先を決めました。そして、卒業論文に次のように書いています。

「私は、作業所で4月から働く。今度はボランティアとしてではなく、職員として関わっていくこととなる。関わり方にどういった違いが出てくるか、今はまだわからない。が、立場は違っても大切にしたいことがある。それは、坊主にした時のあの思いだ。男とか女とか障害者とか健常者とか関係ない。私の大切にしたいことは、人が生きようとしている姿であり、その思いや熱意、外見も何もかも取り払ったのちに残る、その人らしさ、または自分らしさ、そして、皆が、かけがえのない存在であること、これは私のベースだ」

残業につぐ残業で、ショッピングの時間もなく、貯まったOL時代の給料を200万円余り、全部学資にはたいた娘は、「母さん、素晴らしい買い物をしたわ」と申しました。

そして、明日は娘の卒業式です。「遠くない将来、この子は私を超えていくのだな」と感じさせられる巣立ちの春です。

19）国家資格「精神保健福祉士」の誕生

写真入りの年賀状が届きました。女学生のようにはにかんだミニスカートの彼女と、満足そうな笑顔で、目を細めた彼。セーター姿の記念写真です。今にも葉書きから笑い声が漏れてきそうです。

添え書きに、「昨年は、ご心配をおかけしてすみませんでした。お陰様で、2人とも元気で暮らしています。6月には披露宴を予定していますので、またご案内させていただきます」とありました。私は、嵐のようだった1年前の年末年始を思い出し、「本当に無事でいてよね」とつぶやいたものです。

彼は、同僚の金銭トラブルに巻き込まれたことがきっかけで発病して、サラ

リーマン生活を中退し、神経科を受診中でした。私が出会ったのは、発病して5年が過ぎた頃です。

私は、生活の訓練のために、精神障害者の中間施設に入所すること、そこから職業訓練のために授産施設に通うことを勧めました。

施設に移ってからも、外来受診の後に、生活ぶりを報告してくれていましたが、ある日、「会って欲しい人がいるんだ」と恋人ができたことを打ち明けられました。相手の女性は、長い療養生活後の社会復帰訓練中で、同じ授産所に通っている人でした。それからは、話がどんどん進んで、あれよあれよという間に、就職し、結婚し、新居を構えてしまったのです。

しかし、1カ月もたたないうちに、急激な生活環境と人間関係の変化で、花嫁さんの心のバランスが崩れ始めたのです。両親や兄弟を巻き込んで、それぞれのネジが逆回転するやら、絡まるやらの不協和音の大合奏が始まったのです。

ちょうど1年前、病院の外来が年末年始の休みに入るので、緊急避難的に入院してもらった、その病院も飛び出し、ホテルの一室に閉じこもって、彼女は家族とも会おうとしなくなったのです。そして、一方的に電話を掛けてきます。「別れたい。死にたい」と。周りは、ハラハラ、オロオロするのみです。

私は家族には、「今彼女が言っていることや、していることは病気がさせているのだから。お薬さえ飲んでくれれば、必ず自分を取り戻してくれるから、それまで待ってほしい」となだめ、励まし続けました。一方的に掛けてきて、電話口で悪態つく彼女の声が、私には不安に怯える悲鳴に聞こえます。

2カ月余りも、こうした緊張が続いて、私は出張先で受けた電話で、「あなたはもう、長い間の闘病生活で、薬のことをよく知っているはずよ。もう、自分で加減して飲んでみたら？」と言っていました。私の言葉に、「フッと力が抜けて楽になった」と彼女は後で語ってくれました。

やがて回復して、世話女房ぶりを発揮するまでになり、通院に便利な精神科の病院に、2人して変わって行かれました。

こうした精神科領域のソーシャルワーカーの国家資格が、やっと成立しました。一番遅れている精神障害者の分野の福祉も、これで、マンパワーの確保が進み、より充実することでしょう。新しい時代の幕開けを感じます。

■初出一覧

第1章		『医療ソーシャルワーク論』「医療福祉政策の変化と医療ソーシャルワーク業務の変遷」宇部フロンティア大学出版会、2003年。
第2章	第1節	『医療福祉の理論と展開』「総合病院における医療ソーシャルワーカーの任務と展望」中央法規出版、1995年。
		『医療'96』「保健・福祉からの声」メヂカルフレンド社、1996年6月。
	第2節 (1)	『消化器外科NURSING』「社会資源を上手に活用するための知識」メディカ出版、1999年4月。
	(2)	『介護福祉研究』「在宅ケア・メニュー充実のためには」岡山県介護福祉研究会・中国四国介護福祉研究会、1996年4月。
	第3節 (1)	『患者と福祉』「人工血液腎臓透析医療のかかえる問題」広島県医療社会事業協会、1972年10月。
	(2)	『患者と福祉』「リウマチ友の会の活動」広島県医療社会事業協会、1982年3月。
第3章	第1節	『実践的医療ソーシャルワーク論』「医療ソーシャルワーカーの業務実践の変化と退院援助」金原出版、2004年6月
	第2節	『実践的医療ソーシャルワーク論』「医療ソーシャルワーカーの組織的位置付けの重要性」金原出版、2004年6月
	第3節	『実践的医療ソーシャルワーク論』「『医療ソーシャルワーカー業務指針』の意味と活用法」金原出版、2004年6月
	第4節	書き下ろし
	第5節 (1)	『医療と福祉』「自治体病院における医療ソーシャルワーカーの専門性の確立について」日本医療社会事業協会、1998年12月。
	(2)	『中国新聞』「中国論壇」2000年3月31日。
第4章	第1節	『ソーシャルワーク研究』「老人医療のよりよい「場」の確保とMSW機能」相川書房、1997年10月。
	第2節	『地域ケアと退院計画』「急性期総合病院における退院援助の課題」萌文社、2000年10月。
第5章	第1節	『実践的医療ソーシャルワーク論』「医療ソーシャルワーカーのスキル構造」金原出版、2004年6月。
	第2節	『医療福祉学概論』「危機への医療福祉的接近法」川島書店、1999年。
	第3節 (1)	『ヒバクシャ――ともに生きる』第4号「原爆小頭症患者・木田さ

			ん（仮名）宅への訪問相談活動報告」原爆被害者相談員の会、1985年12月。
		(2)	『ヒバクシャ──ともに生きる』第15号「療育手帳は仏壇の中に」原爆被害者相談員の会、1997年4月。
	第4節		『医療'97』「トータルな視野で調整を」メヂカルフレンド社、1997年5月。
第6章	第1節		『現代医療福祉概論』「医療福祉の援助を必要とする人びと」学文社、2002年4月。
	第2節		『三訂 福祉実習ハンドブック』「慢性疾患患者と福祉」中央法規、2003年10月。
	第3節		『三十五年目の被爆者』「肝障害を押して」労働教育センター、1979年7月。
	第4節		『原爆孤老』「安住の地はありませんだ・河野チエさん（仮名87歳）」労働教育センター、1980年6月。
	第5節		『ヒバクシャ──ともに生きる』第6号「たかが金銭給付、されど金銭給付」原爆被害者相談員の会、1988年2月。
第7章	第1節		『ヒロシマ・ナガサキの証言』「安らかには眠れない」広島・長崎の証言の会労働教育センター、1983年2月。
	第2節		『ヒバクシャ──ともに生きる』第8号「生きて、生きゆく──山崎静子」原爆被害者相談員の会、1989年12月。
第8章	第1節		書き下ろし
	第2節		第17回アジア太平洋社会福祉教育・専門職会議 会議テーマ 平和と公正とソーシャルワーク「原爆小頭症患者の現況とソーシャルワーク」、2003年7月
第9章		1)	『看護学雑誌』「趣味と実益？MSW」61（10）医学書院、p.957、1997年10月。
		2)	『看護学雑誌』「学び合う関係（その1)」62（4）医学書院、p.397、1998年4月。
		3)	『看護学雑誌』「科学技術の発達は何のために？」62（2）医学書院、p.153、1998年2月。
		6)	『実践的ソーシャルワーク論』「波長が合うということ」金原出版、2004年6月。
		7)	『実践的ソーシャルワーク論』「全自動介護ベッドに思う」金原出版、2004年6月。
		10)	『実践的ソーシャルワーク論』「絵葉書作家の誕生」金原出版、

2004年6月。
11) 『看護学雑誌』62（7）医学書院、p.679、1998年7月。
12) 『実践的ソーシャルワーク論』「老人力」金原出版、2004年6月。
13) 『実践的ソーシャルワーク論』「デンマークの在宅」金原出版、2004年6月。
14) 『看護学雑誌』「被爆母娘とともに」61（11）医学書院、p.1073、1997年11月。
19) 『看護学雑誌』「新しい時代の幕開け」62（3）医学書院、p.251、1998年3月。

おわりに

　執筆を終えて「医療ソーシャルワーカーに成っていく」ために、多くの人びとに育てられたと、改めて思った。ここに記せなかった人を含め、一人ひとりの顔と名前が蘇ってくる。「ありがとうございました」と改めて頭を下げたい。
　医療ソーシャルワークは病む人との関わりであるために、命を削って教えてくれたそれらの人びとのなかにはすでに故人となった人もいる。記述した当時から現在までの変化を補記したり、この編集過程は私にとって鎮魂の道のりでもあった。つい涙ぐんで、筆が止まってしまうこともあった。
　初出の記述の際には仮名か、実名かそれぞれの記述内容も含めて了解を得た。「私は私なのだから」と毅然として実名使用を許してくれた人びとが多い。そのプロセスでまた、自らの人生を引き受けるいさぎよさを教わったものである。今回の再録でも故人となった被爆者たちの了解はとれないが、その遺志を継いであえて実名とした。
　振り返って29年間、医療ソーシャルワーカという仕事に魅せられ、一心不乱に楽しんだと思っている。わが愛すべき3人の娘たちを育てる主力は母だった。わがままに仕事にのめり込む私を、一貫して支え続けてくれた。彼女の存在がなければ私の実践もあり得なかった。母が米寿を迎える日に本書が間に合ったことが何よりうれしい。

　　2005年4月

村上　須賀子

付　録

付録1　医療福祉政策の変化とMSW業務の変遷関連年表

年　代	区　分		出　来　事　な　ど
第1期 1945 ～1960 医療福祉基盤整備期（戦後経済復興期）	社会・経済動向		戦後の混乱、貧困、戦後ベビーブーム
		1947	平均寿命　男50.06、女53.96
		1950	朝鮮戦争
		1957	武見太郎・日本医師会会長登場
	社会福祉制度	1947	児童福祉法
		1949	身体障害者福祉法
		1950	精神衛生法・（新）生活保護法
		1951	結核予防法・社会福祉事業法
		1958	国民健康保険法
		1959	国民年金法
		1960	精神薄弱者福祉法
	医療の課題		感染症の一時的流行
		1945	伝染病・乳幼児死亡・結核・入院受療率感染症1位
			税法上の特典で私的医療機関を保護、経営安定化
	医療制度	1945	医療機関壊滅
			医事、薬事制度の整備、医療保険制度の建て直し、公衆衛生制度の整備
		1948	医師法・医療法・歯科医師法成立
			医療制度審議会答申・医療機関の整備
		1950	医療機関整備中央審議会
			施設内出生4.6％、施設内死亡11.1％・抗生物質の普及
		1951	医療審議会・基幹病院整備計画要領
		1955	医療機関の増大
	診療報酬		
	MSW実践	1947	保健所法改正：公共医療事業を規定
		1948	保健所法施行
			保健所業務の1つとして「公共医療事業」を明記
			モデル保健所にMSW配置
			国立国府台病院にPSW配置
		1949	医療社会事業従事者講習会開始
		1950	保健所MSW増員（705保健所のうち150カ所に配置）
			東京都医務課にMSW配置
			愛知・岡山県MSW協会設立
		1951	東京都MSW協会設立
		1952	全社協大会でMSW身分法提案
			名古屋大学病院にMSW配置

年　　代	区　分	出　来　事　な　ど
第1期 1945 ～1960 医療福祉基盤整備期（戦後経済復興期）	MSW実践	1953　日本医療社会事業家協会組織結成 1955　MSW協会、保健所国庫補助予算削減に復活を陳情 1956　ベックマン報告：MSW拡充を勧告 1957　厚生省社会局長通達：社会福祉法人病院MSW設置を指導 　　　「国立結核療養所における医療社会事業の運営について」（国立療養所課長→国立療養所長） 　　　・医療社会事業を円滑に実施するため、1名以上の専任ケースワーカーとなるべくその補助者をおくこと 　　　「社会福祉事業法第2条第3項に規定する生計困難者のために無料または低額な料金で診療を行なう事業」について（社会局長、児童家庭局長通知） 　　　・標記事業の基準として診療施設にケースワーカーを置き、医療相談、必要な指導などを行うことを明記 1958　「保健所における医療社会事業の業務指針について」（公衆衛生局長通知） 　　　・保健所における医療社会事業従事職員の業務を明確にし、事業の発展を図ることを目的に通知 　　　MSW協会、日本医療社会事業協会と名称変更
第2期 1961 ～1980 医療アクセス拡大期（高度経済成長期）	社会・経済動向	1961　池田内閣の所得倍増計画 　　　死亡数安定時代へ　人口1億人超 　　　高度経済成長 　　　農村から都市への人口流出、都市問題、過疎問題、核家族化、公害・環境問題、老人を取り巻く環境の激変 　　　世帯構造の変化、核家族化・家庭婦人の就労、環境都市化の進行 1970　平均寿命　男69.31、女74.66 　　　オイルショック 　　　国鉄、米、健保が3K問題に 1975　「大型間接税」導入失敗
	社会福祉制度	1961　児童扶養手当法 1963　老人福祉法 1964　母子福祉法 1965　母子保健法 1967　公害対策基本法 1971　児童手当法
	医療の課題	交通事故、労災、慢性疾患、公害病、難病、救急医療、無医村 1970　この後、昭和48年のオイルショックまで、高度経済成長の中、国家予算のシーリング15～20％の時代が続いた。健保医療費もどんどん上がり、医薬品業界や医療機器メーカーの要請に一致した武見日本医師会長の時代 　　　70歳以上の患者の占める割合（総数6.5％、入院9.4％、外来6.0％） 　　　潜在していた老人医療ニーズが急激に爆発 　　　長命化で高齢障害者の増加

年　　代	区　分		出　来　事　な　ど
第2期 1961 ～1980	医療の課題	1970	寝たきり老人が社会問題化
			ゼロシーリングの時代へ
			老人層の7割が加入する国保の赤字が国家的問題化（昭和48年度の厚生省予算2兆3,000億円の4分の1が国保の補助金）
医療アクセス拡大期（高度経済成長期）	医療制度	1961	国民皆保険
		1970	施設内出生96.1％、施設内死亡37.5％
		1972	難病公費負担制度発足
		1973	老人医療無料化
	診療報酬	1974	物価・賃金スライド方式導入
	MSW実践	1960	日本SW協会結成
		1964	社団法人日本医療社会事業協会設立認可
		1965	精神衛生法改正：精神衛生相談員制度発足
		1967	「保健所における医療社会事業の業務基準の作成に関する研究」（STAC） MSW協会『医療社会事業事例集』出版／医学書院
		1969	病院経営管理指導要領（厚生省医務局） ・医療社会事業は事務機構から分離したほうが望ましい ・医療社会事業を病院業務の中に取り入れ、専任の職員を配置することが望ましい（専門的知識、技能を要するので専門的教育を受けた者の配置が望ましい）
		1970	MSW協会総会流会
		1974	「医療施設及び地域における医療社会事業の業務指針について」（STAC） ・診療報酬点数表で精神科ソーシャルワーカーの設置を要件の1つとして精神科デイ・ケア料の算定が認められた 「社会福祉事業法第2条第3項に規定する生計困難者のために無料又は低額な料金で診療を行なう事業について」 ・医療上、生活上の相談に応ずるために医療ソーシャルワーカーを置き、かつそのために必要な施設を備えること ・医療ソーシャルワーカーは社会福祉主事の任用資格を持ち、かつ病院にあっては専任が原則 ・医療ソーシャルワーカーの数は概ね200床あたり1名以上とすること
		1975	社会福祉法人病院MSW配置基準と任用資格 厚生省特別研究「ヘルスマンパワーの開発と将来需給」でMSWの需給を検討
		1977	MSW協会、資格制度化国会請願署名活動を開始 MSW協会『25年のあゆみ』出版
		1978	衆参両院社会労働委員会で採択
		1979	厚生科研「MSW業務における他職種との連携と分担」
		1980	専門技術性の位置付けに関する研究（STAC）

年代	区分		出来事など
第3期 1981～1988	社会・経済動向	1981	平均寿命 男73.75、女78.76
			人口ピラミッドつぼ型へ
	社会福祉制度	1982	老人保健法
			精神衛生法…精神保健法
		1987	社会福祉士および介護福祉士法
少子高齢社会へ向け医療福祉見直し期（経済成長鈍化期）	医療の課題	1981	70歳以上の患者の占める割合（総数15.8％、入院26.6％、外来13.8％）
			「国民負担率」という用語が登場
			痴呆の増大
			寝たきり老人の増大
			寝たきり老人問題深刻化
			高齢障害者の大量発生
			世帯崩壊をもたらす介護負担
			日本特有の寝かせきり老人
			社会的入院（医療費問題）
			寝たきり老人＝高齢障害者は本来福祉サービスの対象、医療の福祉化政策の破綻
			医療供給体制に本格的関与
			老人の長期入院をターゲットに「入退院適正化」「過剰病床の規制」
			入院時医学管理料制定で漸減制強化
			在宅福祉サービスの強化
			依然として高齢者福祉サービスは不足。医療費削減の焦点として「老人の長期入院是正」が主要ターゲットに
	医療制度	1981	施設内出生99.5％、施設内死亡57％
		1983	対がん10カ年総合戦略
			訪問看護
		1984	退職者医療制度
		1985	老人保健法成立、老人保健施設創設
			医科大学・大学医学部の入学定員減少へ
			第1次医療法改正、医療計画（病床規制）始まる
		1986	地域医療計画施行
	診療報酬	1983	入院患者に対する点滴注射料の包括化
			点滴注射の適正化を図るため、入院時医学管理料に包括化（老人）
			処方料と入院時医学管理料の包括（乙表）
		1985	入院患者に対する処方料は、入院時医学管理料に包括
			老人検査料を入院時医学管理料に包括
		1986	老人注射料

年　代	区　分		出　来　事　な　ど
第3期　1981〜1988　少子高齢社会へ向け医療福祉見直し期（経済成長鈍化期）	診療報酬	1986	入院1年超について皮下・筋肉内注射、静脈内注射、点滴注射を包括1日につき、20点 老人保健施設療養費の創設
		1988	老人検体検査判断料を入院時医学管理料に包括
	MSW実践	1982	労災保険「社会復帰相談料」を点数化 『MSWの役割と専門技術』へるす出版
		1983	「厚生年金病院における医療社会事業の業務指針（準則）の制定について」
		1984	「退院時指導料」点数化
		1985	『保健・医療ソーシャルワーク』川島書店
		1986	診療報酬点数表で精神科ソーシャルワーカーの設置を要件の1つとして精神科ナイト・ケア料の算定が認められた ・老人診療報酬点数表で、老人デイ・ケアをより効果的に実施するため、医療ソーシャルワーカー等の協力を得て実施することが望ましい旨明記
		1987	医療ソーシャルワーカーの配置の有無が評価項目の1つとされた ・精神衛生法の改正により、精神病院の管理者の努力義務として社会復帰促進のための相談、援助等が規定された
		1988	老人保健施設の施設および設備、人員ならびに運営に関する基準において、老人保健施設には相談指導員を置くこととされた ・精神科ソーシャルワーカーまたは臨床心理技術者等の専従を要件の1つとして重度痴呆患者デイ・ケア料および重度痴呆患者収容治療料の算定が認められた。医療ソーシャルワーカーが指導を行った場合も算定できることとされた
第4期　1989〜2000　医療構造改革準備期（低経済成長期）	社会・経済動向	1989	後期高齢者増大傾向
		1993	消費税導入 平均寿命　男76.25、女82.51（75歳以上の平均余命の伸びの寄与率大）
	社会福祉制度	1989	ゴールドプラン策定
		1990	福祉八法改正 在宅介護支援センター創設
		1994	障害者基本法
		1995	精神保健福祉法 エンゼルプラン 新ゴールドプラン 保健所法が地域保健法に
		(2000)	介護保険法
	医療の課題	1993	70歳以上の患者の占める割合（総数25.6％、入院38.8％、外来22.9％）

年　代	区　分		出　来　事　な　ど
第4期 1989 〜2000 医療構造改革準備期（低経済成長期）	医療制度	1990	施設内出生99.9％、施設内死亡75.1％
			病院数、病床数減少傾向
		1992	訪問看護ステーション
			第2次医療法改正・病院機能分化（特定機能病院・療養型病床群）
			脳死臨調報告
		1994	健康保険法給付の改革
		1997	第3次医療法改正
			在宅医療の推進・新しい公的介護システムの検討
			病院機能評価の検討、インフォームド・コンセントの普及
	診療報酬		特例許可老人病院入院管理料の新設：看護料、投薬料、注射料および検査料を含む
			特例許可外老人病院の注射料の適正化
			注射料の入院時医学管理料への包括化
		1990	緩和ケア病棟入院料の新設：主として末期の悪性腫瘍患者を対象とした病棟で入院医療費をすべて包括化
			寝たきり老人在宅総合診療料の新設：老人慢性疾患生活指導科、投薬料、検査料を含む
		1992	老人性痴呆疾患治療病棟入院医療管理料および老人性痴呆疾患療養病棟入院医療管理料の新設：投薬、検査、注射、看護の費用を含む
		1994	慢性維持透析患者外来医学管理料の新設：安定した状態にある在宅の慢性維持透析患者について、検査結果に基づいて計画的な治療管理を行った場合に算定
			精神入院医療定額制導入：慢性患者について病棟単位で包括払い化（精神科療養病棟入院料の新設）…病棟単位、選択制
			多剤投与規制拡大：院外処方へ拡大と10種類以上処方の処方箋料の引き下げ
	MSW実践	1989	第1回社会福祉士国家試験実施
			医療ソーシャルワーカー業務指針策定
		1990	医療福祉士仮称案の提示
		1991	『保健医療の専門ソーシャルワーク』中央法規出版
		1996	『退院計画』中央法規出版
		1998	精神保健福祉士法

付録2　医療ソーシャルワーカー業務指針（2002年改正版）

健発第1129001号
平成14年11月29日

各 都道府県知事
　政令市市長　殿
　特別区区長

厚生労働省健康局長

医療ソーシャルワーカー業務指針普及のための協力依頼について

　近年,介護保険制度の創設や病床区分の見直し等の医療制度改革が行われるなど,保健医療を取り巻く環境は大きく変化しており,疾病を有する患者等が地域や家庭において自立した生活を送ることができるよう,社会福祉の立場から患者や家族の抱える心理的・社会的な問題の解決,調整を援助し,社会復帰の促進を図る等の医療ソーシャルワーカーの役割に対する期待が大きくなっています。
　これらの状況を踏まえて,平成14年秋に,医療ソーシャルワーカー業務指針改正検討会が開催され,別添のとおり,医療ソーシャルワーカー業務指針が改正されました。
　つきましては,貴下の医療ソーシャルワーカーの団体をはじめとして,保健医療関係者や保健医療機関への同指針の周知方,ご配慮願います。

医療ソーシャルワーカー業務指針

1.趣旨

　少子・高齢化の進展,疾病構造の変化,一般的な国民生活水準の向上や意識の変化に伴い,国民の医療ニーズは高度化,多様化してきている。また,科学技術の進歩により,医療技術も,ますます高度化し,専門化してきている。このような医療をめぐる環境の変化を踏まえ,健康管理や健康増進から,疾病予防,治療,リハビリテーションに至る包括的,継続的医療の必要性が指摘されるとともに,高度化し,専門化する医療の中で患者や家族の不安感を除去する等心理的問題の解決を援助するサービスが求められている。近年においては,高齢者の自立支援をその理念として介護保険制度が創設され,制度の定着・普及が進められている。また,老人訪問看護サービスの制度化,在宅医療・訪問看護を医療保険のサービスと位置づける健康保険法の改正等や医療法改正による病床区分の見直し,病院施設の機能分化も行われた。さらに,民法の改正等による成年後見制度の見直しや社会福祉法における福祉サービス利用援助事業の創設に加え,平成15年度より障害者福祉制度が,支援費制度に移行するなどの動きの下,高齢者や精神障害者,難病患者等が,疾病をもちながらもできる限り地域や家庭において自立した生活を送るために,医療・保健・福祉のそれぞれのサービスが十分な連携の下に,総合的に提供されることが重要となってきている。また,児童虐待や配偶者からの暴力

が社会問題となる中で,保健医療機関がこうしたケースに関わることも決してまれではなくなっている。

このような状況の下,病院等の保健医療の場において,社会福祉の立場から患者のかかえる経済的,心理的・社会的問題の解決,調整を援助し,社会復帰の促進を図る医療ソーシャルワーカーの果たす役割に対する期待は,ますます大きくなってきている。

しかしながら,医療ソーシャルワーカーは,近年,その業務の範囲が一定程度明確となったものの,一方で,患者や家族のニーズは多様化しており,医療ソーシャルワーカーは,このような期待に十分応えているとはいい難い。精神保健福祉士については,すでに精神保健福祉士法によって資格が法制化され,同法に基づき業務が行われているが,医療ソーシャルワーカー全体の業務の内容について規定したものではない。

この業務指針は,このような実情に鑑み,医療ソーシャルワーカー全体の業務の範囲,方法等について指針を定め,資質の向上を図るとともに,医療ソーシャルワーカーが社会福祉学を基にした専門性を十分発揮し業務を適正に行うことができるよう,関係者の理解の促進に資することを目的とするものである。

本指針は病院を始めとし,診療所,介護老人保健施設,精神障害者社会復帰施設,保健所,精神保健福祉センター等様々な保健医療機関に配置されている医療ソーシャルワーカーについて標準的業務を定めたものであるので,実際の業務を行うに当たっては,他の医療スタッフ等と連携し,それぞれの機関の特性や実情に応じた業務のウェート付けを行うべきことはもちろんであり,また,学生の実習への協力等指針に盛り込まれていない業務を行うことを妨げるものではない。

2.業務の範囲

医療ソーシャルワーカーは,病院等において管理者の監督の下に次のような業務を行う。

(1) 療養中の心理的・社会的問題の解決,調整援助

入院,入院外を問わず,生活と傷病の状況から生ずる心理的・社会的問題の予防や早期の対応を行うため,社会福祉の専門的知識及び技術に基づき,これらの諸問題を予測し,患者やその家族からの相談に応じ,次のような解決,調整に必要な援助を行う。

①受診や入院,在宅医療に伴う不安等の問題の解決を援助し,心理的に支援すること。

②患者が安心して療養できるよう,多様な社会資源の活用を念頭に置いて,療養中の家事,育児,教育,就労等の問題の解決を援助すること。

③高齢者等の在宅療養環境を整備するため,在宅ケア諸サービス,介護保険給付等についての情報を整備し,関係機関,関係職種等との連携の下に患者の生活と傷病の状況に応じたサービスの活用を援助すること。

④傷病や療養に伴って生じる家族関係の葛藤や家族内の暴力に対応し,その緩和を図るなど家族関係の調整を援助すること。

⑤患者同士や職員との人間関係の調整を援助すること。
⑥学校,職場,近隣等地域での人間関係の調整を援助すること。
⑦がん,エイズ,難病等傷病の受容が困難な場合に,その問題の解決を援助すること。
⑧患者の死による家族の精神的苦痛の軽減・克服,生活の再設計を援助すること。
⑨療養中の患者や家族の心理的・社会的問題の解決援助のために患者会,家族会等を育成,支援すること。

(2) 退院援助

生活と傷病や障害の状況から退院・退所に伴い生ずる心理的・社会的問題の予防や早期の対応を行うため,社会福祉の専門的知識及び技術に基づき,これらの諸問題を予測し,退院・退所後の選択肢を説明し,相談に応じ,次のような解決,調整に必要な援助を行う。

①地域における在宅ケア諸サービス等についての情報を整備し,関係機関,関係職種等との連携の下に,退院・退所する患者の生活及び療養の場の確保について話し合いを行うとともに,傷病や障害の状況に応じたサービスの利用の方向性を検討し,これに基づいた援助を行うこと。
②介護保険制度の利用が予想される場合,制度の説明を行い,その利用の支援を行うこと。また,この場合,介護支援専門員等と連携を図り,患者,家族の了解を得た上で入院中に訪問調査を依頼するなど,退院準備について関係者に相談・協議すること。
③退院・退所後においても引き続き必要な医療を受け,地域の中で生活をすることができるよう,患者の多様なニーズを把握し,転院のための医療機関,退院・退所後の介護保険施設,社会福祉施設等利用可能な地域の社会資源の選定を援助すること。なお,その際には,患者の傷病・障害の状況に十分留意すること。
④転院,在宅医療等に伴う患者,家族の不安等の問題の解決を援助すること。
⑤住居の確保,傷病や障害に適した改修等住居問題の解決を援助すること。

(3) 社会復帰援助

退院・退所後において,社会復帰が円滑に進むように,社会福祉の専門的知識及び技術に基づき,次のような援助を行う。

①患者の職場や学校と調整を行い,復職,復学を援助すること。
②関係機関,関係職種との連携や訪問活動等により,社会復帰が円滑に進むように転院,退院・退所後の心理的・社会的問題の解決を援助すること。

(4) 受診・受療援助

入院,入院外を問わず,患者やその家族等に対する次のような受診,受療の援助を行う。

①生活と傷病の状況に適切に対応した医療の受け方,病院・診療所の機能等の情報提供等を行うこと。
②診断,治療を拒否するなど医師等の医療上の指導を受け入れない場合に,その理由となっている心理的・社会的問題について情報を収集し,問題の解決を援助すること。

③診断,治療内容に関する不安がある場合に,患者,家族の心理的・社会的状況を踏まえて,その理解を援助すること。
④心理的・社会的原因で症状の出る患者について情報を収集し,医師等へ提供するとともに,人間関係の調整,社会資源の活用等による問題の解決を援助すること。
⑤入退院・入退所の判定に関する委員会が設けられている場合には,これに参加し,経済的,心理的・社会的観点から必要な情報の提供を行うこと。
⑥その他診療に参考となる情報を収集し,医師,看護師等へ提供すること。
⑦通所リハビリテーション等の支援,集団療法のためのアルコール依存症者の会等の育成,支援を行うこと。

(5) 経済的問題の解決,調整援助

　入院,入院外を問わず,患者が医療費,生活費に困っている場合に,社会福祉,社会保険等の機関と連携を図りながら,福祉,保険等関係諸制度を活用できるように援助する。

(6) 地域活動

　患者のニーズに合致したサービスが地域において提供されるよう,関係機関,関係職種等と連携し,地域の保健医療福祉システムづくりに次のような参画を行う。
①他の保健医療機関,保健所,市町村等と連携して地域の患者会,家族会等を育成,支援すること。
②他の保健医療機関,福祉関係機関等と連携し,保健・医療・福祉に係る地域のボランティアを育成,支援すること。
③地域ケア会議等を通じて保健医療の場から患者の在宅ケアを支援し,地域ケアシステムづくりへ参画するなど,地域におけるネットワークづくりに貢献すること。
④関係機関,関係職種等と連携し,高齢者,精神障害者等の在宅ケアや社会復帰について地域の理解を求め,普及を進めること。

3.業務の方法等

　保健医療の場において患者やその家族を対象としてソーシャルワークを行う場合に採るべき方法・留意点は次のとおりである。

(1) 個別援助に係る業務の具体的展開

　患者,家族への直接的な個別援助では,面接を重視するとともに,患者,家族との信頼関係を基盤としつつ,医療ソーシャルワーカーの認識やそれに基づく援助が患者,家族の意思を適切に反映するものであるかについて,継続的なアセスメントが必要である。

　具体的展開としては,まず,患者,家族や他の保健医療スタッフ等から相談依頼を受理した後の初期の面接では,患者,家族の感情を率直に受け止め,信頼関係を形成するとともに,主訴等を聴取して問題を把握し,課題を整理・検討する。次に,患者及び家族から得た情報に,他の保健医療スタッフ等からの情報を加え,整理,分析して課題を明らかにする。援助の方向

性や内容を検討した上で,援助の目標を設定し,課題の優先順位に応じて,援助の実施方法の選定や計画の作成を行う。援助の実施に際しては,面接やグループワークを通じた心理面での支援,社会資源に関する情報提供と活用の調整等の方法が用いられるが,その有効性について,絶えず確認を行い,有効な場合には,患者,家族と合意の上で終結の段階に入る。また,モニタリングの結果によっては,問題解決により適した援助の方法へ変更する。

(2) 患者の主体性の尊重

保健医療の場においては,患者が自らの健康を自らが守ろうとする主体性をもって予防や治療及び社会復帰に取り組むことが重要である。したがって,次の点に留意することが必要である。

①業務に当たっては,傷病に加えて経済的,心理的・社会的問題を抱えた患者が,適切に判断ができるよう,患者の積極的な関わりの下,患者自身の状況把握や問題整理を援助し,解決方策の選択肢の提示等を行うこと。

②問題解決のための代行等は,必要な場合に限るものとし,患者の自律性,主体性を尊重するようにすること。

(3) プライバシーの保護

一般に,保健医療の場においては,患者の傷病に関する個人情報に係るので,プライバシーの保護は当然であり,医療ソーシャルワーカーは,社会的に求められる守秘義務を遵守し,高い倫理性を保持する必要がある。また,傷病に関する情報に加えて,経済的,心理的・社会的な個人情報にも係ること,また,援助のために患者以外の第三者との連絡調整等を行うことから,次の点に特に留意することが必要である。

①個人情報の収集は援助に必要な範囲に限ること。

②面接や電話は,独立した相談室で行う等第三者に内容が聞こえないようにすること。

③記録等は,個人情報を第三者が了解なく入手できないように保管すること。

④第三者との連絡調整を行うために本人の状況を説明する場合も含め,本人の了解なしに個人情報を漏らさないこと。

⑤第三者からの情報の収集自体がその第三者に患者の個人情報を把握させてしまうこともあるので十分留意すること。

⑥患者からの求めがあった場合には,できる限り患者についての情報を説明すること。ただし,医療に関する情報については,説明の可否を含め,医師の指示を受けること。

(4) 他の保健医療スタッフ及び地域の関係機関との連携

保健医療の場においては,患者に対し様々な職種の者が,病院内あるいは地域において,チームを組んで関わっており,また,患者の経済的,心理的・社会的問題と傷病の状況が密接に関連していることも多いので,医師の医学的判断を踏まえ,また,他の保健医療スタッフと常に連携を密にすることが重要である。したがって,次の点に留意が必要である。

①他の保健医療スタッフからの依頼や情報により,医療ソーシャルワーカーが係るべきケ

ースについて把握すること。
②対象患者について,他の保健医療スタッフから必要な情報提供を受けると同時に,診療や看護,保健指導等に参考となる経済的,心理的・社会的側面の情報を提供する等相互に情報や意見の交換をすること。
③ケース・カンファレンスや入退院・入退所の判定に関する委員会が設けられている場合にはこれへの参加等により,他の保健医療スタッフと共同で検討するとともに,保健医療状況についての一般的な理解を深めること。
④必要に応じ,他の保健医療スタッフと共同で業務を行うこと。
⑤医療ソーシャルワーカーは,地域の社会資源との接点として,広範で多様なネットワークを構築し,地域の関係機関,関係職種,患者の家族,友人,患者会,家族会等と十分な連携・協力を図ること。
⑥地域の関係機関の提供しているサービスを十分把握し,患者に対し,医療,保健,福祉,教育,就労等のサービスが総合的に提供されるよう,また,必要に応じて新たな社会資源の開発が図られるよう,十分連携をとること。
⑦ニーズに基づいたケア計画に沿って,様々なサービスを一体的・総合的に提供する支援方法として,近年,ケアマネジメントの手法が広く普及しているが,高齢者や精神障害者,難病患者等が,できる限り地域や家庭において自立した生活を送ることができるよう,地域においてケアマネジメントに携わる関係機関,関係職種等と十分に連携・協力を図りながら業務を行うこと。

(5) 受診・受療援助と医師の指示

医療ソーシャルワーカーが業務を行うに当たっては,(4)で述べたとおり,チームの一員として,医師の医学的判断を踏まえ,また,他の保健医療スタッフとの連携を密にすることが重要であるが,なかでも2の(4)に掲げる受診・受療援助は,医療と特に密接な関連があるので,医師の指示を受けて行うことが必要である。特に,次の点に留意が必要である。
①医師からの指示により援助を行う場合はもとより,患者,家族から直接に受診・受療についての相談を受けた場合及び医療ソーシャルワーカーが自分で問題を発見した場合等も,医師に相談し,医師の指示を受けて援助を行うこと。
②受診・受療援助の過程においても,適宜医師に報告し,指示を受けること。
③医師の指示を受けるに際して,必要に応じ,経済的,心理的・社会的観点から意見を述べること。

(6) 問題の予測と計画的対応
①実際に問題が生じ,相談を受けてから業務を開始するのではなく,社会福祉の専門的知識及び技術を駆使して生活と傷病の状況から生ずる問題を予測し,予防的,計画的な対応を行うこと。
②特に退院援助,社会復帰援助には時間を要するものが多いので入院,受療開始のできる

かぎり早い時期から問題を予測し,患者の総合的なニーズを把握し,病院内あるいは地域の関係機関・関係職種等との連携の下に,具体的な目標を設定するなど,計画的,継続的な対応を行うこと。
(7) 記録の作成等
①問題点を明確にし,専門的援助を行うために患者ごとに記録を作成すること。
②記録をもとに医師等への報告,連絡を行うとともに,必要に応じ,在宅ケア,社会復帰の支援等のため,地域の関係機関,関係職種等への情報提供を行うこと。その場合,(3)で述べたとおり,プライバシーの保護に十分留意する必要がある。
③記録をもとに,業務分析,業務評価を行うこと。

4.その他
医療ソーシャルワーカーがその業務を適切に果たすために次のような環境整備が望まれる。
(1) 組織上の位置付け
　保健医療機関の規模等にもよるが,できれば組織内に医療ソーシャルワークの部門を設けることが望ましい。医療ソーシャルワークの部門を設けられない場合には,診療部,地域医療部,保健指導部等他の保健医療スタッフと連携を採りやすい部門に位置付けることが望ましい。事務部門に位置付ける場合にも,診療部門等の諸会議のメンバーにする等日常的に他の保健医療スタッフと連携を採れるような位置付けを行うこと。
(2) 患者,家族等からの理解
　病院案内パンフレット,院内掲示等により医療ソーシャルワーカーの存在,業務,利用のしかた等について患者,家族等からの理解を得るように努め,患者,家族が必要に応じ安心して適切にサービスを利用できるようにすること。また,地域社会からも,医療ソーシャルワーカーの存在,業務内容について理解を得るよう努力すること。医療ソーシャルワーカーが十分に活用されるためには,相談することのできる時間帯や場所等について患者の利便性を考慮する,関連機関との密接な連絡体制を整備する等の対応が必要である。
(3) 研修等
　医療・保健・福祉をめぐる諸制度の変化,諸科学の進歩に対応した業務の適正な遂行,多様化する患者のニーズに的確に対応する観点から,社会福祉等に関する専門的知識及び技術の向上を図ること等を目的とする研修及び調査,研究を行うこと。なお,3(3)プライバシーの保護に係る留意事項や一定の医学的知識の習得についても配慮する必要があること。
　また,経験年数や職責に応じた体系的な研修を行うことにより,効率的に資質の向上を図るよう努めることが必要である。

■編著者紹介

村上　須賀子（むらかみ・すがこ）

　1945年　因島生まれ
　1969年　広島県立広島女子大学　文学部社会福祉学科　卒業
　1969年　社会保険広島市民病院　医療ソーシャルワーカー
　1993年　広島市立安佐市民病院　医療ソーシャルワーカー
　1998年　広島国際大学　医療福祉学部医療福祉学科　助教授
　現　在　宇部フロンティア大学　人間社会学部人間社会学科　教授
　　　　　特定非営利法人・日本医療ソーシャルワーク研究会　理事長
　　　　　広島県医療社会事業協会　副会長

主な著書
『三十五年目の被爆者』『原爆孤老』、労働教育センター
『被爆者とともに』、中国新聞社
『医療福祉の理論と展開』、中央法規出版
『医療福祉学概論』、川島書店
『地域ケアと退院計画』、萌文社
『現代医療福祉学概論』、学文社
『介護保険時代の医療福祉総合ガイドブック』、編著、医学書院
『実践的医療ソーシャルワーク論』、編著、金原出版
いずれも共著

新時代の医療ソーシャルワークの理論と実際
ーヒロシマに学ぶー

2005年6月9日　初版第1刷発行
2008年3月15日　初版第2刷発行

■著　　者──村上須賀子
■発　行　者──佐藤　守
■発　行　所──株式会社大学教育出版
　　　　　　　〒700-0953　岡山市西市855-4
　　　　　　　電話 (086) 244-1268代　FAX (086) 246-0294
■印刷製本──サンコー印刷㈱
■装　　丁──ティーボーンデザイン事務所

Ⓒ Sugako MURAKAMI 2005, Printed in Japan
検印省略　　　落丁・乱丁本はお取り替えいたします。
無断で本書の一部または全部を複写・複製することは禁じられています。

ISBN978-4-88730-601-1